Was Christen glauben

Das Glaubensbekenntnis erklärt

EVANGELISCHE VERLAGSANSTALT
Leipzig

Die Deutsche Bibliothek – Bibliographische Information

Die Deutsche Bibliothek verzeichnet diese Publikation in der Deutschen Nationalbibliographie; detaillierte bibliographische Daten sind im Internet über <http://dnb.ddb.de> abrufbar.

2., bearbeitete Auflage des 1999 erschienenen Titels
»Christlicher Glaube nach 2000 Jahren«

Printed in Germany • H 6892

Umschlaggestaltung: behnelux gestaltung, Halle/Saale
Gesamtherstellung: Druckerei Böhlau, Leipzig

ISBN 3-374-02133-6
www.eva-leipzig.de

Vorwort

Das vorliegende Buch ist in seiner Erstfassung unter dem Titel »Christlicher Glaube nach 2000 Jahren« (1999) erschienen und wird jetzt mit verändertem Titel in einer Neuauflage vorgelegt. Es ist der Versuch, in unserer Gegenwart Rechenschaft über den christlichen Glauben zu geben, und ist sowohl für christliche Leser (Nichttheologen und Theologen, katholische und evangelische Christen) als auch für nichtchristliche Leser geschrieben. Den christlichen Lesern soll es als Verständigungsangebot über den Sinn dessen dienen, was wir glauben, den nichtchristlichen Lesern als der Versuch zu erklären, worum es im christlichen Glauben geht. Für beiderlei Adressaten soll es zugleich theologische Grundinformationen liefern, die auch geeignet sind, manche als sensationell empfundenen »Enthüllungen« über das Christentum und seine Grundlagen besser einordnen zu können.

Die Kapitel dieses Buches gehen auf Vorlesungen zurück, die der Autor im Wintersemester 1996/97 für Hörer aller Fakultäten an der Universität Leipzig gehalten hat. Er tat das im Sinne des dringenden Gebots, das Gespräch über den christlichen Glauben aus dem engen kirchlich-theologischen Raum herauszutragen. Das Ganze ist eine Auslegung des Textes des Apostolischen Glaubensbekenntnisses, das katholische und evangelische Christen miteinander bekennen, und es reiht sich an frühere Auslegungen dieses Bekenntnisses an.

Die erneute Erklärung dessen, was Christen glauben, ist getragen von der Sorge um unseren gemeinsamen Weg in die Zukunft des 21. Jahrhunderts. Wir sollten diesen Weg nicht beschreiten, ohne uns angesichts der enormen Gefährdungen und Unsicherheiten an die geistigen Grundlagen und Werte zu erinnern, die unsere Kultur geprägt haben und die vielleicht dazu helfen können, auch in Zukunft immer wieder den Weg eines gelingenden Menschseins zu finden.

In der Neuauflage wurden gegenüber der ursprünglichen Fassung nur wenige Veränderungen vorgenommen, die der um fünf Jahre weitergegangenen Zeit Rechnung tragen, und einige Druck- und Sachfehler berichtigt.

Ich danke der Evangelischen Verlagsanstalt, insbesondere ihrem Geschäftsführer Ulrich Röbbelen und ihrer Programmleiterin Frau Dr. Annette Weidhas, für das Engagement in dieser Sache und für wichtige Beratung. Und ich denke mit Dankbarkeit an die Studierenden, die vor nunmehr sieben Jahren jene Vorlesung im Hauptgebäude der Alma Mater Lipsiensis besucht und mich unterwegs immer wieder ermutigt haben.

Leipzig, im Januar 2004 Ulrich Kühn

Inhalt

Literaturhinweise

An dieser Stelle werden einige Titel genannt, die als ergänzende Lektüre zum Ganzen der in diesem Buch gegebenen Darstellung geeignet sind. Weitere Literaturangaben zu Einzelfragen erfolgen in den Fußnoten.

Barth, Karl: Dogmatik im Grundriß, im Anschluß an das apostolische Glaubensbekenntnis, 8. Aufl. Zürich 1998.

Ebeling, Gerhard: Das Wesen des christlichen Glaubens, 5. Aufl. Gütersloh 1985 (u. Freiburg 1993).

Gemeinsam den einen Glauben bekennen. Eine ökumenische Auslegung des apostolischen Glaubens, wie er im Glaubensbekenntnis von Nizäa-Konstantinopel (381) bekannt wird. Studiendokument der Kommission für Glauben und Kirchenverfassung, Frankfurt/Paderborn 1991.

Neues Glaubensbuch. Der gemeinsame christliche Glaube, hrsg. v. J. Feiner und L. Vischer, 18. Aufl. Freiburg 1988, als Herder-Taschenbuch (Nr. 1787) Freiburg 1993.

Pannenberg, Wolfhart: Das Glaubensbekenntnis, ausgelegt und verantwortet vor den Fragen der Gegenwart, 6. Aufl. Gütersloh 1995.

Ratzinger, Joseph: Einführung in das Christentum. Vorlesungen über das Apostolische Glaubensbekenntnis (1968), München 2000.

Schneider, Theodor: Was wir glauben. Eine Auslegung des Apostolischen Glaubensbekenntnisses, Düsseldorf, 5. Aufl. 1998.

Zahrnt, Heinz: Wozu ist das Christentum gut? München 1978 (dtv 2506).

Abkürzungen

a) Bibelstellen

Apg	Apostelgeschichte
Apk	Offenbarung des Johannes
Eph	Epheserbrief
Gal	Galaterbrief
Hebr	Hebräerbrief
Hi	Hiob
Jak	Jakobusbrief
Jer	Jeremia
Jes	Jesaja
Joh	Johannesevangelium
1–3Joh	Johannesbriefe
Jos	Josua
Kol	Kolosserbrief
1–2 Kor	Korintherbriefe
1–2Kön	Königsbücher
Lk	Lukasevangelium
Mi	Micha
Mk	Markusevangelium
1–5Mose	Mosebücher
Mt	Matthäusevangelium
1–2Petr	Petrusbriefe
Phil	Philipperbrief
Philem	Philemonbrief
Ps	Psalm(en)
Röm	Römerbrief
1–2Thess	Thessalonicherbriefe
1–2Tim	Timotheusbriefe
Weish	Buch der Weisheit Salomos
1–4Makk	Bücher der Makkabäer

b) Andere Abkürzungen

EG	Evangelisches Gesangbuch
EKU	Evangelische Kirche der Union
KD	Karl Barth: Kirchliche Dogmatik
VELKD	Vereinigte Evangelisch-Lutherische Kirche Deutschlands
WA	Weimarer Ausgabe (Luthers Werke)

Das apostolische Glaubensbekenntnis

Ich glaube an Gott,
den Vater, den Allmächtigen,
den Schöpfer des Himmels und der Erde.

Und an Jesus Christus,
seinen eingeborenen Sohn, unsern Herrn,
empfangen durch den Heiligen Geist,
geboren von der Jungfrau Maria,
gelitten unter Pontius Pilatus,
gekreuzigt, gestorben und begraben,
hinabgestiegen in das Reich des Todes,
am dritten Tage auferstanden von den Toten,
aufgefahren in den Himmel;
er sitzt zur Rechten Gottes,
des allmächtigen Vaters;
von dort wird er kommen,
zu richten die Lebenden und die Toten.

Ich glaube an den Heiligen Geist,
die heilige christliche [katholische] Kirche,
Gemeinschaft der Heiligen,
Vergebung der Sünden,
Auferstehung der Toten
und das ewige Leben.

Amen.

Einleitung: Der christliche Glaube zu Beginn des dritten Jahrtausends

Was können wir über die Zukunft des christlichen Glaubens am Beginn des dritten Jahrtausends seiner Geschichte sagen? Das Christentum hat – weithin im Zusammenspiel mit der griechisch-römischen Antike – das Denken und das Lebensgefühl Europas, des Abendlandes, über Jahrhunderte hin in einzigartiger Weise geprägt. Es kam aus Kleinasien, hat dann über Europa hinaus gegriffen und ist zu einer weltweiten geistig-religiösen Kraft geworden. Hat es sich in diesen zwei Jahrtausenden verausgabt, ist seine Kraft und Bedeutung im Rückgang begriffen, oder sind Chancen erkennbar, dass der christliche Glaube auch in Zukunft orientierende Kraft für Menschen und Völker behält oder gar neu entfaltet?

Mit solchen Fragen wird das Christentum gewissermaßen von außen betrachtet, losgelöst von seinem Selbstverständnis als des einen Weges der Rettung und Lebensfindung, der allen Menschen angeboten wird. Es ist auch Christen erlaubt, ja geboten, sich auf jene Außenperspektive einzulassen, weil sie den gegenwärtigen Ort zu erhellen vermag, an dem sich christlicher Glaube jetzt und in Zukunft zu bewähren hat.

Tatsächlich zeigt der christliche Glaube nunmehr so etwas wie Alterserscheinungen. Jahresringe haben sich angesetzt, Furchen sich eingegraben, kaum verheilte oder gar offene Wunden sind erkennbar. Die Geschichte von zweitausend Jahren Christentum birgt großen Reichtum, weist aber zugleich auch auf erhebliche Belastungen hin.

Nur *zwei* »Erzählungen« seiner Geschichte vermitteln ein zureichendes Bild. Eine »negative Erzählung« scheint zu besagen: Es ist alles so geblieben, wie es seit

Menschengedenken unter Menschen war. Auch Christen haben wie andere Menschen Kämpfe um Reichtum und Macht geführt. Seit unter dem römischen Kaiser Konstantin im 4. Jahrhundert das Christentum zur Reichsreligion erhoben wurde, war es ein politischer Machtfaktor. Menschen wurden zum Teil gegen ihre Überzeugung zur Taufe gezwungen. Andersgläubige in »Kreuzzügen« bekämpft, unterworfen, misshandelt, Ketzer verfolgt und verbrannt. Kirchliche Autoritäten versuchten, neue wissenschaftliche Erkenntnisse wegen vermeintlichen Irrglaubens zu unterdrücken. Mit den Juden sind Christen durch die Geschichte hindurch immer wieder so umgegangen, dass man sich nur schämen kann. In den konfessionellen Auseinandersetzungen seit dem 16. Jahrhundert verbanden sich religiöse und machtpolitische Gegensätze, den jeweiligen Gegner hat man oft erbittert bekämpft. Im 19. Jahrhundert waren es vor allem Kritiker des Christentums, die die aufgebrochenen sozialen Probleme insbesondere des Industrieproletariats in ihrer Radikalität erkannten. Pfarrer und Universitätstheologen haben 1914 den Krieg verherrlicht, viele haben später Hitler unterstützt. Nach 1945 gab es im Osten sog. »Friedenspfarrer« und anderweitige Kollaboration mit den Mächtigen. Die Fragen, die an heutige Vertreter der Kirche zu richten sind, die mangelnde Ausstrahlungskraft vieler Gottesdienste, mancher kleinbürgerliche Gruppengeruch, Tendenzen der Bürokratisierung in den Kirchen: All das trägt nicht unbedingt zu verstärkter Attraktivität des modernen Christentums bei – selbst wenn man sich damit trösten mag, dass Gottes Kraft in den Schwachen mächtig ist. Die Liste ist lang, und sie wird uns von den Gegnern des Christentums durchaus mit Recht vorgehalten. Die Frage »Wozu ist das Christentum gut?«, scheint mit dem allen negativ beantwortet zu sein.

Allerdings gibt es neben dieser noch eine andere Geschichte zu erzählen. Es ist die Geschichte von der im positiven Sinn prägenden Kraft des Christentums.

Damit wird die Negativ-Geschichte nicht verharmlost. Aber gegenläufige Gesichtspunkte müssen auch genannt werden dürfen: Christlicher Glaube hat durch die Jahrhunderte zu einer Selbst- und Weltbetrachtung angeleitet, die dem Geheimnisvollen, Unverfügbaren des Lebens auf der Spur ist und sich mit dem, was vor Augen ist und was man besitzen und äußerlich genießen kann, nicht zufrieden gibt. Er hat daran erinnert, dass wir den Fragen nach dem Woher und dem Wohin unseres Lebens standzuhalten und sie nicht zu verdrängen haben. Er hat dazu beigetragen, die Welt und den Menschen (und auch das Christentum, die Kirche selbst) zugleich in ihrer tiefen abgründigen Zerrissenheit und Rätselhaftigkeit zu sehen, und er hat gewagt, die Fragen von Schuld und Vergebung zu thematisieren. Das Christentum ist damit zugleich auch Ursprung neuer Lebenspraxis geworden. Der Gedanke, dass wir religiös alle vor Gott gleich sind – als Sünder und Gerechtfertigte –, hat soziale Konsequenzen mit sich gebracht, bis hin zum Gleichheitsgrundsatz unserer Rechtsordnung. Wenn Paulus einen Sklaven als einen »lieben Bruder« in Christus bezeichnete (Philem 16), blieb das nicht ohne Folgen für die Ordnung der Gesellschaft. Die Bedeutung, die Frauen im Umkreis Jesu hatten, und die Wertschätzung, die Jesus ihnen entgegenbrachte, haben eine gegenläufige Entwicklung gegen das auch in christlicher Zeit noch herrschende Patriarchat eingeleitet, die zur gesellschaftlichen Gleichstellung der Frau beigetragen hat. Christen haben sich zum Armutsideal Jesu bekannt, sie sind durch die Jahrhunderte hindurch manchem Missbrauch der Macht entgegengetreten, gerade auch im Mittelalter, und haben sich (teilweise schon früh als Gegner jeder Waffengewalt) für Frieden und Versöhnung eingesetzt. Bildung und Wissenschaft haben zunächst in Klosterschulen, vom 13. Jahrhundert an zunehmend an Universitäten eine Heimstatt gehabt. Die moderne naturwissenschaftliche Forschung hat ebenso wie die moderne historische Forschung wesentliche Wurzeln in Bemühungen der christlichen Theologie (Albert der Große im 13., Johann Salomo Semler im 18. Jahrhundert). Insbesondere im Zuge der Reformation wurde das öffentliche Schulwesen gefördert (Philipp Melanchthon). Christliche Krankenpflege gab es schon im Altertum und im Mittelalter. Die Diakonie im 19., das Beispiel Albert Schweitzers im 20. Jahrhundert sind Beiträge des Christentums zur Entwicklung unseres heutigen humanen Bewusstseins. Der Sozialstaat ist ohne den Einfluss des Christentums undenkbar. Das gilt auch für den Umgang mit Behinderten und unheilbar Kranken sowie das Eintreten für den Schutz des ungeborenen Lebens. Die Idee der Freiheit des Einzelgewissens, das Prinzip der Würde des Einzelnen, die bürgerlich-politische Toleranz verdanken sich weithin christlichen Impulsen. Die widerständigen Haltungen von Christen und Kirchen gegenüber den Diktaturen und Ideologien des 20. Jahrhunderts gehören ebenfalls in diese andere Erzählung. An die gegenwärtigen Bemühungen von Christen und Kirchen um Frieden und Versöhnung, um weltweite soziale Gerechtigkeit, um die Bewahrung der Schöpfung ist zu erinnern. Das Christentum hat die Kultur des Abendlandes geprägt, ihre Festzeiten ebenso wie ihre Kunst und Literatur und ihre Ethik, und die Wirkungen, die diese Prägung mit sich bringt, sind schwer abzuschätzen. Auch die christliche Seelsorge, die Tröstung von Kranken, Sterbenden und Trauernden, die Begleitung von Menschen in der Stille, die keine Schlagzeilen macht, im Verborgenen praktizierte Nächstenliebe gehören zu den Wirkungen des Christentums.

Nimmt man beide Christentumsgeschichten zusammen, so scheint die Frage »Wozu ist das Christentum gut?« nur widersprüchlich beantwortbar zu sein. Deutungen sind erforderlich, Wertungen unerlässlich. Ein scheinbar »objektiv«-distanzierter Blick auf das Christentum reicht nicht aus. Wir müssen Stellung beziehen und uns selbst auf die zur Verhandlung stehenden Fragen einlassen, um dem gerecht zu werden, was der christliche Glaube zur Sprache bringen will, und um von daher ein Urteil auch über jene »negative Erzählung« zu gewinnen.

Um die gegenwärtige innere und äußere Situation des christlichen Glaubens zureichend einzuschätzen, könnten die folgenden Merkmale benannt werden:

(1) Der Säkularisierungs- und Entkirchlichungsprozess ist zumindest im westlichen Europa so weit fortgeschritten, dass die Christen sich zunehmend, teilweise schon definitiv, in einer Minderheitensituation vorfinden. Für Ostdeutschland trifft das in ganz besonderem Maße zu. Auch dieser Teil Deutschlands ist geistig und kulturell von einer langen christlichen Tradition geprägt. Jedoch hat sich die Mehrzahl der Menschen von dieser Tradition abgewandt. Mehr als 70% gehören keiner religiösen Gruppierung an. Das ist ein bleibender Erfolg der ideologischen Erziehung durch die SED. Ein Soziologe vermutet, dass hier eine der wenigen ungefährlichen Identifikationen mit der DDR-Vergangenheit liegt.[1] Sie muss nicht notwendig die Form bewusst kämpferischer Ablehnung haben, sondern ist weithin Gleichgültigkeit allen Fragen gegenüber, die mit Religion und Glaube zu tun haben. Aber sie verbindet sich häufig mit der Verinnerlichung von Klischees und Halbwahrheiten über das Christentum, die die antichristliche Propaganda bewirkt hat. Die Kosmonauten haben Gott nicht entdeckt – als ob je ein Christ das vermutet hätte; die amerikanischen Astronauten haben im Weltall bei der Umrundung des Mondes den biblischen Schöpfungsbericht vorgelesen. Dass die Erde vor 6000 Jahren in sechs Tagen geschaffen wurde, sei naturwissenschaft-

1 Vgl. Erhart Neubert: »gründlich ausgetrieben«. Eine Studie zum Profil und zur psychosozialen, kulturellen und religiösen Situation von Konfessionslosigkeit in Ostdeutschland und den Voraussetzungen kirchlicher Arbeit (Mission), Berlin 1996 (Begegnungen 13).

lich als Unsinn erwiesen – als ob der biblische Schöpfungsbericht eine kosmologische Studie wäre und Christen ihn in dieser Weise (miss)verstehen. Dass ein Mensch ohne Zeugung von einer Jungfrau geboren worden sein soll, sei ebenfalls absurd – als ob es nie eine Diskussion über den Sinn einer solchen biblischen Aussage gegeben hätte. Und dann verweist man noch auf den Papst und seine moraltheologischen Urteile – und das eigene Urteil, das schon feststand, ist bestätigt. Man kann schon unruhig darüber sein, weil hier ein schlimmes Stück Halbbildung und zugleich ein kultureller Verlust deutlich wird. Natürlich gibt es in West und Ost auch Argumente gegen den Glauben, mit denen man sich ernsthaft auseinander setzen muss. Immerhin aber zeigt ein Blick in andere Länder, zumal Osteuropas, dass der Säkularismus der Ostdeutschen mit ihrer überwiegenden Absage an Religion und Glaube durchaus kein weltweites Phänomen ist. Er befindet sich international in der Minderheit (vom Vergleich mit Ländern anderer religiöser Traditionen ganz zu schweigen).

(2) Gleichzeitig hat das Christentum, auch in Deutschland, noch einen hohen offiziellen Rang. Das zeigt sich in der umstrittenen Formulierung der Präambel des Grundgesetzes, in welcher die »Verantwortung vor Gott« benannt wird. Das zeigt sich in den Bestimmungen des Grundgesetzes zu den Religionsgemeinschaften, die ja vor allem den christlichen Kirchen Freiräume und Möglichkeiten (z. B. die Erhebung von Kirchensteuern) einräumen und die dann in den jeweiligen Staatsverträgen konkretisiert sind (mit den Bestimmungen zur Präsenz der Kirche in den Schulen und beim Militär, mit der staatlichen Absicherung der Theologenausbildung etc.). Auch dass es politische Volksparteien mit dem »C« im Namen und damit mit einem entsprechenden programmatischen Anspruch gibt (CDU, CSU), beleuchtet die offizielle Rolle des Christentums in Deutschland. Dem entspricht die nach wie vor relativ hohe Kirchenzugehörigkeit in den

westdeutschen Bundesländern und die dort weithin noch unverminderte Inanspruchnahme kirchlicher Handlungen in persönlich-familiären Schwellensituationen – ein markanter Unterschied zur Situation in Ostdeutschland. Was sich dabei freilich als »christlich« bezeichnet, weist gegenüber dem, was christlicher Glaube eigentlich meint und sagt, durchaus entscheidende Elemente von »Verdünnung« auf – und es bringt die Anfrage an die Kirchen mit sich, wie sie es denn eigentlich mit der inneren Substanz ihres Glaubensbekenntnisses zu halten gedenken.

(3) Zur gegenwärtigen Situation des christlichen Glaubens gehört es, dass er sich in unterschiedlich geprägte Konfessionskirchen vorfindet, die es trotz zunehmender gegenseitiger Verständigung und Annäherung immer noch schwer haben, einander als christliche Kirchen im vollen Sinne anzuerkennen. Auch dies ist ein Ergebnis der Geschichte des Christentums. Es ist das bleibende Resultat tief greifender, bis zu blutigen kriegerischen Auseinandersetzungen führender Gegensätze. Schon in den ersten christlichen Jahrhunderten vermischten sich nationale und politische Gegensätze mit unterschiedlichen Ausprägungen des Christentums, die zu wechselseitigen Ausgrenzungen führten. Zu Beginn des zweiten Jahrtausends kam es zur Trennung der Kirchen des Ostens von der Kirche des Westens (unter dem Papst). Die Ketzerverfolgungen des Mittelalters sind erschreckende Zeichen der Intoleranz Andersdenkenden gegenüber, wenn auch Reste der damals verfolgten Gemeinden noch heute z. B. in den Kirchen der Böhmischen Brüder in Tschechien oder in der Waldenserkirche in Italien zu finden sind. Die Reformation mit der geistigen und physischen Bedrohung der Reformatoren durch die päpstliche Macht und mit den auf sie folgenden schlimmen kriegerischen Auseinandersetzungen – man denke besonders an den 30-jährigen Krieg – hat zu jener konfessionellen Vielfalt geführt, die das westliche Christentum (in Europa und Amerika zumal,

aber dann »exportiert« auch nach Afrika und Asien) bis heute kennzeichnet und immer noch Vorwand zu gewaltsamen Auseinandersetzungen ist (etwa in Nordirland). Ganz gewiss: Bei all diesen Vorgängen verschränken sich religiöse mit politischen und auch wirtschaftlichen Gegensätzen. Aber es wäre zu einfach, die religiösen Gegensätze nur als ideologisches Spiegelbild jener anders gearteten Konflikte anzusehen. Vor allem aber: Es ist beunruhigend, dass die christliche Botschaft es über Jahrhunderte hin nicht vermochte, als Kraft der Versöhnung die Konflikte zu verträglichen Lösungen zu führen. Erst im 20. Jahrhundert ist das in der ökumenischen Bewegung in größerem Stil versucht worden, der Ruf nach Versöhnung und Gemeinschaft aller Christen wurde immer stärker und hat sich (z. B. im Weltrat der Kirchen) auch institutionelle Gestalt gegeben. Aber die Spaltung der Christenheit ist – entgegen dem Gebet Jesu (Joh 17) – nach wie vor unüberwunden, sie bildet eine Last aus der Geschichte des Christentums, sie stellt die versöhnende Macht des christlichen Glaubens immer wieder in Frage. Vielleicht gelingt es, durch eine immer neue gemeinsame Besinnung auf den uns gemeinsamen Glauben die Vielfalt der Gestalten des Christentums zunehmend nicht mehr als zerstörerische Konkurrenz, sondern als Reichtum zu verstehen, der sich regenbogenartig zum Ganzen zusammenfügt, und miteinander zu leben.

(4) Ein weiteres Merkmal der Situation des christlichen Glaubens am Anfang des 21. Jahrhunderts ist hinzuzufügen: Die Globalisierung unseres Lebens in all seinen Dimensionen – ermöglicht durch den wissenschaftlich-technischen Fortschritt – hat nicht nur die Christenheit aus aller Welt einander näher gebracht. Sie hat zugleich die Augen geöffnet für die Partnerschaft des Christentums mit anderen religiösen Traditionen. Gewiss: dass es solche anderen religiösen Traditionen gab, wusste man von Anfang an. Aber der Blick war – zumal im Mittelalter – dann

doch so sehr auf das inzwischen christlich gewordene Europa beschränkt, dass Menschen anderen Glaubens allenfalls als Randerscheinungen in dieser Welt wahrgenommen wurden. Erst die Neuzeit hat unseren Blick geweitet, sie hat zunächst vor allem die Tiefe der jüdischen und der muslimischen Religion, dann aber zunehmend auch die Vielfalt und Eindringlichkeit ostasiatischer und afrikanischer Religionen mit ihren faszinierenden Kulturen wahrzunehmen gelehrt. Man darf sich gewiss keinen Illusionen hingeben: In einigen Ländern gibt es noch immer Unterdrückung Andersglaubender, es begegnet religiöser Fanatismus mit politischen Ansprüchen. Andererseits leben im christlichen Europa mehr und mehr Menschen anderen Glaubens. Und fernöstliche Religiosität übt eine bemerkenswerte Faszination aus. Das alles nötigt Christen zu neuen Überlegungen. Die berühmte lessingsche Frage nach dem »echten Ring« angesichts der verschiedenen Religionen (bei ihm waren es Christen, Juden und Muslime)[2] ist wie selten zuvor virulent. Sie stellt sich nun auch für die Christen in Ostdeutschland, die über Jahrzehnte kaum Berührungsmöglichkeiten mit diesen Welten haben konnten. Muss der christliche Glaube, sofern er sich für allein selig machend hält, nicht umgeschrieben werden? Aber verliert er dadurch nicht etwas von seiner Dringlichkeit? Die Theologie – sowohl die katholische als auch die evangelische – hat sich seit längerem gerade auch mit dieser Frage befasst und zu verschiedenen Lösungsangeboten geführt. Eine Besinnung auf das christliche Glaubensbekenntnis wird sich in jedem Falle gerade auch diesen Dimensionen auszusetzen haben, um nicht von vornherein einer Engführung zu verfallen.

Der christliche Glaube am Beginn des dritten Jahrtausends: Wird er die Kraft haben, sich innerhalb der skizzierten Koordinaten so zurechtzufinden, dass er mit

2 G. E. Lessing: Nathan der Weise (1779).

Recht als eine Lebensmöglichkeit, ja als *der* Weg der Menschheit in die Zukunft gelten kann? Angesichts der äußeren Gefährdungen unserer Welt, angesichts aber auch der inneren Gefährdung des Menschen, der mit den Angeboten, die auf ihn einstürmen, mit der Rasanz der technischen Entwicklung, aber ebenso mit den trotz allem die Menschheit bedrückenden Ungerechtigkeiten nicht mehr fertig wird, haben wir wohl keine andere Wahl, als das Lebensangebot des christlichen Glaubens erneut daraufhin zu prüfen, ob in ihm eine Orientierung für die Zukunft zu finden sein könnte. Schon die Bergpredigt kann uns daran erinnern, dass dabei Elemente eines alternativen Lebenskonzeptes zum Vorschein kommen könnten, die wir nicht ungestraft verkümmern lassen. Die Zeugnisse unserer christlich-abendländischen Kultur – die sogar noch in nichtchristlichen Lebensäußerungen (bei Marx, Nietzsche und anderen) nachklingen – mahnen uns ebenfalls, hier nicht einfach wegzublicken. Dabei geht es nicht in erster Linie um eine Konkurrenz zu anderen Religionen und Weltanschauungen, sondern um den spezifischen Beitrag des christlichen Glaubens für unseren Weg, dem sich andere Beiträge beigesellen sollen. Dass es dann auch zum edlen Streit um die Wahrheit dieses oder jenes Weges kommt, ist kein Schade, sondern ist allen tief greifenden Fragestellungen, die auf Lebensentscheidungen zielen, eigen. Was nämlich an dieser Stelle kaum weiterhilft, ist eine unverbindliche lediglich vergleichende »Übersicht über alle Religionen«, wie sie Bildungsbürgern mitunter nahe liegt, die aber keine eigene Position wagt, sich nirgends wirklich auf etwas einlässt und deshalb auch nichts bewegt – weder für sich selbst noch für die Welt. Die lessingsche Ringparabel scheint gegen diese Behauptung zu sprechen. Aber indem sie die Botschaft der Religionen in der Mahnung zu »ungefärbter Liebe« der Menschen zueinander zusammenklingen sieht, diese Botschaft aber eben auch darauf reduziert, dürfte – trotz der unbestrittenen Wichtigkeit dieser Mahnung – der hier angebotene Weg eben doch die Tiefe nicht erreichen, die notwendig ist, um wirklich z. B. mit Schuld, Leid und Ungerechtigkeit wirksam und weiterführend umgehen zu können.

Wir werden deshalb – unbeschadet tiefer Wahrheiten und reicher Schätze in anderen Religionen und Weltanschauungen – im Folgenden speziell nach dem Angebot des christlichen Glaubens für die Menschen der Gegenwart fragen. Dies soll so geschehen, dass in einem ersten (kürzeren) Hauptteil die notwendigen historischen Informationen über die beiden wichtigsten christlichen Glaubensurkunden zusammengestellt werden: die Heilige Schrift und das Glaubensbekenntnis. In einem zweiten längeren Hauptteil wird dann entlang der einzelnen Aussagen des Glaubensbekenntnisses versucht, den Inhalt des christlichen Glaubens zu erschließen, um am Schluss noch einmal die Frage nach der Zukunft des Glaubens heute und morgen zu stellen.

I. Urkunden des Glaubens

Ehe wir uns den inhaltlichen Aussagen des christlichen Glaubens zuwenden, rücken wir zunächst die Dokumente in den Blick, in denen der christliche Glaube maßgeblich bezeugt ist. Denn das ist am Anfang sogleich festzuhalten: Der christliche Glaube ist keine Philosophie oder Weltanschauung, die – wenn auch in Aufnahme von und in Auseinandersetzung mit anderen Entwürfen – jeweils neu entwickelt werden muss. Vielmehr eignet dem Glauben eine ihn konstituierende Traditionsgebundenheit. Christlicher Glaube ist überlieferter Glaube. Das hängt damit zusammen, dass der Glaube der Christen sich elementar und zentral auf eine Gestalt der Geschichte bezieht, auf Jesus von Nazareth, und dass er wesentlich ein Einstimmen in das Zeugnis derer ist, die am Anfang glaubend von ihm berichtet und diesen Glauben durch die Zeiten weitergegeben haben. Es ist für den christlichen Glauben wesentlich, sich immer neu seiner Identität als Übereinstimmung mit der Bezeugung dieses Glaubens durch die Geschichte zu vergewissern. Das schließt nicht aus, dass der Glaube, in solcher Tradition stehend, sich immer neu formuliert, entsprechend dem Wandel der Zeiten, Situationen, Kulturen, in denen er sich jeweils neu vorfindet. Aber aller Wandel und alle Neuformulierung muss erkennbar sein als neue Form des *einen* und *selben*, das die Christen seit den Zeiten Jesu von Nazareth und seiner Apostel in der Gemeinschaft der Glaubenden bekannt haben. Diese Bindung des Glaubens, die zugleich Einbindung in die Gemeinschaft der Christenheit ist, ist dem christlichen Glauben wesentlich.

Es ist im Folgenden auf zwei Dokumente einzugehen, die in der Christenheit als maßgeblich für den überlieferten Glauben und seine Identität gelten: auf die

Bibel als grundlegendes Zeugnis des Glaubens und auf das *Glaubensbekenntnis*, das eine knappe Zusammenstellung der Gegenstände des Glaubens bietet und uns beim Nachdenken über den Inhalt des Glaubens als Leitfaden dienen wird. Beides sind Dokumente aus der Zeit der frühen Kirche, in denen die Christenheit über Konfessionsgrenzen hinweg bis heute die Grundlagen ihres gemeinsamen Glaubens maßgeblich dokumentiert findet. Das gilt auch für die Bibel: Auch sie ist nicht vom Himmel gefallen; sie ist ein Buch der Kirche, über deren Entstehungsumstände in der Frühzeit der Kirche wir einigermaßen deutlich informiert sind. Ihr wenden wir uns zunächst zu.

1. Die Bibel, das grundlegende Zeugnis des Glaubens

Man kann die Bibel sehr unterschiedlich lesen. Man kann sie z. B. nach in ihr beschriebenen interessanten Krankheitsphänomenen befragen (etwa in 3Mose 13). So ist sie von Interesse für einen Medizingeschichtler. Auch Historiker und Religionsgeschichtler entnehmen der Bibel wichtige Informationen, Sprachforscher der alten Sprachen, Geographen, Völkerkundler ebenso. Was für die Christen die Bibel ist, kommt freilich mit all dem noch nicht in den Blick. Gewiss: Die Christen glauben nicht *an* die Bibel. Aber für Christen ist sie die maßgebende Urkunde ihres Glaubens, sozusagen seine Ur-Tradition. Gleichzeitig gebrauchen sie die Bibel, um sich aus ihr als aus dem Wort Gottes Trost, Rat und Weisung geben zu lassen. Man kann von daher das Christentum als eine Buchreligion bezeichnen (was z. B. für die Betrachtung aus der Sicht des Islam von großer Bedeutung ist). Auch unsere Kultur ist voll von biblischen Bezügen: die geistliche Musik, die bildende Kunst, aber auch die Literatur, Filme, sogar unsere

Alltagssprache.[3] Dem steht allerdings eine verbreitete Unkenntnis der Bibel gegenüber, so dass viele Zeugen stumm bleiben.

Zwei Warnungen seien dem freilich sogleich hinzugefügt. Man kann die Bibel – zu Deutsch: »das Buch«, griech.: »ho biblos« – schwerlich wie einen Roman von vorn bis hinten durchlesen, da es – z. B. im 3. Buch Mose – allzu spröde Partien gibt und weil die einzelnen Teile vielfach ohne direkten Zusammenhang nebeneinander stehen. Und man kann die Bibel missbrauchen, etwa indem man sie wie ein Orakel oder ein Horoskop benutzt und einzelne beliebige Worte herauspickt. Auch der Satz »Es gibt keinen Gott« (Ps 14,1) steht ja z. B. in der Bibel. Man muss immer den Zusammenhang im Einzelnen und weithin auch die großen biblischen Zusammenhänge beachten, um nicht fehl zu gehen. Man muss auch die jeweilige Aussageweise der Bibel berücksichtigen, darf z. B. symbolisch oder bildhaft gemeinte Aussagen nicht als historische Angaben missverstehen – etwa alles, was in der Offenbarung des Johannes steht, die bekanntlich als Steinbruch für ganze Endgeschichtskonstruktionen benutzt worden ist. Natürlich gibt es viele Worte in der Bibel, die uns unmittelbar berühren und als solche gelesen und meditiert werden sollen. Aber selbst hier (etwa in den Psalmen oder in der Bergpredigt) ist ein gründlicheres Verstehen nur dann gewährleistet, wenn der Zusammenhang, die Sprachform, die geschichtlichen Umstände etc. beachtet werden. Es waren auch solcherlei Gründe, die im Mittelalter dazu geführt haben, dass nicht jeder die Bibel in die Hand bekam. Die Reformation hat dies mit Recht geändert – und war dazu durch die aufkommende Buchdruckkunst auch zureichend in der Lage. Aber wir sind – als mündige Leser – gehalten, immer wieder die jeweils nötigen Informationen einzuholen, um dem Missbrauch der Bibel zu entgehen.

---

3 Ein Beispiel ist die Wendung aus Spr 25,22: »feurige Kohlen auf das Haupt sammeln«.

a) Aufbau und Entstehung der Bibel[4]

Die Bibel ist eine Sammlung von 66 einzelnen Schriften bzw. »Büchern«. Sie hat zwei große Teile. Den ersten Teil bildet das sog. Alte Testament mit 39 Büchern. Es ist in hebräischer Sprache verfasst, wird heute vielfach auch als »hebräische Bibel« bezeichnet und ist Juden und Christen gemeinsam. Den zweiten Teil bildet das sog. Neue Testament mit 27 Büchern. Es ist in einer Spätform der altgriechischen Sprache, der sog. »koine«, verfasst. Dazu kommen noch weitere 14 Schriften, die man in der evangelischen Kirche als »Apokryphen« (= zweifelhafte, unechte Schriften) bezeichnet, die jedoch in der katholischen Kirche fest zum Bestand der Bibel gerechnet werden. Sie stammen aus der jüdischen Geschichte der Zeit zwischen den beiden Testamenten. Sie sind weithin in aramäischer Sprache, einer dem Hebräischen verwandten semitischen Sprache, verfasst.

Die Entstehung der christlichen Bibel ist erst im vierten nachchristlichen Jahrhundert abgeschlossen, die Bibel erweist sich damit als ein Stück kirchlicher Traditionsbildung. Im zweiten Jahrhundert gab es bereits Sammlungen mit den Evangelien und einer Reihe von Paulusbriefen. Als damalige Kriterien für die Aufnahme in diese Sammlungen lassen sich heute erkennen: die apostolische Verfasserschaft (die faktisch in manchen Fällen nur eine vermeintliche war), die bereits nachgewiesene gottesdienstlich-geistliche Bewährung einer Schrift sowie die inhaltliche Übereinstimmung mit der Glaubensregel (dem bereits zur gleichen Zeit formuliert vorliegenden Glaubensbekenntnis). Allerdings kam es vor, dass Zusammenstellungen solcher Schriften auch von problematischen theologischen Interessen geleitet waren. Die älteste uns bekannte Sammlung stammt von dem bereits damals als

4 Vgl. zum Folgenden H. Fr. v. Campenhausen: Die Entstehung der christlichen Bibel, Berlin 1975.

Häretiker verurteilten, der Gnosis nahe stehenden Marcion (Mitte zweites Jahrhundert in Kleinasien), der mit seiner Auswahl nur des Lukasevangeliums und einiger Paulusbriefe gegen die Gültigkeit des Alten Testaments polemisieren wollte. Ein schon vollständigeres und auch inhaltlich weniger einseitiges Verzeichnis neutestamentlicher Schriften haben wir aus der Zeit um 200 aus Rom (sog. Kanon Muratori). Lange Zeit umstritten waren der Jakobusbrief, der 2. Petrusbrief, der 3. Johannesbrief, der Brief an die Hebräer und vor allem die Offenbarung des Johannes (ihre Zugehörigkeit zum Kanon wurde noch bis ins zehnte Jahrhundert diskutiert). Die bis heute maßgebliche endgültige Liste ist übereinstimmend im Jahre 405 von einem Papst (Innozenz I.) und vorher im Jahre 367 von einem Patriarchen des Ostens (Athanasius von Alexandria) festgestellt worden. Unser Altes Testament, das in der Zeit Jesu und der Apostel als die Heilige Schrift auch der Christen galt, hat seine Endgestalt ebenfalls erst in christlicher Zeit, nämlich im Laufe des ersten nachchristlichen Jahrhunderts gefunden. Unsicherheiten gab es hier vor allem bei den sog. »Lehrbüchern« (ketubim), jenen Stücken des Alten Testaments, die sich – um den Psalter gruppiert – zwischen den historischen Büchern und den Propheten finden.

Die Bibel gilt seither als der »Kanon« (Maßstab) des christlichen Glaubens und der Verkündigung. In den letzten 200 Jahren ist sie Gegenstand intensiver historischer wissenschaftlicher Forschung gewesen, im Wesentlichen unternommen von christlichen Theologen. Diese Forschung betraf das Werden des gesamten Kanons ebenso wie die Entstehung der einzelnen biblischen Schriften, ihre Quellen, ihre literarische Art, die Autoren, die Abfassungszeit u. ä. Die Ergebnisse dieser historischen Kritik haben unter Christen vielfach zu Erschütterungen und auch zu Abwehr geführt, weil in den Augen mancher hierdurch die Grundlage des christlichen Glaubens angetastet zu werden schien. Jedoch eröffnet sich faktisch mit diesen Erkenntnissen eine differenzierte Betrachtung der Bibel, die einen großen Reichtum darstellt. Sie verhindert es, die Bibel einfach als historische Reportage von Sachverhalten anzusehen, wie sie mitunter von Fundamentalisten missverstanden wird; dabei bleibt man gerade einer neuzeitlichen historischen Fragestellung verhaftet, die den unterschiedlichen biblischen Aussageweisen nicht gerecht wird.

Die Bibel kann aber nun auch nicht mehr als eine Art dogmatisches Lehrbuch benutzt werden, wie es mitunter in früheren Jahrhunderten geschah. Vielmehr ist die Bibel durch und durch Zeugnis des Glaubens an den Gott Israels und an Jesus, den Sohn Gottes. Was sie berichtet, ist geschichtliches Geschehen, das jedoch als Geschichte Gottes mit seinem Volk und der Welt gedeutet und dann auch entsprechend dargestellt ist.

b) Das Neue Testament

Wenden wir uns nun zunächst dem zweiten Teil der Bibel, dem Neuen Testament, zu.[5] Es besteht selbst wiederum aus drei ungleichen Teilen. Den ersten Teil bilden fünf Schriften eher berichtenden Charakters: die vier sog. Evangelien mit der Schilderung des irdischen Weges Jesu sowie die Apostelgeschichte, eine Darstellung der Anfänge der Kirche und der christlichen Mission. Sodann folgen 21 Briefe bzw. Rundschreiben, von denen der größere Teil von Paulus, dem Heidenapostel, geschrieben bzw. diktiert ist, während andere von Paulusschülern oder von sonstigen uns unbekannten Verfassern stammen. Die letzteren, die nicht in die Sammlung von Paulusbriefen eingegangen sind, nennt man heute auch »katholische« Briefe, weil sie einen ebenfalls allgemein gültigen christlichen Inhalt haben. Sowohl die Schriften der Paulusschü-

5 Dazu vgl. E. Lohse: Die Entstehung des Neuen Testaments, 5. Aufl. Stuttgart 1991.

ler wie die »katholischen« Briefe tragen als Pseudonyme Namen von Aposteln: Paulus, Petrus, Johannes, ein Brief läuft unter dem Namen des Jakobus, des Bruders Jesu. Eine Schrift trägt nur den Namen der Empfänger: An die Hebräer, der aber erst nachträglich über dieses Schreiben gesetzt wurde und sich womöglich mehr auf den Inhalt als die tatsächlichen Leser oder Empfänger bezieht. All diese »Briefe« spiegeln mancherlei von den Zuständen, von ethischen Problemen und Glaubensfragen in den frühen griechisch sprechenden Gemeinden Kleinasiens, Griechenlands und Roms wider. Am Ende des Neuen Testaments findet sich – als sog. »prophetische Schrift« – die Offenbarung (Apokalypse) des Johannes. Auch bei dieser Verfasserangabe handelt es sich um ein Pseudonym, denn das Ganze ist das Rundschreiben eines kleinasiatischen Propheten (und Kirchenführers) aus der Verbannung auf der Insel Patmos an Gemeinden in Kleinasien, die unter Bedrohung und Verfolgung zu leiden hatten. Es spricht deshalb weithin in rätselhaften Bildern und malt mit verschlüsselten Zahlenspielen eine Zukunftsvision.

Die historische Erforschung des Neuen Testaments in den letzten 200 Jahren hat u. a. zu folgenden Einsichten geführt. Es gibt jetzt genauere Vorstellungen über die Entstehung der einzelnen Schriften: die Entstehungszeit, die Verfasser, die Entstehungsumstände und Quellenbenutzungen, insbesondere bei den Evangelien. Wie schon gesagt, stammen nicht alle unter dem Namen des Paulus überlieferten Briefe von Paulus. Jedoch sind die echten Paulusbriefe die (in ihrer heute vorliegenden literarischen Form) ältesten Schriften des Neuen Testaments; der 1. Thessalonicherbrief (als vermutlich ältester Paulusbrief und damit ältestes Dokument des Neuen Testaments) ist etwa im Jahre 50 geschrieben worden – also rund 20 Jahre nach den Ereignissen um Kreuzigung und Auferstehung Jesu. Die sog. »synoptischen« Evangelien (Matthäus, Markus, Lukas) sind in ihrer heutigen Gestalt zwischen 70 und 80 entstanden, verarbeiten aber eine Fülle bereits vorher gesammelten Materials, insbesondere Erzählungen von Jesus, die am Anfang mündlich überliefert wurden; ebenso Worte Jesu, die ebenfalls schon vorneutestamentlich zu Redekompositionen zusammengefügt waren (man spricht z. B. von der Spruchquelle Q). Das Johannesevangelium ist am Ende des ersten Jahrhunderts entstanden, die Reden Jesu in diesem Evangelium sind Formulierungen aus dieser Zeit – so wie das in der Antike üblich war. Eine weitere Einsicht besteht darin, dass speziell die Evangelien als Berichte von Jesus keine objektiven historischen Darstellungen (nach unseren heutigen Maßstäben) sind, sondern Zeugnisse des nachösterlichen christlichen Glaubens, die zum Teil mit Symbolen und Legenden arbeiten, um bildhaft zum Ausdruck zu bringen, welche Bedeutung dieser Jesus für den Glauben hat. (Man wird also der biblischen Aussageabsicht nicht gerecht, wenn man z. B. die Erzählungen von der Brotvermehrung oder vom Wandeln Jesu auf dem Meer als historische Berichte auffasst.) Dennoch lässt sich auf Grund der biblischen Berichte eine Rekonstruktion wichtiger Daten des Lebens und der Verkündigung Jesu sowie der frühchristlichen Geschichte erheben. Sicher wird davon manches hypothetisch bleiben. Aber es ist eindeutig, dass der Glaube, der die Berichte geformt hat, nicht eine allgemeine religiös-philosophische Doktrin ist. Er hat sich vielmehr entzündet an etwas, das geschehen ist und das nach seiner Bedeutung befragt und ausgelegt wird. In diesem Sinne ist das Zeugnis des Neuen Testaments insgesamt Deutung des Glaubens, auf Grund deren dann auch die Orientierung für die christliche Gemeinde – damals und heute – erfolgt.

Ein Letztes und Wesentliches ist hinzuzufügen. Die Deutungen, die der Glaube vorgenommen hat und die im Neuen Testament ihren Niederschlag gefunden haben, sind vielfältig und lassen sich nicht ohne weiteres in ein theologisches System einfangen. So sind z. B. die Berichte über das Ostergeschehen im Einzelnen unterschiedlich, es gibt unterschiedliche Deutungen des Kreuzestodes Jesu, ja wer

Jesus selbst überhaupt war, wird in unterschiedlichen Variationen ausgesagt. Das Neue Testament ist gekennzeichnet durch eine Vielfalt von Theologien, auch im Hinblick auf das Heilsverständnis, die Gestalt der Kirche, die Hoffnung der Christen. Es kann und muss allerdings gesagt werden, dass es eine Vielfalt ist, die nicht auseinanderfällt, die vielmehr wie eine Symphonie mit unterschiedlichen Instrumenten und Melodien zusammenklingt und die den Reichtum des Nachdenkens der frühen Christenheit über das Ereignis, das Jesus von Nazareth heißt, dokumentiert. Was man in Jesus erfuhr, konnte nicht in *einem* Verstehens- und Auslegungsversuch erfasst werden. Und es entfaltete sich auch in den unterschiedlichen kulturellen Kontexten immer wieder neu. Das ist der Grund, weshalb sich auch nachneutestamentlich – nun auf dem Boden des Neuen Testaments – legitimerweise eine Vielfalt in der Theologie und im sonstigen Ausdruck des christlichen Glaubens entwickelt hat. Nur in seiner Vielfalt und im Vorblick auf vielfältige Neuauslegungen ist das Neue Testament für die Christenheit kanonisch. Das Glaubensbekenntnis, das eine eher formelhafte Kurzfassung des Glaubens sein will, gibt solche legitime Vielfalt gerade frei und will sie nicht blockieren.

c) Das Alte Testament und das Problem der Einheitlichkeit der Bibel

Wir müssen nun unseren Blick noch einen Augenblick dem anderen großen Teil der Bibel, dem Alten Testament, zuwenden und damit dann noch einmal die Frage der Einheit der Bibel und ihrer Botschaft aufwerfen. Auch im Alten Testament finden wir drei voneinander abzuhebende Gattungen von Schriften: die – im weiteren Sinne so zu bezeichnenden – Geschichtsbücher (1Mose [Genesis] – 2Chronik); die Schriften, die man eher als Lehrbücher (Ketubim) bezeichnen kann (Hiob, Psalmen, Sprüche, Prediger, Hoheslied); die Propheten – große und sog. kleine

Propheten.[6] Auch das Alte Testament ist in den letzten 200 Jahren historisch-kritisch durchforscht worden, nachdem man seit der Reformationszeit auch wieder auf seinen hebräischen Originaltext zurückgegriffen hatte. In den Geschichtsbüchern des Alten Testaments hat man, wie in den Evangelien des Neuen Testaments, verschiedene literarische Quellen entdeckt und versucht, sie voneinander abzuheben: Man spricht vom Jahvisten (J), vom Elohisten (E), von der Priesterschrift (P), vom Deuteronomisten. Die Namen der Bücher (z. B. 1–5Mose) sind keine Verfassernamen. Auch die Psalmen und die großen Propheten lassen verschiedene Verfasser, Bearbeiter etc. erkennen. Man hat z. B. im Buch Jesaja drei unterschiedliche Sammlungen zusammengefasst gefunden (man spricht deshalb vom Deutero- und vom Tritojesaja) und besonders in der ersten Sammlung auch noch Teile unterschiedlicher Herkunft identifiziert. Auch für das Alte Testament gilt: Es ist insgesamt Zeugnis des Glaubens an den Gott Israels, an Jahve, der sein Volk durch die Geschichte führt. Es ist ein vielgestaltiges Zeugnis. Es ist auch ein Zeugnis von einem sich mit und in der Geschichte weiterentwickelnden Glauben, z. B. greift die Hoffnung der Glaubenden in immer neue Räume und Dimensionen aus. Insgesamt ist es im Alten Testament noch schwieriger als im Neuen Testament, die historischen Grundlagen des Berichteten eindeutig zu identifizieren, etwa die Gestalt des Mose oder das Geschehen des Auszugs aus Ägypten. Die alttestamentliche Disziplin »Geschichte Israels« gibt davon ein beredtes Zeugnis.[7] Es ist durchaus »parteiisch« geschrie-

6 Zur Entstehung des Alten Testaments und seiner einzelnen Schriften vgl. R. Smend: Die Entstehung des Alten Testaments, 4. Aufl. Stuttgart 1989; E. Zenger u. a.: Einleitung in das Alte Testament, 3. Aufl. Stuttgart 1998.

7 Vgl. z. B. als klassisches Werk M. Noth: Geschichte Israels (1954), 10. Aufl. Göttingen 1986; eine neuere Darstellung ist H. Donner: Geschichte des Volkes Israel und seiner Nachbarn in Grundzügen, 2. Aufl. Göttingen 1995.

ben.[8] Die berühmten ersten Kapitel der Bibel (Schöpfungsberichte, Sündenfall, Urgeschichte bis zum Turmbau zu Babel) wären überhaupt missverstanden, wenn man sie als historische Berichte auffasst. Es sind vielmehr mit mythologischen Elementen ausgestattete Erzählungen, die eine Deutung der gegenwärtigen Wirklichkeit bieten wollen: als Schöpfung Gottes, als Schuldgeschichte des Menschen und als gefährdete Welt unter der Bewahrung Gottes. Es ist durchaus nicht verwunderlich, dass die Erzähler dazu auch altorientalische Vorstellungen heranzogen, sie freilich dem Glauben an Jahve integriert haben.[9] In dem allen ist aber das Alte Testament ein Zeugnis, dem die bewegte und auch erforschbare Geschichte eines Volkes zugrunde liegt, das eine besondere Rolle im damaligen Orient gespielt hat und dem bis heute eine weltgeschichtliche Rolle zukommt.

Die Frage der Einheit der Bibel stellt sich natürlich vom Alten Testament her noch wesentlich radikaler als lediglich innerhalb des Neuen Testaments. Das erkennt man schon daran, dass unser Altes Testament als hebräische Bibel zugleich die maßgebende Glaubensgrundlage des Judentums ist. Ist damit angezeigt, dass im Grunde Juden und Christen den gleichen Glauben haben, dass die Christen nur eine Art Sonderform in dieser Gemeinsamkeit sind? Darüber gibt es gegenwärtig kontroverse Diskussionen, die auch vor dem Hintergrund der großen Schuld der Christen an den Juden durch die Jahrhunderte hindurch geführt werden. Und in der Tat: Das Zeugnis des Neuen Testaments ist davon durchdrungen, dass es auf dem Boden der Schrift – nämlich der hebräischen Bibel, die die Bibel der frühen

---

8 Im Gespräch hat ein palästinensischer Christ einmal darauf hingewiesen, wie sehr das Alte Testament die Unterwerfung der Ureinwohner Palästinas verherrlicht.

9 Im Schöpfungsbericht ist das sehr deutlich in der jeweiligen Formulierung »Und Gott sprach«.

Christen war – steht. Besonders Jesus selbst ist ohne die Tradition der hebräischen Bibel überhaupt nicht zu verstehen. Dennoch ist offensichtlich, dass – neben aller Vielfalt *innerhalb* beider Teile der Bibel – zwischen diesen beiden Teilen bei aller grundlegenden Kontinuität doch auch eine gravierende Diskontinuität des Glaubens deutlich wird. Beispiele wären etwa die Opfergesetzgebung im sog. »Pentateuch« (den 5 Büchern Mose) oder die Erzählungen von Heiligen Kriegen (etwa Jos 6 oder 10) oder die sog. Rachepsalmen (etwa Ps 69). Ja, man muss noch grundsätzlicher sagen: Die Botschaft des Neuen Testaments überschreitet die Grenzen des auserwählten alttestamentlichen Volkes Gottes und seiner religiös-nationalen Identität. Es macht die Zugehörigkeit zur Kirche, d. h. zum neuen Gottesvolk, vom Bekenntnis zu Jesus als dem Christus und von der Taufe abhängig. Die neutestamentliche Botschaft und das Bekenntnis zu Jesus als dem Messias stellt eine in eine bestimmte Richtung weiterführende Neuinterpretation des Alten Testamentes dar, die zugleich eine kritische Weiterführung ist. Die jüdische Deutung der hebräischen Bibel liest dieselbe in entscheidenden Punkten anders. Hier dürfte keine letztlich »objektive« Feststellung möglich sein. Vielmehr ist das Alte Testament insgesamt offen für unterschiedliche Deutungen. Denn natürlich hat die frühe Christenheit nicht willkürlich das Alte Testament für sich als normativ reklamiert. Sie hat mit Recht bestimmte Passagen (z. B. Jes 52–53) als Hinweis auf den kommenden Jesus von Nazareth, den leidenden Gottesknecht und Messias, gelesen, und gespürt, dass das Alte Testament selbst über sich hinaus weist. Das Gespräch darüber mit den Juden muss weitergehen und wird gegenwärtig in einer versöhnlichen Atmosphäre geführt. Die Begegnung unterschiedlicher Glaubensüberzeugungen ist heute ein Probierstein des Miteinanders in einer vielgestaltigen, pluralen Welt. Für die Christen bedeutet dies jedoch, dass sie den ersten Teil ihrer Bibel als normativ für sich nur im Lichte der kritisch-weiterführenden Interpretation durch das Neue Testament lesen und annehmen können.

d) Von der Auslegung der Bibel (das hermeneutische Problem)

Wir haben uns damit dem Problem genähert, das für den Glauben der Christen heute, über die historische Problematik hinaus, mit Blick auf die Bibel als Glaubensgrundlage von entscheidender Bedeutung ist. Die Fachsprache spricht vom »hermeneutischen« Problem, es ist das Problem legitimer Auslegung der Bibel.[10] Es zeigt sich einmal dort, wo – wie wir sahen – die Erfahrung, die der Glaube mit dem Gott Israels durch die Geschichte hindurch und dann mit Jesus von Nazareth gemacht hat, sich notwendig und natürlicherweise in verschiedenen Formen äußert. Sie sind auch bedingt durch die jeweilige, z. B. kulturelle Verstehenssituation und fordern uns auf, uns das Glaubenszeugnis der Bibel unter den jeweils neuen Bedingungen, unter denen wir leben und denken, zu erschließen. Das hermeneutische Problem zeigt sich aber zum Zweiten auch in der Weise, dass innerhalb der Bibel selbst so etwas wie ein sachliches Auslegungsgefälle begegnet. Ihre vielfältigen Aussagen wollen ja – wenn die Bibel als Gesamtheit betrachtet und gelesen wird – in Bezug auf die gesamtbiblische Mitte hin ausgelegt und verstanden werden, und diese heißt Jesus von Nazareth. Diese Doppelproblematik sachgerechten Verstehens der Bibel macht noch einmal deutlich, dass die Bibel alles andere sein will als ein Buch voll ewig gültiger dogmatischer Sätze, die bei Bedarf hervorgezogen und angewendet werden

10 Von »hermeneuein« = dolmetschen, übersetzen. Eine klassische Einführung in die Problematik gibt R. Bultmann: Das Problem der Hermeneutik, in ders.: Glauben und Verstehen II, Tübingen 2. Aufl. 1958, S. 211–235; vgl. ferner J. Roloff: Arbeitsbuch zum Neuen Testament, Berlin 1984, § 18, sowie H. Weder: Neutestamentliche Hermeneutik, 2. Aufl. Zürich 1989.

könnten. Sicher gibt es in der Bibel auch solche Sätze und Worte. Aber grundsätzlich unterliegt das sachgerechte Verstehen der Bibel der Notwendigkeit, die beiden genannten Verstehensbedingungen zu berücksichtigen.

Das meint also zunächst – um mit dem als Zweites genannten »hermeneutischen Gefälle« zu beginnen –, dass alle Aussagen der Bibel auf ihr Zentrum hin auszulegen, von ihrem Zentrum her zu verstehen sind. So wird man z. B. bei den biblischen Aussagen über das Gericht nach den Werken immer daran zu denken haben, dass Jesus Gott als den verkündet hat, der den bereuenden Sünder voll Liebe aufnimmt (wie der Vater den verlorenen Sohn) und dass nach Paulus unsere Gerechtigkeit nicht aus unseren Werken kommt. Die alttestamentliche Opfergesetzgebung ist von der Erfüllung aller Opfer im Tode Jesu her auszulegen (wie es der Hebräerbrief tut), die Berichte von den Kriegshandlungen der Israeliten müssen in das Licht der neutestamentlichen Aussagen über das Verhältnis zu unseren Feinden (Mt 5,38) gelesen werden. Wenn am Anfang der Bibel vom Menschen als vom Bild Gottes die Rede ist, so muss dies gesamtbiblisch zugleich in das Licht jener Aussagen gerückt werden, die Jesus von Nazareth als das wahre Bild Gottes bezeichnen. Erst dann verstehen wir in der Tiefe, was solche Bildhaftigkeit bei jedem Menschen bedeutet (z. B. dass Menschsein sich im Dienst für andere, im leidenden Gehorsam etc. bewährt). Freilich wird man hier hinzufügen müssen, dass auch umgekehrt von der Peripherie auf das Zentrum ein Licht fällt, dass Barmherzigkeit also z. B. nicht ohne soziale Gerechtigkeit (wie sie gerade auch das Alte Testament, etwa der Prophet Amos, verkündet) zu denken ist und Christus nicht ohne seine menschliche Herkunft aus dem Volk Israel. Das nennt man dann einen »hermeneutischen Zirkel«.

Die andere hermeneutische Bewegung, von der oben zuerst die Rede war, geht davon aus, dass jede Zeit und jede Kultur ihre eigenen Erfahrungen mit dem in der Heiligen Schrift verkündeten Heil macht und dies auch in ihrer eigenen Sprache zum Ausdruck bringt. So muss man geradezu sagen: Wir verkündigen ein und dasselbe Christusgeschehen nur dann richtig, wenn wir es heute doch zugleich anders als damals verkünden. Wenn z. B. bei Paulus davon die Rede ist, dass alle Getauften durch den Geist vollkommen gereinigt und geheiligt sind (vgl. Röm 8,1), so hat die Christenheit seither die Erfahrung gemacht, dass dennoch auch die christliche Existenz grundsätzlich problematisch bleibt: im Hin- und Hergerissensein zwischen Wahrheit und Lüge, Recht und Unrecht, Gehorsam und Ungehorsam. Die Christuswirklichkeit ist dann stärker als im Neuen Testament als Trost- und Vergebungserfahrung auszulegen. Über das im Neuen Testament direkt Gesagte hinaus ist beispielsweise auch die Verantwortung der Christen in der Öffentlichkeit der Gesellschaft zu bedenken. Diese Verantwortung nötigt uns, etwa über die Bergpredigt differenzierter nachzudenken, als das im Neuen Testament selbst geschieht. Die Verstehens- und Auslegungsvorgänge betreffen aber auch Vorstellungs- und Denkformen. Die Aussage von Joh 1 z. B., Christus sei der Logos, das Wort Gottes, das von Ewigkeit her gewesen ist, bedarf heute einer Übersetzung in uns besser nachvollziehbare Vorstellungen. Man könnte etwa sagen, dass Gott schon immer der gewesen ist, als der er sich in Jesus von Nazareth gezeigt hat. Und die mythologische Bilderwelt des Schöpfungsberichtes werden wir heute durch Vorstellungen zu erläutern haben, in denen unser naturwissenschaftliches Wissen – z. B. die Einsicht in die Evolution der Welt – zum Ausdruck kommt. Aber selbstverständlich gilt auch hier jener Zirkel. Es muss immer neu geprüft werden, ob es noch derselbe Glaube, derselbe Christus ist, der bei solcher Übersetzung (die in jeder Predigt nötig ist) vor unser Auge tritt. Und es gilt darüber hinaus die Einsicht, dass die Bibel nur der wirklich versteht, der sich mit den Autoren des Neuen Testaments zusammen in die Lebensbewegung dieses Christus hineinbegibt, weil ein wirkliches Verstehen letztlich nur aus dem Innenbereich des Lebens, der Praxis mit Jesus dem Christus und also geleitet durch den Heiligen Geist möglich ist – so wie man Musik in der Tiefe nur durch die erlebte Praxis der Musik versteht. Das hat Luther unübertrefflich ausgedrückt, wenn er am Ende seines Lebens formuliert: »Den Virgil in seinen Hirtenliedern kann niemand verstehen, er sei denn fünf Jahre Hirte gewesen ... Die Heilige Schrift meine niemand genugsam geschmeckt zu haben, er habe denn hundert Jahr lang mit Propheten wie Elia und Elisa, mit Johannes dem Täufer, Christus und den Aposteln die Gemeinden regiert ...«[11].

e) Die Bibel als Wort Gottes

Ist etwa mit dem bisher Gesagten der Charakter der Bibel als Wort Gottes, vom Heiligen Geist eingegeben, in Frage gestellt worden? Denn das war der Glaube unserer Väter und Mütter: dass wir es in der Bibel nicht einfach mit einem menschlichen Buch, sondern mit dem Wort des lebendigen Gottes selbst zu tun haben. Die Theologie bestätigte diesen Glauben in der These von der Inspiration der Schrift durch den Heiligen Geist. Nun, jene Befürchtung dürfte nicht zu Recht bestehen. Es ist uns gewiss deutlicher als früheren Generationen, dass die Bibel ein durch und durch menschliches, von Menschen geschriebenes Buch ist, in dem ganz normale Vorgänge von Überlieferung, Traditionsweitergabe, Deutungen, sogar einzelnen Irrtümern sich abzeichnen. Nur: Die Feder hat bei allem, was da geschrieben steht, der Glaube geführt, der Glaube an Gottes heilsames Handeln in der Geschichte Israels und Jesu. Glaubende

11 Worte Luthers (aufgezeichnet von Joh. Aurifaber) am 16. Februar 1546, zwei Tage vor seinem Tode. – Mit Blick auf solches vom Heiligen Geist geleitete Verstehen spricht Luther in seiner Schrift »Vom unfreien Willen« (»De servo arbitrio«, 1525) von der »inneren Klarheit« der Heiligen Schrift.

Christen haben dieses Handeln in großer Vielfalt, freilich auch in damals üblichen Formen zum Ausdruck gebracht. Und die Christen aller Jahrhunderte haben bekannt: Dieser Glaube hat wirklich Gottes Spuren entdeckt, und zwar nicht als eigene Erfindung, sondern als eine Art Erleuchtung, die denen, die in der Bibel berichtet und Berichtetes weitergegeben haben, zuteil geworden ist, eine Erleuchtung durch den Heiligen Geist. In diesem Sinne bekennen sich die Christen und unter ihnen die Theologen auch heute mit Recht dazu, dass die Bibel mehr ist als ein rein menschliches Dokument, dass sie inspiriert ist. Und sie entdecken immer neu, welchen Trost, welche Ermutigung und welchen vielfältigen Reichtum, der nicht in einem Satz aufgeht, sie aus diesem Buch schöpfen können. Das schließt nötige Diskussionen über alles Einzelne nicht aus. Aber es ist die Grundlage, die die Christen, wenn sie die Bibel lesen und studieren, verbindet. Und es bestätigt sich immer neu in dem Trost und in aller Wegweisung, die wir in wunderbarer Weise gerade dann, wenn wir mit der Bibel verantwortlich umgehen, aus ihr erhalten. So ist die Bibel den Christen ständig und immer neu zum grundlegenden Zeugnis ihres Glaubens geworden – eines Glaubens, den sie zugleich auch in knapper Zusammenfassung in ihrem Glaubensbekenntnis ausgesprochen haben.

2. Das Glaubensbekenntnis als Zusammenfassung der christlichen Botschaft

Die Christenheit kennt als Urkunde ihres Glaubens nicht nur die Heilige Schrift. Sie kennt von ihren Anfängen an auch relativ knappe Zusammenfassungen der christlichen Botschaft, die aus ursprünglichen, bereits im Neuen Testament begegnenden Kurzformeln des Glaubens herausgewachsen sind. Gemeint ist das Glaubensbekenntnis der Kirche, wie es in jedem Gottesdienst –

meist von der versammelten Gemeinde gemeinsam gesprochen – gebraucht wird. Genau genommen darf man allerdings vom Glaubensbekenntnis gar nicht in der Einzahl sprechen. Denn es hat bereits von Anfang an mehrere solche Zusammenfassungen – im Neuen Testament: mehrere »Kurzformeln« – gegeben. Als bleibend gültig und von den Kirchen heute in ihren Gottesdiensten verwendet sind im Wesentlichen zwei zu nennen:

Das sog. Nizänische Glaubensbekenntnis[12] ist das Bekenntnis, das als Einziges auch in den orthodoxen Kirchen des Ostens gilt und dort im Gottesdienst gebraucht wird, das aber gleichfalls für die westlichen Kirchen (römisch-katholische Kirche, altkatholische und evangelische Kirchen) grundlegend ist und auch in ihren Gottesdiensten seinen Ort hat und das deshalb das einzige wirklich gesamtökumenische Glaubensbekenntnis ist. Nicht zufällig ist es vom Weltrat der Kirchen als Grundlage einer Studie über unser aller gemeinsamen Glauben gewählt worden.[13] Charakteristisch für dieses Nizänische Bekenntnis ist die sehr deutliche und (im Rahmen des insgesamt kurzen Textes) relativ ausführliche Bezugnahme auf die dogmatischen Entscheidungen der beiden ersten ökumenischen Konzilien, die auch bei seiner Formulierung Pate standen. Es sind beides Unterstreichungen des Trinitätsglaubens: die Wesenseinheit und Gleichwesentlichkeit des Sohnes mit dem Vater sowie die Wesenseinheit und

12 Genauer spricht man vom Nicaeno-Konstantinopolitanum, nämlich von jenem Bekenntnis, das seine Erstgestalt auf dem altkirchlichen Ersten Ökumenischen Konzil in Nicaea 325 erhielt und auf dem Zweiten Ökumenischen Konzil in Konstantinopel 381 ergänzt wurde und den heute noch gültigen Wortlaut bekam. Der Text ist zu finden in: EG Nr. 805.

13 Vgl. das Studiendokument der Kommission für Glauben und Kirchenverfassung (des Weltrates der Kirchen): Gemeinsam den einen Glauben bekennen. Eine ökumenische Auslegung des apostolischen Glaubens, wie er im Glaubensbekenntnis von Nizäa-Konstantinopel (381) bekannt wird, Frankfurt 1991.

Gleichwesentlichkeit des Geistes mit dem Vater und dem Sohn in Gott. Für Menschen unserer Zeit, die diesen Formulierungen begegnen, mag das zunächst fremd erscheinen. Es wird uns noch beschäftigen, in welchem Maße und in welchem Sinn es notwendig zum Inhalt des christlichen Glaubens gehört, wie er heute zu vertreten ist. Außer diesen herausgehobenen Aussagen sind Inhalt und Aufbau des Nizänischen Bekenntnisses – bis auf wenige allerdings wichtige Erweiterungen – dem zweiten jetzt zu nennenden Bekenntnis analog.

Dieses zweite Bekenntnis ist das sog. Apostolische Glaubensbekenntnis, das seit der Zeit der alten Kirche (nur) in der westlichen Christenheit in Gebrauch ist und vor allem in den evangelischen Kirchen als sonntägliches Glaubenbekenntnis verwendet wird. Dieses Bekenntnis war in seiner ursprünglichen Form – am Ende des 2. Jahrhunderts n. Chr. – ein Bekenntnis der christlichen Gemeinde der Stadt Rom.[14] Es hatte seinen Sitz im Leben vornehmlich im Zusammenhang des Glaubensunterrichts der (erwachsenen) Taufbewerber, der Katechumenen. An diesem Leitfaden wurde ihnen der christliche Glaube erklärt, und bei ihrer Taufe hatten sie den Wortlaut dieses Bekenntnisses der Kirche gewissermaßen »zurückzugeben«. Man sprach dabei auch von der »reditio symboli« (Rückgabe des Symbols) und dachte dabei an das antike »Symbol«; dieses war die Hälfte eines ursprünglich Ganzen und diente dem, der die passende andere Hälfte in Händen hatte, als Erkennungszeichen der Legitimität des Betreffenden. In diesem Sinne also galt das Glaubens-Symbol als Erkennungszeichen dessen, der sich um die Taufe und damit um die Gliedschaft in der Kirche bewarb und mit jener »reditio symboli« bei der Taufe dann auch Glied der Kirche wurde. Dieses Symbol der römischen Gemeinde wurde dann auch von anderen Gemeinden

14 Diese Urform nennt man »Romanum«. Vgl. J. N. D. Kelly: Altchristliche Glaubensbekenntnisse, 2. Aufl. Göttingen 1993, Kap. IV

benutzt, in der weiteren Entwicklung durch kleine Zusätze erweitert und galt schließlich als allgemein in der abendländischen Kirche übliches Bekenntnis – und zwar außer bei der Taufe auch in den täglichen Gebetsgottesdiensten, wo es mehrfach zitiert wurde. Man nannte es »Apostolikum« – weil es die apostolische Lehre getreu wiedergab. Eine Legende behauptete sogar, jeder der 12 Apostel habe je eine der 12 Aussagen dieses Bekenntnisses zum Ganzen beigesteuert. Historisch ist das natürlich nicht richtig, aber in dieser Legende steckt die Aussage über die ursprüngliche Wahrheit dieses Bekenntnisses. Und tatsächlich lassen sich einige Elemente desselben (besonders die Aussage über Tod und Auferstehung Christi) auch wörtlich auf Bekenntnisformeln der apostolischen Zeit zurückführen.[15]

Das Apostolische Glaubensbekenntnis fasst – wie auch das Nizänische – den Inhalt der biblischen Botschaft unter drei Gesichtspunkten, in drei »Glaubensartikeln«, zusammen.[16] Diese drei Glaubensartikel handeln 1) von Gott als dem Schöpfer der Welt und des Menschen, 2) von Jesus Christus, dem Erlöser, und 3) vom Heiligen Geist als dem, der in den Herzen der Menschen Neues wirkt, der die Menschen zur Gemeinschaft der Gemeinde zusammenschließt und der der Garant der Hoffnung auf ein ewiges Leben ist. Diese Aufteilung ist zugleich ein Ausdruck dessen, dass der christliche Glaube, wie es das Nizänische Bekenntnis in besonderer Weise betont und ausformuliert, von Gott als dem Dreieinigen spricht: von Gott dem Vater, Gott dem Sohn und Gott dem Heiligen Geist. So ist es im 4. Jahrhundert durch die ersten beiden ökumenischen

---

15 Das gilt speziell für 1Kor 15,3–4, das geradezu als Ursprungsformulierung angesehen werden kann, an die anknüpfend sich dann die späteren Glaubensbekenntnisse entwickelt haben.

16 Man kann es, wie es die katholische Kirche mitunter tat, auch in 12 Teile teilen, was dann der oben genannten Entstehungslegende entspricht.

Konzilien für die Kirche festgeschrieben worden. Welchen Sinn solche Rede von Gott im Lichte der Bibel und für uns heute hat und inwiefern sie als begründet und sogar als angemessen angesehen werden kann, darüber wird bei der Beschäftigung mit dem Inhalt des christlichen Glaubens noch nachzudenken sein.

Wenn wir das Glaubensbekenntnis (bzw. die Glaubensbekenntnisse) als Urkunde des Glaubens neben die Heilige Schrift stellen, dann könnte es scheinen, dass damit der herausgehobenen Stellung der Heiligen Schrift nach evangelischem Verständnis Abbruch getan wird. War nicht das »allein durch die Heilige Schrift« (»sola scriptura«) einer der Kampfrufe der Reformatoren gegen die damalige katholische Kirche, die die Botschaft der Heiligen Schrift durch andere Autoritäten verdunkelte? Hier gilt es, sich von Klischeevorstellungen zu befreien und den wirklichen Sinn des reformatorischen »sola scriptura« in Erinnerung zu rufen. Zwei Aspekte sind dabei wichtig. Die Reformatoren – das wäre das eine – legten großen Wert auf die Kontinuität zur alten Kirche und machten diese insbesondere an der betonten Geltung der altkirchlichen Bekenntnisse fest. Dabei werden, etwa in den Bekenntnisschriften der lutherischen Kirchen, sogar drei solcher Bekenntnisse ausdrücklich als maßgebliche Lehrautorität genannt: außer dem Nizänischen und dem Apostolischen Glaubenbekenntnis auch das sog. Athanasianische Glaubensbekenntnis (aus dem 5. Jahrhundert), das allerdings kaum praktische liturgische Bedeutung erlangt hat. Wie wichtig dieser Rückbezug unseren reformatorischen Vätern war, zeigt sich auch daran, dass bei der Neuformulierung der lutherischen Lehre im Augsburger Bekenntnis von 1530 wenigstens das Nizänische und das Apostolische Glaubensbekenntnis ausdrücklich zitiert werden. Und Luther hat in seinen Katechismen das Apostolische Glaubensbekenntnis als Grundstück christlicher Unterweisung festgehalten und es in einer besonders eindrücklichen Weise ausgelegt. Dazu kommt – zweitens –

die Tatsache, dass die lutherischen Kirchen der Gegenwart in ihren Verfassungen neben der Heiligen Schrift ausdrücklich die drei altkirchlichen Bekenntnisse und dazu die in der Reformation entstandenen Bekenntnisschriften (unter ihnen das Augsburger Bekenntnis und Luthers Katechismen) als Lehrgrundlage festgeschrieben haben. Es kann von daher keine Rede davon sein, dass das reformatorische »sola scriptura« die Maßgeblichkeit der Bekenntnisse neben der Heiligen Schrift in Frage stellt. Dies wäre auch ein Bruch mit dem frühchristlichen Bewusstsein, für das sich in den ersten Bekenntnisformeln und sodann in den als »Glaubensregel« bezeichneten Bekenntnissen die christliche Lehre zusammenfasst und wo diese Zusammenfassungen geradezu als Maßstab dafür galten, welche einzelnen Schriften in den neutestamentlichen Kanon aufgenommen werden könnten. Das reformatorische »sola scriptura« kann dann nur den Sinn haben, für das Verständnis und die Auslegung der Bekenntnisse und aller anderen maßgeblichen Traditionsstücke die maßgebende Instanz zu sein, und das heißt: jedes verengende und verbiegende Verständnis der Bekenntnisse auszuschließen und gleichzeitig die knappen Formeln des Bekenntnisses in jener Fülle und Weite leuchten zu lassen, die nun eben das biblische Zeugnis in seinem großen Reichtum darstellt. Dass dabei umgekehrt das Bekenntnis die Funktion hat, uns an die zentralen Inhalte der Schrift und insbesondere an ihre Mitte – Christus – zu erinnern und damit der Gefahr falscher Schriftauslegung (etwa im Sinne eines »gesetzlichen« Umgangs ohne Beachtung der kleinen und vor allem der großen Zusammenhänge) zu verhindern, das zeigt uns, dass auch zwischen Schrift und Bekenntnis so etwas wie ein hermeneutischer Zirkel – wir haben oben beschrieben, was das ist – waltet.

Wenn wir im Folgenden den Text des Apostolischen Glaubensbekenntnisses zum Leitfaden einer Erörterung der Inhalte des christlichen Glaubens machen, dann stellt sich natürlich dennoch die Frage, ob es eigentlich sinnvoll ist, sich damit einer Zusammenfassung des christlichen Glaubens und der christlichen Botschaft anzuvertrauen, die mehr als eineinhalbtausend Jahre alt ist. Wäre nicht eines der neuformulierten Glaubensbekenntnisse oder Glaubenszeugnisse unseres Jahrhunderts ein geeigneterer Leitfaden? Demgegenüber ist einmal ganz schlicht und fast pragmatisch auf eine merkwürdige Tatsache zu verweisen. Obwohl es mancherlei Bemühungen gab, in den Gottesdiensten unserer Gemeinden solche neuen Glaubenszeugnisse an die Stelle des alten Bekenntnisses zu setzen, haben diese sich kaum durchsetzen können. In den Gottesdiensten ist man im Wesentlichen bei dem alten Text geblieben, der wohl doch in seiner gewissen Sprödigkeit als kraftvoller empfunden wird als die – vielfach auch noch durch eine einseitige neuere Theologie geprägten – neuen Texte.[17] Daneben ist an die bereits erörterte Problematik der Identität des Christlichen zu erinnern. Es ist dies ja auch eine Identität durch die Zeiten hindurch. Und solche Identität wird natürlich an einem solch alten – und noch dazu ökumenisch verbindenden – Text in anderer Weise deutlich als an Neuformulierungen. An die formelle Gültigkeit dieses Textes in unseren Bekenntnisgrundlagen, die schon erwähnt wurde, kann dann nur noch zusätzlich erinnert werden. Natürlich bedarf das Glaubensbekenntnis der erschließenden Auslegung: von der Heiligen Schrift her, aber dann ebenso vom gegenwärtigen Glaubensbewusstsein und von heutigen Frage- und Problemstellungen her. Genau das ist indessen die Absicht, die uns bei der Beschäftigung mit dem, was christlicher Glaube seinem Vollzug und seinem Inhalt nach ist, leiten soll.

17 Einige dieser neuen Glaubenszeugnisse sind im neuen Evangelischen Gottesdienstbuch abgedruckt (S. 539–542). Es wird aber ausdrücklich bemerkt: »Die neuen Texte sind kein Ersatz für das gemeinsame kirchliche Glaubensbekenntnis, sondern Hilfen zum besseren Verständnis des überlieferten Glaubens und Anstöße zum Bezeugen des Glaubens in der Gegenwart.« (S. 539)

II. WESEN UND INHALT DES GLAUBENS

Wir wenden uns nun dem christlichen Glauben selbst zu, nachdem wir uns Rechenschaft über die entscheidenden Urkunden dieses Glaubens gegeben haben. Dabei halten wir uns an den Text des Apostolischen Glaubensbekenntnisses, der – wie wir uns klar gemacht haben – eine Art Summarium des Glaubens ist und dabei zugleich eine gezielte Zusammenfassung der Botschaft der Bibel sein will. Natürlich kann und will das Glaubensbekenntnis in seiner Kürze die christliche Botschaft nicht in extensiver Vollständigkeit ausformulieren. Es gibt vielmehr eher so etwas wie die entscheidenden Eckwerte an, die durch die Auslegung dieses Textes aufgefüllt werden müssen. Beispielsweise ist im Text des Glaubensbekenntnisses von der Verkündigung Jesu (Bergpredigt, Gleichnisse) und auch von seiner heilenden Tätigkeit gar nicht ausdrücklich die Rede. Auch Taufe und Abendmahl sind allenfalls indirekt genannt. Von der Geschichte Gottes mit seinem Volk vor dem Erscheinen Jesu ist ebenfalls nicht die Rede. Der Mensch als Geschöpf Gottes wird wiederum nur indirekt, sein Dasein als Sünder und als dem Tod Verfallener nur im Zusammenhang mit den entsprechenden Heilsaussagen (im dritten Glaubensartikel) benannt. Und von Ethik hören wir ebenfalls nichts. Dennoch ist durch die Jahrhunderte hindurch dieses Bekenntnis immer wieder neu als zureichender Ausdruck des eigentlich Christlichen empfunden worden. Auch im 20. Jahrhundert hat es sich gegenüber anderen neueren Versuchen, die z. B. die Ethik mehr betonen, immer wieder durchgesetzt. Wir werden sehen, wie sehr sich von den in ihm ausdrücklich genannten »Eckdaten« her die Vielfalt und Lebensfülle des biblischen Glaubens fast wie von selbst erschließt.

Es wird von »Wesen und Inhalt« des Glaubens zu handeln sein. Damit ist angedeutet, dass das Nachdenken über den christlichen Glauben sich nicht auf die gegenständlichen Inhalte des Glaubens beschränken kann, obwohl sie naturgemäß den breitesten Raum einnehmen werden. Vielmehr erschließen sich diese Gegenstände nur, wenn sie als gewissermaßen eingebettet in den Lebensvollzug verstanden werden, der der christliche Glaube seinem Wesen nach ist. Darauf weisen die beiden Anfangsworte des Glaubensbekenntnisses »Ich glaube« hin, die so etwas wie die Klammer bilden, die die dann genannten Inhalte einschließt. Diesen Anfangsworten wenden wir uns als Erstes zu.

1. »Ich glaube«

Mit den ersten beiden Worten des Glaubensbekenntnisses (lateinisch: »credo«) stehen wir wie in einem großen Tor. Wir erinnern uns daran, dass das Apostolische Glaubensbekenntnis in der alten Kirche die Funktion des Taufbekenntnisses hatte. Es wurde von den Täuflingen an die Kirche, an die taufende Gemeinde »zurückgegeben«, nachdem es ihnen vorher anvertraut worden war. Durch diese »Rückgabe« bezeugten die Täuflinge, dass sie nun bereit waren, ihr Leben auf eine neue Grundlage zu stellen, ihrem Leben eine neue Ausrichtung zu geben, sich zu verabschieden und zu trennen von der Lebensorientierung und dem Lebenskontext, der sie bis dahin bestimmt hatte. Natürlich war dem eine lange Zeit der Vorbereitung vorausgegangen. Aber nun war es soweit. Mit der Taufe wurden sie hineingenommen in die Gemeinde derer, die diesem Jesus nachfolgen, die ihm ihr Leben verschrieben haben, in die Gemeinde der Glaubenden. Und die »Rückgabe« des Glaubensbekenntnisses bei der Taufe hatte den sozusagen symbolischen Sinn zu bezeugen: Ja, ich bekenne mich endgültig zu diesem Weg, ich empfange die

Vergebung für meinen bisherigen Lebensweg, ich wage fortan ein Leben der Nachfolge in der Gemeinschaft der Glaubenden und weiß mich dabei getragen von Gottes Segen und Schutz. Das alles bezeugte der Täufling mit dem Wort »credo«, zu Deutsch: »ich glaube«.

a) Glaube als Leben im Vertrauen und im Gehorsam

Was meinen diese beiden elementaren Worte »ich glaube«? Nehmen wir eine gängige Alltagsaussage, um uns das Problem klarzumachen. Wenn ich sage: »Ich glaube, dass der Zug um 10.50 Uhr abfährt«, dann meint »ich glaube« so etwas wie: Ich vermute, dass es sich so verhält, aber ich weiß es nicht genau. Und das enthält sofort die Nötigung, diesen bloßen Glauben durch eindeutiges Wissen zu überwinden und hinter sich zu lassen. Was an diesem Alltagsbeispiel deutlich wird, spielt sich im großen Stil in den Wissenschaften ab. Vermutungen über – z. B. naturwissenschaftliche oder historische – Sachverhalte werden überwunden durch die Erforschung ihres wahren Charakters und exaktes Wissen, etwa über Donner und Blitz als Naturerscheinungen oder über Krankheiten, deren Erreger erforscht werden und die dadurch erfolgreich therapiert werden können, oder über die Umstände und Hintergründe der Reformation oder des Kommunismus in der Sowjetunion. Seit alters wird bloßes glaubendes Vermuten durch exaktes Wissen abgelöst, und das gilt als Maxime in erhöhtem Maße im Zeitalter moderner Wissenschaften. Daran ändert auch die Tatsache nichts, dass die Wissenschaften vor immer neuen Rätseln stehen, die weitere Forschungen in Gang setzen.

Der christliche Glaube ist von vermeintlich aufgeklärter Polemik immer wieder so eingestuft worden: als unwissenschaftliche, zum Teil abergläubische Vermutung. »Wir *wissen* doch nun inzwischen, dass die Erde nicht in 6 Tagen erschaffen wurde ...« Bei genauerem Hinsehen zeigt sich freilich, dass damit das, was im christlichen Sinne »ich glaube« heißt, überhaupt nicht getroffen ist. Wenn wir in die Bibel schauen, dann begegnen dort Sätze wie: »Glaubt ihr nicht, so bleibt ihr nicht« (Jes 7,9) angesichts der Bedrohung durch die Macht der Feinde und der Zusage Gottes, den Bedrängten zu helfen. Hier ist nicht von irgendwelcher Vermutung die Rede, sondern von dem festen Vertrauen auf die Zusage Gottes, in der Bedrängnis zu helfen. Im Neuen Testament – speziell im Zusammenhang der Schilderung des Wirkens Jesu von Nazareth – finden wir das Wort »Glaube« in ähnlicher Bedeutung. »Solchen Glauben habe ich in Israel nicht gefunden«, sagt Jesus mit Blick auf einen nichtjüdischen Offizier, der sich ihm im felsenfesten Vertrauen auf seine Heilungskraft genähert hat – und der nicht enttäuscht wurde (Mt 8,10). »Ich glaube« meint hier also: Ich habe das feste Vertrauen, dass ein schlimmes Geschehen einen guten Ausgang nimmt, oder: Ich vertraue einem Menschen – *diesem* Menschen – voll und ganz. Glaube meint hier etwas durchaus anderes als ein vages »etwas nicht genau Gewusstes vermuten«. Es ist eine Haltung des Herzens, ja eine Lebenshaltung gemeint, die gekennzeichnet ist durch festes Vertrauen. Das deutsche Wort »Glauben« kommt ja von »geloben« und meint etymologisch etwa »sich angeloben«.

Diese Verwendung des Wortes Glauben kennen wir durchaus auch in unserem heutigen normalen Sprachgebrauch. Sprechen wir nicht auch vom Glauben an einen uns wichtigen Menschen, dem wir fest vertrauen, oder etwa vom Glauben an die Möglichkeit, die Ungerechtigkeit in der Welt zu überwinden? »Ich glaube an die Verlässlichkeit und Treue meines Partners« – das ist mehr als eine bloße Vermutung, auch angesichts der Möglichkeit, dass solches Vertrauen enttäuscht wird. Es ist ein Stück Hoffnung in solcher Haltung des Vertrauens enthalten, ein Stück Zuversicht. Und solches Vertrauen, solche Zuversicht haben Menschen zum Leben nötig, ohne sie kommt menschliches Leben nicht aus. Der marxistische Kommunismus war eine große Glaubensbewegung, und heute können wir vom Glauben an die Marktwirtschaft ein Lied singen. Aus Lateinamerika stammt der Satz: »Unglauben gibt es nicht. Es gibt nur das Nebeneinander von Glaube und Glaube und die Auseinandersetzung zwischen ihnen.« Dabei geht es um Hoffnungen und natürlich zugleich um das, woran wir unser Herz hängen. Es kann uns dabei der Satz Luthers einfallen: »Woran du nun dein Herz hängst, das ist recht eigentlich dein Gott«,[18] womit so etwas wie eine religiöse Dimension allen Glaubens angezeigt ist.

Auf dieser Ebene ist es angesiedelt, was Christen meinen, wenn sie sagen »ich glaube«. Sie meinen damit eine Haltung des Vertrauens und eine daraus entspringende Form des Lebens, die sich auf einen Grund stützt und daran orientiert, der Jesus von Nazareth heißt. Und sie meinen auch, gute Gründe für solches Vertrauen und solchen Lebensgehorsam zu haben, – ohne dass dies mit naturwissenschaftlichen Methoden einzuholen oder gar zu beweisen wäre. Sie meinen nämlich eine aus solcher Haltung des Glaubens entspringende Freiheit, eine ganz tiefe Sorglosigkeit, die befähigt und ermutigt zum Dienst der Liebe und zum Eintreten für Schwache. Es ist eine Freiheit, die neben aller Klage die Dankbarkeit für das, was uns von Tag zu Tag geschenkt wird, nicht vergisst. Denn auch der Dank gehört zum Glauben (Lk 17,19; Ps 103). Und ein solches Leben in Freiheit, Liebe und Dank, das sie an diesem Jesus, der sie fasziniert, wahrnehmen und von ihm gewissermaßen empfangen, erfahren sie als etwas zutiefst Menschliches, als etwas, was sie nicht wieder eintauschen wollen gegen andere Lebenshaltungen. Und das ist für sie Grund genug, im christlichen Sinne zu glauben.

b) Glaube und Anfechtung

Es gibt eine biblische Gestalt und eine Szene, die das, was wir bisher vom Glauben gesagt haben, noch vertieft. Es ist die Gestalt des Jüngers Thomas, der als Thomas der Zweifler in die Geschichte eingegangen ist. Er weigerte sich zu

18 Großer Katechismus, Auslegung des 1. Gebotes.

glauben, dass Jesus auferstanden ist, und sagte: Ich muss es bewiesen bekommen, ich muss es sehen können. Tatsächlich wird ihm ein solcher Beweis zuteil (Joh 20,27), aber dann folgt das Wort des Auferstandenen: »Selig sind, die nicht sehen und doch glauben.«

In dieser Szene geht es nicht einfach um die Frage, ob so etwas wie Auferstehung überhaupt denkbar erscheint. Vielmehr steht die Erschütterung im Hintergrund, die die Jünger durch den Tod und durch das damit scheinbar offensichtlich erwiesene Scheitern ihres Herrn erfahren hatten. In diese Erschütterung, in diesen tiefen Zweifel hinein offenbart sich der Auferstandene. Aber er fügt hinzu, dass es in den Dunkelheiten und Ausweglosigkeiten des Lebens nicht immer zu einer so offensichtlichen Siegesbezeugung kommt, sondern dass sich der Glaube auch ohne einen solchen unwiderlegbaren Erweis durchhalten soll. In diesem Sinne vertieft diese Szene aus dem Johannesevangelium, was wir bisher vom Glauben als Lebenshaltung der Christen gesagt haben. Sie sagt uns zweierlei:

Glaube im christlichen Verständnis ist immer wieder dem Zweifel ausgesetzt. Solcher Zweifel entsteht nicht so sehr infolge wissenschaftlicher Erkenntnisse. Vielmehr scheint der Glaube der Erfahrung zu widersprechen, die wir mit der Welt von Leid und Tod machen, wo das Vertrauen und die Hoffnung sinnlos zu sein scheinen. Glaube im christlichen Sinne meint keine immer ungebrochene Zuversicht. Vielmehr lebt der Glaube, wenn er ehrlich ist, sozusagen Tür an Tür mit zweifelnder Anfechtung, im Hin und Her zwischen Vertrauen und Skepsis. Gerade die Heiligen in der Geschichte des Christentums sind häufig von Zweifeln und Anfechtungen umgetrieben. Zu ihnen gehört auch Luther. Für ihn zeigte sich in den Anfechtungen die Kreuzesgestalt des christlichen Glaubens, von der her er seine berühmte »Theologie des Kreuzes« entwickelte. Diese kann sich in geradezu paradoxen Sätzen ausdrücken: »Der Glaube richtet sich auf die unsichtbaren Dinge. Damit also Gelegenheit für den Glauben ist, muss alles, was geglaubt wird, verborgen sein. Es wird aber am tiefsten verborgen, wenn es dem Augenschein, den Sinnen und der Erfahrung gerade entgegengesetzt ist. Wenn Gott also lebendig macht, so tut er es, indem er tötet; wenn er rechtfertigt, so tut er es, indem er uns schuldig macht; wenn er uns in den Himmel führt, so tut er es, indem er uns zur Hölle führt.«[19]

Dennoch – das ist das Zweite, das uns jene Szene aus dem Johannesevangelium sagen will – gibt es Geschehnisse, die den Zweifel vertreiben und Zeichen dafür sind, dass das Vertrauen nicht unbegründet ist, es gibt Hilfen auf dem Weg. Wenn Christen auf Jesus von Nazareth und seinen Weg schauen, entdecken sie auch in ihrer Welt und in ihrem Leben immer wieder Lichtpunkte, Sinn in allem scheinbar Sinnlosen. Dabei bleibt freilich eine Offenheit, die Rechnung des Lebens geht nicht auf, Glauben ist und bleibt ein Wagnis, ein Festhalten an einer unsichtbaren Hand trotz scheinbar gegenteiliger Erfahrungen. Eine solche Dunkelheit erlebten die Jünger nach Karfreitag – und sie begleitet die, die Christen sein wollen, bis heute.

Das Glaubensbekenntnis unterstreicht, dass es den Glauben primär als Lebensvorgang, als Lebensform und nicht einfach als theoretische Überzeugung meint, indem es zu den ersten beiden Worten die Wendung hinzufügt »an Gott«: »Ich glaube an Gott« (»Credo in Deum«). Es heißt bewusst nicht: »Ich glaube, dass es Gott gibt« (»Credo Deum«). Glaube ist primär und eigentlich keine theoretische Überzeugung. Allerdings ist er, indem er ein Lebensvorgang ist, zugleich erkennender Glaube. Davon ist jetzt noch zu reden.

c) Glauben und Erkennen

Es wäre verhängnisvoll, wenn aus dem bisher Gesagten der Schluss gezogen würde, dass Glauben und Erkennen, Glauben und Denken eben doch auf zwei verschie-

19 Aus »De servo arbitrio« (1525), WA 18, S. 633 (Übers. nach Braunschw. Ausg., ed. Buchwald/Scheel, Erg. Bd. II, S. 261).

denen Ebenen liegen und das eine mit dem anderen im Grunde nichts zu tun hat. Das liefe dann entweder auf jene immer wieder diskutierte Frage hinaus, ob das, was wir wirklich erkennen, nicht den Glauben überflüssig macht, ihn überholt, uns aus dem Dunkel des Glaubens in das Licht aufgeklärten Wissens führt. Oder es ließe dem Glauben sein spezifisches Reservat im Gefühl, das zwar für das Denken und Erkennen nichts austrägt, aber neben diesem doch sein Recht behält.

Sowohl das biblische Zeugnis wie auch ein tieferes Nachdenken über das, was Glaube als Lebensvorgang eigentlich ist, führen hier zu anderen Einsichten.

Es ist zunächst darauf hinzuweisen, dass der Glaubende durchaus in der Lage ist (oder sein müsste) zu erklären, worauf er sich eigentlich einlässt. »Seid allezeit bereit, Rechenschaft zu geben über die Hoffnung, die in euch ist« (1Petr 3,15) – das ist ursprünglich ein Wort an Neugetaufte, die natürlich von anderen nach den Gründen gefragt wurden, weshalb sie sich für den Weg des Christseins entschieden haben. Wissen eigentlich heute alle diejenigen, die sich Christen nennen, anzugeben und zu erklären, warum sie Christen sind, worauf sich ihr Vertrauen, ihr Glaube gründet? Es geht hier zunächst schlicht um eine Art Sprachfähigkeit des Glaubens, die man selbst bei angehenden jungen Theologen vermisst hat (obwohl diese natürlich eine Menge an historischem und dogmatischem Wissen im Kopf haben). Diese Sprachfähigkeit, die in der Lage ist, Rechenschaft darüber zu geben, warum ich glaube, was der Grund und Gegenstand meines Vertrauens und meines Lebenswagnisses als Christ ist, markiert gewissermaßen den notwendigen Zusammenhang des Glaubens als Lebensvorgang mit dem Gegenstand und dem Inhalt des Glaubens. Die Theologie hat dieses Zu- und Miteinander reflektiert, indem sie den »Glauben, durch den geglaubt wird« (»fides qua creditur« = Glaube als Lebensvorgang), vom »Glauben, der geglaubt wird« (»fides quae creditur« = Glaubensinhalt), unterschieden hat. Natürlich gehört beides untrennbar zusammen, bildet aber doch verschiedene Aspekte dieses einen Ganzen. Und der »Glaube, der geglaubt wird«, ist, sofern damit der christliche Glaube gemeint ist, zusammengefasst in den Aussagen des Glaubensbekenntnisses. Die Lebenshaltung des Vertrauens und der Liebe ist nicht gegenstandslos.

Die Frage ist allerdings darüber hinaus, ob das, was der Glaube über seinen Grund und Gegenstand zu sagen weiß, mehr ist als eine lediglich subjektive Meinung oder Überzeugung. So wird der Glaube der Christen ja häufig eingestuft. Man belässt sie bei ihrer Überzeugung, aber in der Meinung, dass damit über die objektive Wirklichkeit, die alle angeht, gar nichts gesagt sei. Der Glaube selbst ist hier anderer Meinung. Was er als seinen Grund und Gegenstand erkannt hat, hält er für eine allgemein gültige Wahrheit, die im Streit mit anderen Meinungen auch zu verteidigen wäre. Ist aber der Glaube mit dieser seiner Überzeugung auf dem richtigen Weg, oder muss er bescheiden sein und sich mit dem, was er subjektiv meint, zufrieden geben?

Hier stehen wir vor der Frage der Erkenntnisfunktion des Glaubens. Die Bibel ist der Meinung, dass die, die sich auf Jesus und seinen Weg einlassen, auch zu einer wirklichen Erkenntnis von Wahrheit gelangen: »Wer Gottes Willen tun wird, der wird erkennen, ob diese Lehre von Gott ist, oder ob ich von mir selbst rede.« (Joh 7,17) Gemeint ist hier eine Erkenntnis des sozusagen »objektiven« Sachverhalts, nämlich der tatsächlichen Herkunft der Lehre Jesu und damit seiner selbst. Es ist also nicht nur von einem subjektiven Dafürhalten die Rede, dem andere Meinungen zur selben Frage gleichberechtigt zur Seite stehen, so dass ein »Wir-wissen-es-letztlich-nicht« das Resultat wäre. Vielmehr eröffnet die Lebensentscheidung für die Nachfolge Jesu zugleich tiefere und wahrere Einsichten, Dimensionen, die sonst nicht ohne weiteres erkennbar sind. Wer glaubt, sieht mehr. Das ist auch außerhalb des religiösen

Bereiches so. Einen Menschen, auf den ich vertraue und den ich liebe, mit dem ich Erfahrungen gemacht habe (wie z. B. mit meinem Ehepartner), den erkenne und kenne ich besser als jeder andere. Ein anderes Beispiel: Wirkliche (gewissermaßen »objektive«) Erkenntnis der Schönheit von Musik hat nur derjenige, der sie nicht nur im Notenbild studiert, sondern sie erlebt, ja durchlebt – in höchster subjektiver Beteiligung. Das Merkwürdige ist, dass subjektives Sich-Einlassen und Erkennen der (objektiven) Wahrheit keine Gegensätze sind, sondern einander bedingen. Das gilt heute auch für die naturwissenschaftliche Erkenntnis, bei der z. B. die Fragestellung, mit der man an Sachverhalte herangeht, für das Ergebnis von Bedeutung ist. Ebenso gilt es etwa für das Erforschen literarischer Texte. Bei philosophischem Erkennen wusste schon Aristoteles, dass es mit dem Staunen anfängt – und nur so zu seinen Einsichten kommt (nach Aristoteles z. B.: dass alle Dinge auf ein Ziel hin orientiert sind, also eine Teleologie in sich tragen). Diese Einsichten können und müssen dann allerdings auch mit Argumenten gegenüber denen vertreten und notfalls verteidigt werden, die meinen, ganz anderes über die Wahrheit der Wirklichkeit sagen zu müssen (z. B. gegenüber denen, die solche Zielorientiertheit der Dinge in Abrede stellen). So ist es auch mit der Erkenntnis der Welt und des Menschen durch den Glauben. Diese Erkenntnis besagt etwa, dass unsere Seele unruhig ist, bis dass sie in Gott ruht (Augustin) oder dass die Welt nicht aus sich selbst besteht, sondern ihr Existenzgrund ein abgrundtiefes Geheimnis ist. Der Glaube, der den Grund und Gegenstand seines Vertrauens benennt und verstehend erläutert, kommt damit zugleich zu einer deutenden Erkenntnis des menschlichen Lebens und der Welt überhaupt, er formt so etwas wie eine Weltanschauung, und er wird sie im Streit mit anderen Weltanschauungen verteidigen. Man muss allerdings auch umgekehrt sagen: Nur der, der jenes glaubende Vertrauen wagt, bekommt die Wirklichkeit überhaupt in den Blick, der er sich anvertraut.

In diesem Sinne resultiert aus der Haltung des Glaubens die Erkenntnis des Glaubens. Es ist eine Erkenntnis, die auf Erfahrung, auf vielleicht überwältigender Erfahrung beruht. Solches Wissen aus Erfahrung verteidigen Christen als ein Wissen, das das Leben im tiefsten Sinne lebenswert macht. Es ist ein Wissen in großer letzter Gewissheit, von dem Wilhelm Busch hat sagen können: »Nur was wir glauben, wissen wir gewiss.«

Damit haben wir in etwa eingeholt, was das Glaubensbekenntnis meint, wenn es mit den Worten einsetzt: »Ich glaube an Gott.« Es meint nicht eine neutrale wissenschaftliche Erkenntnis von Gott, sondern ist Ausdruck von Erfahrungen, die Menschen mit Gott gemacht haben, die sie dann allerdings auch in theoretischen Zusammenhängen vertreten. Das verbindet sie im Übrigen mit allen, die außerhalb des Christentums von Gott meinen reden zu müssen und zu dürfen: Philosophen und Menschen anderer Religionen. Das Spezifische christlicher Glaubenserkenntnis ist es, dass sie grundlegend orientiert ist an Jesus von Nazareth und den Gotteserfahrungen, die gerade mit ihm zu machen sind. Von ihnen her bekennen Christen Gott als den Schöpfer, den Versöhner (in Christus) und den Erlöser (im Heiligen Geist) und finden sich seit den Zeiten des Neuen Testamentes in diesem Bekenntnis als dem Bekenntnis der Kirche, der Gemeinde Jesu Christi zusammen. Es hat seinen zusammenfassenden Niederschlag in den knappen Sätzen des Glaubensbekenntnisses gefunden.

2. Gott, der Vater, der Allmächtige

Inhaltlich beginnt das Glaubensbekenntnis der Christen mit der Wirklichkeit Gottes. Am Anfang steht der Satz: »Ich glaube an Gott.« Damit ist, was den Gegenstand des Glaubens betrifft, in gewisser Hinsicht bereits alles gesagt. Alles weitere ist eine Erläuterung dieses Ersten. Christlicher Glaube ist Glaube an Gott – darin zeigt sich in einer mehrheitlich nichtreligiösen, säkularen Welt offenbar auch das unterscheidend Christliche. Mit Jesus wissen auch Atheisten unter Umständen etwas anzufangen.[20] Im Blick auf die Wirklichkeit »Gott«, auf die religiöse Dimension, scheiden sich die Geister. »Ich glaube nur, was ich sehe«, kann man selbst von gebildeten Menschen hören. In anderen Gegenden der Welt ist das freilich anders. In Asien z. B. oder im Vorderen Orient ist Glaube an Gott eher etwas Selbstverständliches, aber das ist dann z. B. Glaube an Allah oder Glaube an Vishnu oder Krishna. Auch die alten Griechen und die Ägypter wussten von Gott. Von ihnen allen unterscheiden sich Christen dann dadurch, dass sie Gott als den bekennen, der in Jesus von Nazareth offenbar geworden ist.

Auch in unserer säkularen Welt ist freilich die Rede von Gott nicht einfach verschwunden. Sie begegnet im Alltag in Wendungen wie »Ach Gott«, »Ach du lieber Gott«, »Gott sei Dank« oder auch »Gott verflucht«. Auch unsere Alltagssprache zeigt noch etwas von ihrer Herkunft.

Berufsmäßig gehen Theologen, Pfarrer mit dem Wort Gott um. Dadurch wird es freilich auch nicht immer gerettet. Vielmehr ist das berufsmäßige Reden von Gott durchaus gefährlich. Karl Barth, der große Basler Theologe, hat in seiner Frühzeit bezüglich seines Berufs als Pfarrer und Theologe einmal gesagt: »Wir sollen als Theologen von Gott reden. Wir sind aber Menschen und können als solche nicht von Gott reden. Wir sollen Beides, unser Sollen und unser Nicht-können, wissen und eben damit Gott die Ehre geben.«[21] Und ein Beobachter von außen hat gesagt: »Ich habe junge Menschen von Gott reden hören. Sie wussten alles von ihm – nur eines nicht: dass er ihnen zuhört. Es waren Theologiestuden-

---

20 Vgl. z. B.: M. Machovec: Jesus für Atheisten, Stuttgart/Berlin 1972.

21 K. Barth: Das Wort Gottes und die Theologie (1924), München 1929, S. 158.

ten.«[22] Eine Gefahr besteht auch darin, dass Berufstheologen den Namen Gottes zu häufig nennen und dadurch faktisch entwerten. Es ist nämlich nicht nur verständlich, sondern entspricht der Sache, dass Menschen, die es ernst mit Gott meinen, eine Scheu haben, Gott ständig im Munde zu führen. Es ist nicht immer an der Zeit, von Gott zu reden, es braucht dazu besondere Situationen, Situationen der Nachdenklichkeit und inneren Offenheit. Sonst wird die Rede von Gott schal.[23]

a) Die Bedeutung der Rede von »Gott«

Was meinen wir, was meint das Glaubensbekenntnis, wenn es von Gott spricht? Ganz allgemein gesprochen, vom Wortsinn her,[24] meint das Wort »Gott« eine alles bestimmende Wirklichkeit, die uns unbedingt angeht.[25] Dieser Wortsinn liegt überall dort vor, wo dieses Wort ernsthaft gebraucht wird, in Religionen und in der Philosophie. Das Glaubensbekenntnis der Christen präzisiert diese Bedeutung dann freilich sofort, indem es von Gott dem Vater, dem Allmächtigen spricht. Gemeint ist hier genauer eine Wirklichkeit, von der Mensch und Welt in geheimnisvoller Weise herkommen, als Geschöpfe von ihrem Schöpfer, eine Wirklichkeit, die selbst nicht Welt ist, eine Wirklichkeit voll tiefen Geheimnisses: »Gott wohnt in einem Licht, da niemand zukommen kann« (1Tim 6,16), eine Wirklichkeit, vor der Menschen im Tiefsten erschrecken können (Ps 76,8 f.), von der es dort, wo sie sich manifestiert hat, heißt: »Ziehe deine Schuhe von deinen Füßen, denn es ist heilig Land« (2Mose 3,5 – im Zusammenhang der Berufung des Mose).

22 Dieser Ausspruch wird dem Soziologen E. Rosenstock-Huessy zugeschrieben.

23 Vgl. G. Ebeling: Gott und Wort, Tübingen 1966, S. 24 u. 39.

24 Man spricht hier vom »semantischen« Sinn des Wortes »Gott«.

25 Vgl. P. Tillich: Systematische Theologie, Bd. I, Stuttgart 1956, S. 247: Gott ist »der Name für das, was den Menschen unbedingt angeht«.

Es ist eine Wirklichkeit, von der der jüdische König Salomo im Gebet bei der Einweihung des Jerusalemer Tempels sagte: »Siehe, der Himmel und aller Himmel Himmel können dich nicht fassen – wie sollte es denn dieses Haus tun, das ich gebaut habe?« (1Kön 8,27) Und doch ist es gleichzeitig eine Wirklichkeit, die der Welt und den Menschen zugetan ist in Fürsorge und Liebe (gerade das meint das Wort »Vater«) und die das durchzusetzen vermag (das meint das Prädikat der »Allmacht«). Vor allem ist es eine Wirklichkeit, die wir mit Du anreden können, so dass Gott zugleich der Eigenname dessen ist, den wir anrufen. Es kann geradezu gesagt werden, dass die eigentlich angemessene Rede von Gott der Vokativ ist, also die Anrufung.[26] Wir können tatsächlich nicht neutral von Gott reden, wenn wir wirklich von Gott reden, sondern können es letztlich nur in Form der Anbetung, des Anrufens in dieses unergründliche Geheimnis hinein.

Man hat mit Recht versucht, solche Rede und solches Bekenntnis vor dem Missverständnis zu schützen, als würde damit von einem alten Herrn jenseits der Wolken gesprochen. Es war deshalb hilfreich, dass die Theologie im 20. Jahrhundert versucht hat, bewusst »anders« von Gott zu sprechen, unmissvertändlicher.[27] An Dietrich Bonhoeffer ist hier zu erinnern, der eine »religiöse« Rede von Gott für problematisch hielt, nämlich eine solche Rede, in der Gott in einem räumlich gedachten Jenseits zu suchen ist und wo er speziell für das persönliche Seelenheil in Anspruch genommen wird. »Nicht um das Jenseits, sondern um diese Welt, wie sie geschaffen, erhalten, in Gesetze gefasst, versöhnt und erneuert wird, geht es doch. Was über die Welt hinaus ist, will im Evangelium für diese Welt dasein.«[28] Die Theologin und Germanistin Dorothee Sölle hat

26 G. Ebeling, a. a. O., S. 63.

27 Vgl. J. A. T. Robinson: Gott ist anders, München 1964.

28 D. Bonhoeffer: Widerstand und Ergebung, hrsg. v. E. Bethge, Ausg. Berlin (EVA) 1957, S. 149.

sogar ein Plädoyer für ein »a-theistisches« – nämlich nicht-theistisches – Reden von Gott gehalten.[29] Auch sie wollte damit verhindern, dass wir von Gott als von einer selbständigen Größe jenseits der Welt sprechen, vielmehr sei Gott dort zu suchen, wo Menschen einander in Liebe und Verantwortung begegnen. Zu erinnern ist ebenso an Paul Tillichs Rede von Gott als dem »Sein selbst« oder als dem »Grund des Seins«[30] – als von einer Wirklichkeit also, die nirgends lokalisierbar ist, aber doch das Ganze, Himmel und Erde, trägt. Gewiss sind hier auch wieder kritische Rückfragen nötig. Das Stichwort »religiös« ist heute nicht mehr verpönt, auch im christlichen Umfeld nicht. Es weist auf eine über die vorfindliche Wirklichkeit hinausreichende unstillbare Ahnung und Sehnsucht des Menschen hin, die sich im christlichen Glauben eben auch artikuliert, und es versichert uns zugleich einer trotz aller Differenzen bestehenden Gemeinsamkeit mit anderen Religionen, in denen jene Sehnsucht andere (nach unserer Einsicht in vielem durchaus problematische) Ausdrucksformen gefunden hat. Dabei ist zugleich deutlich: Wenn es überhaupt sinnvoll ist, von Gott zu reden, dann muss Gottes Wirklichkeit von derjenigen der Welt unterschieden und in diesem Sinne tatsächlich »theistisch« von Gott geredet werden.[31] Nicht zuletzt hängt hieran ja die Möglichkeit des Gebets. Gleichzeitig ist es aber elementar wichtig, dass wir Gott als eine Wirklichkeit begreifen, die uns ständig nahe ist: »Herr, du erforschest mich und kennest mich, ich sitze oder stehe auf, so weißt du es ... ich gehe oder liege, so bist du um mich und siehst alle meine Wege.« (Ps 139,1–3) In einem Kirchenlied heißt es: »Luft, die alles füllet, drin wir immer schweben,

29 D. Sölle: Atheistisch an Gott glauben, Olten/Freiburg 1968.

30 A. a. O., S. 273.

31 In Auseinandersetzung mit D. Sölle und anderen damaligen theologischen Versuchen hat das vor allem H. Gollwitzer in den 60er Jahren betont: Die Existenz Gottes im Bekenntnis des Glaubens, München 1963; Von der Stellvertretung Gottes, München 1967.

aller Dinge Grund und Leben. Meer ohn Grund und Ende, Wunder aller Wunder, ich senk mich in dich hinunter ...«[32] Auch schon die großen Theologen des Mittelalters und der Reformation wussten, dass man Gott nicht lokalisieren kann. »Wir sagen, dass Gott nicht ein solch ausgereckt, lang, breit, dick, hoch, tief Wesen sei, sondern ein übernatürlich unerforschlich Wesen, das zugleich in eim jeglichen Körnlein ganz und gar und dennoch in allen und über allen und außer allen Kreaturen sei ... Nichts ist so klein, Gott ist noch kleiner, nichts ist so groß, Gott ist noch größer, nichts ist so kurz, Gott ist noch kürzer, nichts ist so lang, Gott ist noch länger ... und so fortan, ists ein unaussprechlich Wesen über und außer allem, das man nennen oder denken kann.«[33] Gemeint ist mit der Rede von Gott aber in jedem Fall: Die Welt und wir Menschen bestehen nicht aus uns selbst, wir sind getragen und umfangen, es gibt den ganz Anderen, der Tiefe und Grund des Seins ist.

Der Glaube benennt das allerdings nicht einfach als bloßes Faktum. Vielmehr drückt er mit der Wendung »ich glaube *an* Gott« einen Lebensbezug aus: Ich lebe im Angesicht dieses ganz anderen, ich lebe in Dankbarkeit für mein Dasein sowie für die Welt, in der ich mich vorfinde, für die Menschen, die mit mir unterwegs sind, und im Vertrauen auf die Zukunft. »Ich glaube, dass mich Gott geschaffen hat samt allen Kreaturen ... des alles ich ihm zu loben und zu danken und dafür zu dienen schuldig bin.«[34] Gott, der Vater, der Allmächtige, der Schöpfer – das ist keine philosophische Theorie, sondern ein Lebensbekenntnis, ein Ausdruck der Art und Weise, wie ich mich,

---

32 EG 165,5 (G. Tersteegen).

33 M. Luther: Vom Abendmahl Christi. Bekenntnis (1528), WA 26, S. 339 f. Thomas von Aquin hat (ca. 260 Jahre vor Luther) Ähnliches gesagt: »Gott ist notwendigerweise in allen Dingen auf innerlichste Weise, d. h. aber nicht: wie ein Teil ihres Wesens, auch nicht wie eine Eigenschaft, sondern wie ein Wirkendes in dem ist, was es wirkt.« (Summa theologiae I, 8, 1 c.)

34 M. Luther: Kleiner Katechismus, 2. Hauptstück, 1. Artikel.

meine Welt, die Menschen um mich erfahre und mit ihnen umgehe, eine Deutung meiner Existenz in der Welt. Es ist Ausdruck der Erfahrung, dass ich selbst, mein Leben, die Welt, aus der ich komme und in der ich lebe, mir vorgegeben sind; dass ich mich im Tiefsten einem anderen verdanke und in elementarer Weise aufgerufen bin, dem in meinem Leben zu entsprechen.

b) Die atheistische Bestreitung der Wirklichkeit Gottes

Dieser Glaube an Gott ist angefochten, er wird bestritten, er wird für unlogisch und lebensfeindlich gehalten. Davon ist nun zu reden. Der neuzeitliche Atheismus argumentiert sozusagen auf drei Strecken.

Das eine ist die naturwissenschaftliche Argumentation, die auf die Unnötigkeit, ja Schädlichkeit des Glaubens an Gott zur wissenschaftlichen Erklärung der Naturzusammenhänge verweist. Philosophisch ist diese Argumentation u. a. durch Kants Vernunftkritik vorbereitet. Sie lag dem Bildungssystem der DDR als ideologischer Leitfaden zugrunde. Wenn sie schlüssig wäre, dürfte kein naturwissenschaftlich gebildeter Mensch Christ sein oder an Gott glauben. Das Gegenteil ist indessen bekanntlich der Fall, und das erinnert an die Grenzen jener naturwissenschaftlichen Argumentation. Sie übersieht, dass mit naturwissenschaftlichen Methoden nicht das Ganze der Wirklichkeit erfasst werden kann – weder die Fragen der Ethik noch diejenigen der Ästhetik z. B., weshalb es auch im Gesamtbereich der Wissenschaften mehrere methodische Ansätze gibt. Darüber hinaus sind es nicht wenige Naturwissenschaftler, die gerade auf ihrem ureigensten Gebiet (z. B. im Bereich der Elementarteilchenphysik) ins Staunen gekommen sind über das, was sie da entdecken. Natürlich entdecken sie Gott nicht direkt, aber sie sind berührt von der Geheimnishaftigkeit der Welt, die mit der naturwissenschaftlichen Analyse als solcher noch keineswegs voll erfasst ist. Und sie sind bereit, den Gedanken etwa des Thomas von Aquin neu zu denken, dass das Wirken und die Wirklichkeit Gottes ihren Ort nicht neben den natürlichen Abläufen hat, sondern dass Gott gerade in und durch die natürlichen Abläufe wirkt (als »Erstursache« – causa prima – in und durch die »Zweitursachen« – causae secundae). Diese denkende Erfahrung von Naturwissenschaftlern gehört zu sog. »Erschließungssituationen«, auf die uns I. T. Ramsey, ein angelsächsischer Philosoph, aufmerksam gemacht hat.[35] Solche Erschließungssituationen sind z. B. menschliche Begegnungen, sind Erfahrungen von Glück und Leid, sind überwältigende Eindrücke von Schönheit, aber eben auch das Staunen über das Funktionieren der natürlichen Welt. Hier leuchtet plötzlich eine andere Dimension der Wirklichkeit auf, die jedoch exakten naturwissenschaftlichen Einsichten in keiner Weise widerspricht, sondern mit ihren Ergebnissen zusammengesehen und -gedacht werden kann. Früher hat man in diesem Zusammenhang von sog. Gottesbeweisen gesprochen und hat im Grunde ähnliche Phänomene gemeint. Jedoch ist die Rede von einem »Beweis« hier fehl am Platz, weil ein »Beweis« in unserem modernen Verständnis einen lückenlosen wissenschaftlichen Nachweis meint, dem niemand wirklich widersprechen kann – es sei denn mit wissenschaftlichen Gegenargumenten. Bei der Rede von Gott handelt es sich – erkenntnistheoretisch – stattdessen eher um ein Phänomen der Weltdeutung, also um die Entdeckung einer Tiefenschicht der Wirklichkeit (was mehr und anderes ist als eine bloß subjektive Meinung), die sich exaktem wissenschaftlichem Zugriff entzieht und daher grundsätzlich umstritten bleiben muss.

Eine zweite Argumentationsschiene des Atheismus ist die anthropologische. Der Glaube an Gott sei eine Wunschprojektion des Menschen, sagte Ludwig Feuer-

35 I. T. Ramsey: Religious Language, London 1969 (2. Aufl.)

bach,[36] er sei ein Opium des Volkes, das sich über seine miserablen Zustände hinwegtröstet (damit freilich auch gegen sie protestiert), sagte Karl Marx.[37] Der Mensch produziere ein Über-Ich, das den Menschen seiner Mündigkeit und Freiheit beraubt, sagten Nietzsche, Freud und Sartre.[38] Nun sprechen freilich die menschlichen sowie die politisch-gesellschaftlichen Resultate a-religiöser Mündigkeit und Freiheit (im 20. Jahrhundert) nicht unbedingt für die Schlüssigkeit dieser Argumentation. Vor allem aber haben anthropologische Forschungen gezeigt, dass der Mensch sozusagen ein unausrottbar religiöses Wesen ist, ein Wesen, das – wenn es tief genug denkt und lebt – ins Offene hinausgreift.[39] Er erfährt sich selbst und die ihn umgebende und bedingende Wirklichkeit als einen Raum, in dem mehr auf ihn zukommt, als sichtbar und mit rationaler Analyse zu erklären ist (wobei wir wieder die erste Argumentation berühren).

Das bleibend schwierige Problem für den Glauben an Gott ist eine dritte Argumentationsschiene des Atheismus, diejenige vom Leid in der Welt, von Krankheit, Tod und Unrecht her. »Das Leid ist der Fels des Atheismus.« (G. Büchner) Wird durch das Leid und das Unrecht in der Welt nicht der Glaube an einen guten, allmächtigen Gott, an Gott den allmächtigen Vater ad absurdum geführt? »Wie kann Gott so etwas zulassen?« Diese Frage hat auch die biblischen Zeugen stark bewegt. Sie ist exemplarisch erörtert worden an der Gestalt des Hiob – eine auch in der Literatur immer wieder herangezogene

---

36 L. Feuerbach: Das Wesen des Christentums (1840).

37 In der berühmten Einleitung zur Kritik der Hegelschen Rechtsphilosophie (1844).

38 Vgl. S. Freud, Die Zukunft einer Illusion (1927).

39 Vgl. W. Pannenberg: Was ist der Mensch? (1962), Göttingen 8. Aufl. 1995; ders.: Anthropologie in theologischer Perspektive, Göttingen 1983. Pannenberg greift zurück auf Einsichten der neueren philosophischen Anthropologie (A. Gehlen, M. Scheler, H. Pleßner, die sich ihrerseits u. a. auf J. G. Herder berufen).

Figur.[40] Hiob war ein gottesfürchtiger Mann, und er erlebte einen Schicksalsschlag nach dem anderen. Sein ganzer Besitz wurde vernichtet, seine Kinder kamen um, und er selbst wurde mit einer schlimmen Krankheit geschlagen. »Seine Frau sprach zu ihm: Hältst du noch fest an deiner Frömmigkeit? Sage Gott ab und stirb! Er aber sprach: Du redest, wie die törichten Frauen reden. Haben wir Gutes empfangen von Gott und sollten das Böse nicht auch annehmen?« (Hi 2,9 f.) Aber dann bricht die Klage aus ihm heraus: »Ausgelöscht sei der Tag, an dem ich geboren bin, und die Nacht, da man sprach: ein Knabe kam zur Welt! Jener Tag soll finster sein, und Gott droben frage nicht nach ihm! Kein Glanz soll über ihm scheinen!« (Hi 3,3 f.) Dieses Problem ist die wirklich ernste und tief greifende Anfrage an den Glauben an Gott. Wir kommen darauf zurück, wenn wir über Gottes Allmacht nachdenken – und dann auch die im Hiobbuch angebotene Lösung bedenken.

c) Gott als Vater

Wenn das Glaubensbekenntnis von Gott als Vater spricht, gebraucht es eine Art Urwort des christlichen Glaubens an Gott. Gewiss gab es die Rede vom Vatergott schon sowohl in der griechischen Antike, wo man Zeus als Vater bezeichnen konnte, wie auch an besonderen (späten) Stellen des Alten Testaments, wo der Gott Israels Vater genannt wird (z. B. Jes 63,16). Jesus hat dieses Wort in den Mittelpunkt seiner Gottesverkündigung gestellt. Er selbst hat zu Gott geradezu in zärtlichem Ton gesprochen: Abba (»Väterchen«, Mk 14,36). Für die Christen ist dieses Urwort vor allem durch das Vaterunser – das Herrengebet – bedeutungsvoll geworden.

Das Wort Vater, auf Gott angewandt, ist natürlich ein Bild, ein Symbol, eine analoge Redeweise, die einen Begriff aus unserer irdischen Welt auf den anwendet, der

40 Z. B. der Roman von Joseph Roth »Hiob«.

selbst nicht Welt ist. Dennoch will dieses Bild etwas Bestimmtes zum Ausdruck bringen: nicht nur den schöpferischen Ursprung aller Dinge, sondern die fürsorgende Güte, die vergebende Barmherzigkeit, aber auch die orientierende, Gehorsam fordernde Funktion Gottes für unser Leben und sicherlich auch seine Gerechtigkeit, wie sie jeder irdische Vater seinen Kindern gegenüber walten lassen sollte. In diesem komplexen Sinne – mit dem Ton auf der barmherzigen Zuwendung Gottes – ist im Neuen Testament auch davon die Rede, dass Gott Liebe ist. Gemeint ist keine schwächliche, immer lächelnde Liebe, – die Heinrich Heine kritisch kommentierte, als er sagte: zu vergeben sei doch ohnehin Gottes Metier. Nein, gemeint ist eine Liebe, die um den Gehorsam eifert (wie es im Alten Testament beschrieben ist) und die zugleich um den Gegenstand der Liebe, um die Welt und um jeden Menschen ringt. Diese Liebe will für die Welt und alle Menschen Leben schaffen, will sie herausholen aus dem selbstverschuldeten Verderben.

Mit dem Bild des Vaters, auf Gott angewandt, ist zugleich festgehalten, was wir schon erwähnten: dass Gott als der Grund unseres Daseins keine bloß anonyme Macht ist, sondern mit den Menschen und der Welt in einer personalen Beziehung steht, so dass er angerufen werden kann und will im Gebet des Dankens, des Klagens und der Bitte. Genau dafür ist das Vaterunser der wichtigste Beleg. Der Philosoph Johann Gottlieb Fichte hat hier den Einwand erhoben – der seither immer wieder wiederholt wurde –, dass mit solcher personalen Rede von Gott eine Begrenzung in Gott gedacht würde, die nicht angemessen sei. Jedoch ist genau dies für den christlichen Glauben wesentlich: Gott als der Schöpfer ist unterschieden vom Geschöpf, er ist nicht alles. Christlicher Glaube unterscheidet sich vom Pantheismus darin, dass er Gott nicht mit der Gesamtwirklichkeit gleichsetzt, dass er vielmehr der Welt und dem Menschen ihre eigene, von Gott unterschiedene Würde zuerkennt und dass er genau dies als von Gott gewollt zu begreifen sucht. Denn nur so ist es sinnvoll möglich, z. B. von einer Verantwortlichkeit des Menschen Gott gegenüber zu sprechen. Und es ist durchaus einsichtig, dass solche Rede von Gott und Welt, Gott und Mensch eine »höhere«, differenziertere, weil auch ethische Dimensionen einschließende Rede ist als die Auffassung von Gott als einem unpersonalen und damit doch auch anonymen Seienden.[41] Um das früher Gesagte aufzunehmen: Gott als der Grund, in dem die Wirklichkeit gründet, als die Tiefe des Seins ruft das von ihm geschaffene Seiende zur Antwort und Verantwortung und will angerufen werden, die Welt und der Mensch stehen Gott als einem Du gegenüber.[42]

Es gibt aber noch eine andere, gegenwärtig stark diskutierte Problematik mit Blick auf die Rede von Gott als Vater: Wird mit dieser Rede nicht ein religiöser Patriarchalismus zementiert, der von Gott nur in männlicher Form redet und der dann entsprechende negative gesellschaftliche Folgen hat? Dem soll – nach Meinung feministischer Theologinnen –[43] dadurch entgegengetreten werden, dass man, in bewusster Korrektur der biblischen Rede, von Gott z. B. als Vater und Mutter (oder eben auch einmal nur als Mutter) spricht und überhaupt weibliche Elemente im Wesen Gottes in den Vordergrund rückt. Dazu wäre zu sagen: Es ist natürlich nicht zu bestreiten, dass es im Namen Gottes durchaus zu problematischem Patriarchalismus hat kommen können. Jedoch entspricht das sicher nicht dem Bild, das etwa Jesus von Gott zeichnet – in das (wie auch

---

41 Man hat in diesem Zusammenhang von ontologischen Kategorien gesprochen, unter denen das personale Seiende nicht eine niedrigere, sondern eine höhere Kategorie als das unpersonale Seiende darstellt (vgl. W. Kasper: Der Gott Jesu Christi, Mainz 1982, S. 194 ff.).

42 Vgl. die Schrift des jüdischen Philosophen Martin Buber »Ich und Du« (1923), ja überhaupt das Werk dieses Philosophen.

43 Vgl. Catharina J. M. Halkes: Gott hat nicht nur starke Söhne (1980), Berlin 1988, S. 37 f.

schon im Alten Testament an mehreren Stellen, etwa Jes 66,13, auch Ps 123,2) ganz bewusst weiblich-mütterliche Züge hineingezeichnet sind (Lk 13,34: »Jerusalem ... wie oft habe ich deine Kinder versammeln wollen wie eine Henne ihr Nest unter ihre Flügel«). Daran erinnert die feministische Theologie zu Recht. Das ist sicher kein Grund, entgegen dem biblischen Zeugnis zur Annahme einer weiblichen Gottheit zurückzukehren. Unser Bemühen müsste vielmehr darin liegen, im Blick auf Gott, auch wenn die maskuline sprachliche Urform beibehalten wird, die geschlechtsspezifische männliche Vorstellung zu transzendieren, gewissermaßen eher geschlechtsübergreifend von Gott zu reden, wie es uns ja auch in der biblischen Rede von Gott begegnet. Das gilt gerade auch für das biblische Urwort von Gott als »Vater«, bei dessen Auslegung wir an den »weiblichen« Symbolen für Gott, die schon die Bibel benutzt, nicht vorübergehen dürfen.

d) Gottes Allmacht

Indem das Glaubensbekenntnis die Rede von Gott dem Vater mit derjenigen von Gott dem »Allmächtigen« verbindet, greift es wiederum auf biblische Aussagen zurück (1Mose 17,1; 28,3; Ps 91,1; Apk 1,8 u. ö.). Gleichzeitig wird mit dieser Rede von Gott dem Allmächtigen aber auch eines der Prädikate des philosophischen Nachdenkens über Gott – bereits in der antiken Philosophie – aufgenommen. Dieses Prädikat gehört zu den sog. »All-Prädikaten« (allwissend, allgegenwärtig etc.), die auf dem Wege der Steigerung von irdischen Vollkommenheiten (sog. »via eminentiae«) auf Gott angewandt werden. Tatsächlich wird man über die biblische Prädikation heute nicht nachdenken können, ohne die hier zugleich eingeschlossene philosophische Problematik mit zu bedenken. Es sind wiederum drei Problemkreise, die sich bei der Rede vom »allmächtigen« Gott vor allem auftun. Da ist zunächst (1) die Frage gestellt, ob eine solche Aussage eigentlich mit der Freiheit des Menschen vereinbar ist oder ob hiermit nicht einer Ideologie der Unmündigkeit des Menschen das Wort geredet wird: Wenn Gott allmächtig ist, kann dann der Mensch mehr sein als eine Marionette dieses alles wirkenden Gottes? Ein weiteres Problem besteht (2) darin, ob mit einer solchen Rede nicht etwas logisch und faktisch Sinnloses behauptet wird. Liegt es nicht auf der Hand, dass es Dinge gibt, die auch Gott nicht vermag: Vergangenes ungeschehen zu machen, mathematische Gesetze außer Kraft zu setzen – um nur dieses beides zu nennen? Schließlich (3) scheint die Rede von Gottes Allmacht an der Tatsache zu scheitern, dass es in der Welt weithin nicht dem Willen Gottes entsprechend zugeht, jedenfalls nicht dem guten Willen Gottes entsprechend. Die Menschen haben die Möglichkeit, Gott zu widersprechen – und sie *haben* seinem Willen, seit es sie gibt, kräftig widersprochen. Kann nach den Gräueln der Nazizeit, die Gott nicht verhindert hat, noch im Ernst von einem allmächtigen Vatergott die Rede sein? »Entweder ist Gott allmächtig, dann ist er nicht gut. Oder er ist gut, dann ist er nicht allmächtig. Oder er ist keines von beiden.«[44]

Das sind drei Überlegungen, die den Glauben an Gott tatsächlich auf eine harte Probe stellen. Denn in der Tat: Das Prädikat der Allmacht ist von Gott auch nicht wegzudenken, es steckt sozusagen im Wort »Gott« drin, wenn anders mit diesem Wort eine »alles bestimmende« Wirklichkeit gemeint ist.

Die Antworten des Glaubens auf diese Fragen laufen auf einen und denselben Gesichtspunkt hinaus. Und dieser Gesichtspunkt besagt: Die Allmacht Gottes ist nicht abstrakt zu denken, sondern ist die Macht Gottes des Schöpfers, der in der Erschaffung der Welt (von der zu reden sein

44 In etwa dieser Form findet sich der Einwand gegen den Glauben an die Allmacht Gottes bereits in der Philosophie der Antike (Epikur) und wird dann v. a. in der Neuzeit wieder aufgegriffen (z. B. von Pierre Bayle im 17. Jh.).

wird) seinen Willen manifest gemacht und sich an diesen seinen Willen gebunden hat. »Unser Gott kann schaffen, was er will.« (Ps 115,3) Die ehernen Gesetze der Zeit und die mathematischen Gesetze sind in die von Gott gemachte Schöpfung eingeschrieben, und Gott hat sich an sie gebunden. Das Gleiche gilt für den Menschen in seiner Freiheit. Gott ist allmächtig unter den Bedingungen der Freiheit des Menschen, an die er sich sozusagen gebunden hat und die er nicht vergewaltigen will. Die Allmacht Gottes schließt eine spezifische Eigenwirksamkeit des Geschöpfs nicht aus.

Dies aber hängt nun mit dem tiefsten – und auch nicht wirklich lösbaren – Problem des Bekenntnisses zur Allmacht Gottes zusammen. Es ist das bereits genannte Problem der Existenz des Übels und des Bösen in der Welt – das Problem des Hiobbuches, auf das wir hier noch einmal zurückkommen müssen. Bei Hiob geht es um ein nicht von Menschen verursachtes schlimmes Schicksal. Es wird geschildert, wie die drei Freunde Hiobs um die Wette zu erklären suchen, was der Sinn seines Unglücks ist. Aber alle Erklärungsversuche weist Hiob zurück. Und am Ende tritt Gott selbst auf und unterstreicht die Unerklärlichkeit und Unverstehbarkeit seines Handelns (Hi 38,4 f.; 40,2). Das ist natürlich keine »Lösung«. Die ganze Frage ist unter dem Stichwort »Theodizee« in der neuzeitlichen Philosophie ausführlich diskutiert worden: Wie kann eigentlich von Gottes Gerechtigkeit und Güte angesichts des Zustandes der Welt und des Schicksals von Menschen sinnvoll die Rede sein? G. W. Leibniz hat unsere Welt trotz allem als die bestmögliche aller Welten angesehen.[45] Aber auch seine Lösung, die für jedes Leid einen positiven Sinn ausmacht (ähnlich den Freunden Hiobs), war und ist unbefriedigend. Seither haben viele sich weiter an dem Problem abgearbeitet. Es bleibt die Frage: Ist Gott – der

45 In seiner Abhandlung über die Theodizee (1710).

gute, barmherzige Vater – allmächtig, wenn Unrecht und Leid in unserer Welt nicht verhindert werden? Diese Frage spitzt sich zu, wo es um Leid geht, das von Menschen verursacht ist, und sie wird umso bedrängender, je schlimmer und absurder das aus menschlicher Freiheit heraus verursachte Unrecht und Leid in der Welt ist. Nach Auschwitz scheint es keinen Glauben an Gott mehr geben zu können.

Tatsächlich kann das Bekenntnis zum allmächtigen Gott an dieser Stelle keine zureichende Lösung bieten. Auch keine andere Philosophie oder Weltanschauung hat an dieser Stelle eine Lösung zu bringen vermocht. Sicher wird man die »naturbedingten« Übel (wie Krankheit und Tod) als Symptome einer Welt anzusehen haben, in der Tod und Sterben für das Leben als Ganzes notwendig sind. Aber das erklärt noch nicht die ungleiche »Streuung« des natürlichen Leidens. Mit Blick auf von Menschen verursachtes Leid ist es erstaunlich, dass gerade die Juden, denen das Schlimmste widerfahren ist, am Glauben an Gott festgehalten haben. Das alttestamentliche Zeugnis – besonders das der Psalmen – zeigt, wie die Frommen in Israel ihr Leid immer wieder klagend Gott vor die Füße gelegt haben. Christen denken an dieser Stelle vor allem an den gekreuzigten Christus. Das Kreuz Christi ist für den christlichen Glauben das Zeichen dafür, dass Gott bewusst darauf verzichtet, die Menschen mit Gewalt zur Ordnung zu rufen, dass er ihre Freiheit respektiert (auch die Freiheit zum Bösen), dass er vielmehr den Sieg seiner »Allmacht« in der Ohnmacht seines Unterliegens erringt. Der gekreuzigte Christus ist aber auch von Juden als Symbol ihres eigenen Leides angesehen worden.[46] Gott war mit ihnen in der Hölle der Vernichtung unterwegs. Gerade als ohnmächtiger Gott, als Gott in der Agonie

46 Vgl. das Buch von Schalom Ben-Chorin: Bruder Jesus (1968).

der Unterlegenheit, siegt er – so glauben Christen und Juden – in der Tiefe über Unrecht und Bosheit. Es ist die sanfte Gewalt der Liebe, die inmitten allen Unrechts und allen Leids nicht aufhört, die nicht aufhört zu werben und zu bitten und die damit Inseln des Neuen schafft. Es ist – wenn man so will – ein ganz neues verwandeltes Verständnis von Allmacht, ein Verständnis, das Allmacht von der Ohnmacht des bittenden und unterliegenden Christus her auslegt. Ein Verständnis, das davon ausgeht, dass nicht durch äußere Gewalt, sondern nur auf diesem stillen Wege und unter Respektierung der Freiheit des Menschen der endgültige Sieg des in seiner Ohnmacht allmächtigen Gottes errungen werden wird.

Das Bekenntnis zur Allmacht Gottes macht die Menschen also nicht zu Marionetten in einem Theater, in dem die Rollen längst verteilt sind. Vielmehr vollzieht sich diese Allmacht und der schließliche Sieg Gottes allein unter den Bedingungen der freien Entscheidungsmöglichkeit des Menschen. Die Freiheit ist seine eigentliche Würde und damit die höchste Form, in der welthaftes Dasein existiert. Sie ist aber zugleich das große Risiko der Welt und hat nicht nur für die Menschheit, sondern auch für diese Welt als ganze zu jener wechselvollen Geschichte geführt, die nun sogar die Möglichkeit der Selbstvernichtung eröffnete. Der christliche Glaube wagt dennoch, den Namen Gottes in diesem Zusammenhang zu nennen. Er bekennt, dass es Gott selbst ist, der diese den Menschen auszeichnende und doch zugleich unheimliche Freiheit wollte, und er hat in seinem langen Atem nicht auf eine gewaltsame »Rettung«, sondern – wiederum unter Respektierung der menschlichen Freiheit – auf das freiwillige Ja gesetzt. Dass er darin das letzte Wort haben wird, das allerdings glauben die Christen, und das ist der Grund für ihre letzte tiefe Hoffnung.

3. Welt und Mensch als Schöpfung Gottes

Das Thema »Schöpfung«, dem wir uns nun zuzuwenden haben, klang eben bereits im Zusammenhang mit dem Bekenntnis zur Allmacht Gottes an. Schöpfung – das große Wunder und zugleich das große Risiko Gottes. In der Geschichte des christlichen Glaubens und Denkens haben beide Aspekte immer wieder unterschiedliche Betonung erfahren. Die Theologie des hohen Mittelalters – Albert der Große, Thomas von Aquin – war vom Wunder der Welt als Schöpfung Gottes fasziniert. Es ist damals geradezu ein Durchbruch des christlichen Bewusstseins zu einer neuen Bejahung der Welt als guter Schöpfung Gottes erfolgt, der sich in einer umfassenden harmonischen großen philosophisch-theologischen Gott-Welt-Gesamtsicht ausdrückte. Dies geschah in einem gewissen Gegensatz zu früheren Tendenzen einer Problematisierung der Welt angesichts ihrer Gebrochenheit und einem verbreiteten Gefühl, man müsse der Welt um der Ewigkeit Gottes willen eher entsagen. In der Neuzeit ist es dann besonders die Zeit der Aufklärung gewesen, in der eine ausgesprochene Schöpfungsbejahung dominierte, ja deren Frömmigkeit sich wesentlich von der Bewunderung der Schöpfungswerke Gottes speiste. »Wenn ich, o Schöpfer, deine Macht, die Weisheit deiner Wege, die Liebe, die für alle wacht, anbetend überlege, so weiß ich, von Bewunderung voll, nicht, wie ich dich erheben soll, mein Gott, mein Herr und Vater«, dichtet Christian Fürchtegott Gellert im Jahre 1757.[47] Und der große kritische Philosoph Immanuel Kant hat den »gestirnten Himmel« über uns neben dem moralischen Gewissen in unserer Brust als sicheres Zeichen für die Wirklichkeit Gottes angesehen.

Demgegenüber gab es Zeiten, in denen eher die Erfahrung der Problematik der Welt im Vordergrund stand. Es wurde schon auf altchristliche Tendenzen der Abkehr von

47 EG Nr. 506.

der Welt hingewiesen, wie sie sich z. B. im Mönchtum zeigen. In der Reformation stand besonders das Bewusstsein von der Sündhaftigkeit und Gebrochenheit des Menschen (als des Geschöpfes Gottes) im Vordergrund. Im 19. Jahrhundert hat dann der Weltpessimismus Arthur Schopenhauers, der – dem Buddhismus ähnlich – den Tod als das eigentliche Ziel und Kennzeichen der Welt empfand, einen deutlichen Gegenakzent gegen den Optimismus eines von der Naturwissenschaft gespeisten Fortschrittsglaubens[48] gesetzt, dem dann wieder die kultur- und weltkritische Stimmung entsprach, wie sie sich in der Folge des Ersten Weltkrieges verbreitete und wie sie dann im Zuge der weiteren Katastrophen des 20. Jahrhunderts allen Weltoptimismus zunehmend fraglich werden ließ.

Beim Thema »Schöpfung« sind Glaube und Theologie im 20. Jahrhundert darüber hinaus vor allem durch zwei Fragestellungen in Atem gehalten worden. Die eine Fragestellung kann mit dem Stichwort »Glaube und Naturwissenschaft« gekennzeichnet werden. Widersprechen die Erkenntnisse der Naturwissenschaft, also z. B. die Einsicht in die Evolution der Welt, nicht den Aussagen des biblischen Schöpfungsberichtes? Die Schüler in der früheren DDR wurden mit dem Hinweis auf solchen vermeintlichen Widerspruch von der Unwissenschaftlichkeit und Überholtheit des biblischen Weltverständnisses zu überzeugen versucht – mit weithin nachhaltigem Erfolg. Und dass die Tatsache, dass sich die katholische Kirche vor einiger Zeit positiv zur Evolutionstheorie ausgesprochen hat, z. B. in der Süddeutschen Zeitung eine erstaunte Reaktion hervorgerufen hat, zeigt, dass jenes Vorurteil keineswegs auf den ostdeutschen Raum beschränkt ist. Es handelt sich tatsächlich um ein Vorurteil; denn viele der führenden seriösen Naturwissenschaftler sind gläubige Christen und empfinden selbst einen solchen Widerspruch überhaupt nicht.

48 Wie er sich am Ende des 19. Jahrhunderts in dem berühmten Buch »Die Welträtsel« des Monisten Ernst Haeckel dokumentierte.

Die andere den Schöpfungsglauben gegenwärtig in Bewegung haltende Fragestellung ist diejenige nach der Bedrohung unserer natürlichen Umwelt durch die Art, wie die Menschen mit ihr, sie ausbeutend, umgehen. Das Stichwort von der »Bewahrung der Schöpfung« hat in unserem Bewusstsein einen festen Platz, es ist eines der drei wesentlichen Themen des ökumenischen »konziliaren Prozesses« Ende der 80er Jahre des 20. Jahrhunderts gewesen.[49] In der Theologie begegnet man einem wichtigen Buch mit dem Titel »Ökologische Schöpfungslehre«[50]. Das alles aber entspricht einer ganz allgemeinen Nachdenklichkeit hinsichtlich der Gefährdung unserer Lebenswelt, wie sie spätestens seit den ersten Berichten des »Club of Rome«[51] zu beobachten ist.

Wir versuchen nun, uns in fünf Schritten dem zu nähern, was der christliche Glaube zum Geheimnis der Schöpfung zu sagen und zu bekennen hat, wobei als letzter Schritt auch das Thema »Sünde« zur Sprache zu bringen ist.

a) Die Welt ist von Gott geschaffen

Mit seiner Formulierung »Schöpfer des Himmels und der Erde« greift das Glaubensbekenntnis zurück auf den ersten Satz der Bibel: »Im Anfang schuf Gott Himmel und Erde.« Dieser Satz ist der Beginn und zugleich die Zusammenfassung – eine Art Überschrift – des Schöpfungsberichtes im ersten Kapitel des Buches Genesis (1Mose 1,1). Genauer: Er fasst den Glaubensinhalt des ersten von

49 Vgl. Unterwegs in Sachen Zukunft. Das Taschenbuch zum konziliaren Prozeß, Stuttgart/München 1990.

50 J. Moltmann: Gott in der Schöpfung. Ökologische Schöpfungslehre, München 1985.

51 Der erste Bericht ist erschienen unter dem Titel: Die Grenzen des Wachstums. Bericht des Club of Rome zur Lage der Menschheit, hrsg. von D. Meadows, Stuttgart 1972. Seither liegt eine Reihe weiterer Berichte vor.

zwei Schöpfungsberichten zusammen. Denn im zweiten Kapitel des Buches Genesis wird die Schöpfung noch einmal – und zwar anders – berichtet. Dort heißt es: »Ein Nebel stieg auf von der Erde und feuchtete alles Land. Da machte Gott der Herr den Menschen aus Erde vom Acker und blies ihm den Odem des Lebens in seine Nase. Und so ward der Mensch ein lebendiges Wesen. Und Gott der Herr pflanzte einen Garten in Eden gegen Osten hin und setzte den Menschen hinein, den er gemacht hatte ...« (1Mose 2,6–8). Dies war Anlass für aufmerksame Bibelleser – und dann auch für die wissenschaftliche Forschung – zu fragen, ob hier vielleicht zwei ursprünglich eigenständige Berichte zusammengestellt worden seien. Als Hypothese hat man dann von zwei Quellen gesprochen, auf die man auch im weiteren Verlauf stößt: von der sog. Priesterschrift (erster Bericht), die später zu datieren ist – ca. 450 v. Chr. –, aber älteres Material verarbeitet hat, und von der vor 800 v. Chr. zu datierenden sog. jahwistischen Quelle (zweiter Bericht). Schon diese Tatsache, dass in ganz verschiedener Weise von der Schöpfung erzählt wird, ist ein Hinweis darauf, dass wir es hier nicht mit historischen Protokollen, sondern eben mit Erzählungen zu tun haben. In ihnen sind auch außerbiblische Überlieferungen aus dem alten Orient verarbeitet, aber sie sind eingebaut in das Bekenntnis zu Jahve, dem Gott Israels, von dem gesagt wird: »Am Anfang schuf Gott Himmel und Erde.« Dies alles ist zu berücksichtigen, wenn wir die Aussage des Glaubensbekenntnisses richtig verstehen wollen.

Die Erzählung vom sog. Sechs-Tage-Werk erweist sich von daher als eine Illustration jenes Glaubenssatzes, dass Gott die Welt geschaffen hat. Hier sind das Weltbild und das Wissen der damaligen Zeit eingeflossen. Man hat es sich damals so vorstellen können. Das schließt aber nicht aus, dass wir den Glaubenssatz von der Erschaffung der Welt durch Gott heute im Lichte *unserer* Einsichten über die Weltentstehung und Weltentwicklung auslegen. Die Bibel will uns nicht auf das damalige Weltbild (von der

Erde als einer Scheibe und dem darüber gewölbten Himmelszelt) und auf die zeitlichen Vorstellungen von den Vorgängen bei der Entstehung der Welt festlegen. Sie will nur eines: Festhalten, dass die Welt, wie immer sie im Einzelnen entstanden sein mag, Zug um Zug aus den Händen und dem Wort des Schöpfers hervorgegangen ist – und das schließt eine Evolution der Weltentstehung und ein sehr spätes Erscheinen des Menschen überhaupt nicht aus. Die Alternative »Schöpfungsglaube oder Evolutionstheorie«, wie sie von Schulzeiten her noch in vielen Köpfen festgeschrieben ist, ist eine falsche Alternative. Es geht um den Glauben und um das Bekenntnis zu Gott dem Schöpfer angesichts der staunenswerten Entwicklung der Welt, innerhalb deren dann auch das entwicklungsbedingte Auftreten des Menschen als Schöpfungswerk Gottes zu bekennen ist.

Die Aussage des Glaubens ist also: Wie auch immer die Welt im Einzelnen entstanden ist, in welchen Zeiträumen und wie sie sich entwickelt hat, wann auch immer und in welcher Form zum ersten Mal Menschen auftauchten, sie kommt von Gott her, Gott ist ihr »Anfang«, ihr bleibender Ursprung. Damit bekennt der Glaube: (1) Das Ganze des Daseins ist ein Wunder, ein Geheimnis. Es ist nicht aus sich selbst entstanden (die Theologie spricht von »creatio ex nihilo«)[52]. (2) Die Welt ist deshalb auch nicht das Letzte und Höchste, nichts Göttliches, auch die Gestirne sind nur Geschöpfe. Dem Schöpfungsglauben eignet eine Art Entgötterung der Welt. (3) Die Welt ist nicht das Werk eines Dämons, sondern hat (mit all ihren dunklen Seiten) einen positiven Sinn. »Siehe, es war sehr gut«, heißt es am Ende des Schöpfungsberichtes (1Mose 1,31), und dies steht gegen alle damaligen oder späteren Tendenzen (z. B. in In-

52 »Schöpfung aus dem Nichts«. In dieser Form ist der Schöpfungsglaube erst jenseits des alttestamentlichen Zeugnisses ausformuliert worden (2. Makk 7,28 f.), wenn dies auch der Intention der alten Berichte entspricht. Die christliche Theologie hat seit früher Zeit diese Formel übernommen.

dien oder in der platonischen Philosophie oder im Manichäismus), die Welt als solche als ein Übel anzusehen, von dem wir erlöst werden müssen. (4) Wir haben Grund, und es ist sachgemäß, für dieses Wunder zu danken, etwa am Morgen oder an einem gedeckten Tisch. Nach dem Zeugnis des Neuen Testaments ist der Undank die Ursünde des Menschen (Röm 1,21), und Luther mahnt in der Auslegung des ersten Glaubensartikels im Kleinen Katechismus ausdrücklich den Dank für die Schöpfungsgaben an.[53] (5) Die Welt ist der uns von Gott gegebene Raum des Lebens und will als solcher erhalten werden.

Wer leugnen will, dass sich das alles so verhält, der mag das tun; er kann es aber natürlich nicht beweisen; denn auch das wäre ein Glaube und keine »wissenschaftliche Weltanschauung«, wie der marxistische Materialismus vorgab. Zu den Argumenten, die von den genannten fünf Punkten her ins Feld geführt werden könnten, gehört es, dass bei solcher Leugnung ein Leben in der Armut einer entzauberten Welt, ohne Geheimnis und ohne Grund zum Danken, angesagt wäre.

b) Die Welt als Lebensraum des Menschen

»Himmel und Erde« sind von Gott geschaffen. Sie kommen dabei in Betracht als der Lebensraum, als das Haus (griech.: oikos) für die lebendigen Geschöpfe und speziell den Menschen. Das zeigt sich zunächst ganz deutlich an der Art, wie der biblische Schöpfungsbericht vom *Himmel* redet. »Himmel« ist hier als Teil der geschaffenen Welt verstanden, nicht – wie anderswo in der Bibel – als Ort Gottes, etwa im Vaterunser oder im Bericht von der Himmelfahrt Christi. Wir finden in der Bibel also eine doppelte Bedeutung des Begriffs »Himmel«.[54] Von der Erschaffung

53 »... des alles ich ihm zu danken und zu loben und dafür zu dienen und gehorsam zu sein schuldig bin.«

54 Die englische Sprache unterscheidet »sky« und »heaven«.

von Sonne, Mond und Sternen ist als von Lichtern für den Menschen die Rede (1Mose 1,14). Diese Vorstellung folgt den Vorgaben des antiken Weltbildes, das erwähnt wurde. Aber dieses Weltbild sollte man nicht unbedacht und allzu forsch in den Mülleimer der Geschichte werfen. Und man sollte erst recht nicht Heinrich Heines Spott als Glaubenssatz übernehmen: »Den Himmel überlassen wir den Engeln und den Spatzen.« Denn es ist doch eigenartig: Auch bei allem Wissen um die Gestalt des Weltalls, wie es uns die moderne Wissenschaft vermittelt hat, bleibt es ja dabei, dass die Sonne am Firmament aufgeht und der Welt Licht und Wärme gibt, dass der Mond und die Sterne dem Menschen Orientierung bieten. Der Vers von Matthias Claudius »Der Mond ist aufgegangen, die goldnen Sternlein prangen am Himmel hell und klar« hat seine unverlierbare Kraft und Bedeutung. Eine Lesung des Schöpfungsberichtes der Bibel rührt bei uns Saiten an, die seine tiefe Gültigkeit bezeugen. Und nochmals ist Immanuel Kant zu erwähnen, der gerade beim Anblick der Gestirne des Himmels den Gedanken an Gott für unabweisbar gehalten hat. Die Gestirne des Himmels sind in der Tat Lebensgaben für den Menschen, sie gehören zu dem Haus von Himmel und Erde, von dem das Bekenntnis spricht.

Himmel und *Erde* – damit ist die andere Dimension des Hauses im Blick, in dem wir wohnen dürfen, das Gott uns zur Verfügung stellt. Der Schöpfungsbericht beschreibt, wie die Erde, das Wasser, die Pflanzen, die Tiere geschaffen und geordnet wurden. Wir haben ein neues Gespür dafür bekommen, welche Lebensbedeutung das für uns hat. Nicht umsonst engagieren sich heute gerade Christen für die Bewahrung und Erhaltung dieses Hauses, das in Gefahr ist, durch die Errungenschaften von Technik, Wissenschaft, Tourismus und Wohlleben der Menschen zerstört zu werden. Im Wort »Ökologie« steckt das Wort »Oikos« – Haus. Schöpfungsglaube bringt notwendig Impulse für eine Ethik der Umwelt mit sich.

c) Der Mensch – Gottes Ebenbild

Das alles hat unmittelbar mit dem Menschen zu tun, obwohl er im Wortlaut des Bekenntnisses nicht direkt erwähnt ist. Der Sache und Aussageabsicht nach gehört der Mensch als Geschöpf Gottes jedoch in das Bekenntnis hinein. Die Erschaffung des Menschen ist in den beiden Schöpfungsberichten der Bibel sogar in besonderer Weise hervorgehoben. Im ersten Bericht ist das schon dadurch deutlich, dass ein Selbstgespräch Gottes vorangeht: »Lasset uns Menschen machen.« (1Mose 1,26) Die Erschaffung des Menschen ist zweitens dadurch als etwas Besonderes markiert, dass nur der Mensch als »Ebenbild Gottes« bezeichnet wird (V. 27). Diese Erschaffung ist drittens ausgezeichnet dadurch, dass die Zweiheit von Mann und Frau ausdrücklich genannt wird (V. 27) – der Mensch ist also von vornherein und betont Mitmensch, er existiert in geschlechtlicher Polarität und ist nur in dieser Zweiheit als Mensch wirklich zu begreifen. Und die Erschaffung des Menschen ist viertens hervorgehoben dadurch, dass zum Menschen allein gesagt wird, dass er sich vermehren und sich die Erde untertan machen, über die Tiere herrschen und sich von den Früchten der Erde ernähren soll (V. 26.28 f.). Das alles sind tiefe Einsichten, und die Christen haben über Jahrhunderte immer neu darüber nachgedacht, wie der Mensch als Geschöpf Gottes hier beschrieben und angesprochen wird. Wir wissen freilich auch, wie der Schöpfungsauftrag des Menschen durch die Art, wie die Erde zugerichtet und ausgebeutet worden ist, zugleich eine lebensbedrohliche Perversion erfahren hat.

Eine spezielle Geschichte des Nachdenkens gibt es zum Begriff des »Bildes Gottes«, zumal dafür im hebräischen Urtext von 1Mose 1,27 zwei verschiedene Ausdrücke verwendet werden. Es kommt hinzu, dass später, im Neuen Testament, in einzigartiger Weise Christus als Ebenbild Gottes bezeichnet wird.[55] Haben wir es mit einer

55 Röm 8,29; 2Kor 4,4; Kol 1,15 u. 3,10; Hebr 1,3.

doppelschichtigen Gottebenbildlichkeit zu tun, einer »natürlichen«, unverlierbaren, die vor allem in der Vernunftbegabung des Menschen ihren Ausdruck findet (imago), und einer »übernatürlichen«, die in der göttlichen Gabe der Urstandsgerechtigkeit des Menschen zu sehen wäre, die durch die Sünde dem Menschen abhanden kam und erst durch Christus, das Ebenbild Gottes, dem Menschen erneut als Geschenk angeboten wird (similitudo)?[56] Die erwähnten Aspekte der biblischen Rede vom Menschen als dem »Bild Gottes« enthalten in jedem Fall drei Orientierungsangebote für verantwortliches Menschsein heute.

(1) Dem Menschen sind von Gott gewissermaßen »göttliche Funktionen« übertragen worden, nämlich sich seine Umwelt, sein »Haus« nutzbar und dienstbar zu machen. So sehr sich dieser Auftrag als gefahrbringend erwiesen hat: Die Parole »zurück zur Natur« ist nicht biblisch und auch illusionär, denn die natürliche Umwelt setzt dem Menschen immer wieder hart zu und muss beschnitten werden. Sie muss auch als Quelle der Nahrung und des Überlebens gestaltet werden, zumal in den unwirtlicheren Gegenden der Erde. Der Mensch ist, wie die moderne anthropologische Forschung sagt, von Natur ein »Mängelwesen«,[57] das ohne von ihm gestaltete Lebensbedingungen zugrunde gehen würde – im Unterschied zu den Tieren mit ihrem Instinkt

56 Die lateinischen Ausdrücke »imago« und »similitudo« und die entsprechenden griechischen Begriffe »eikon« und »homoiosis«, die in jener Theorie von der doppelten Gottesebenbildlichkeit eine Schlüsselrolle spielen, geben in den entsprechenden Bibelübersetzungen die beiden hebräischen Worte »zelem« und »demuth« von 1Mose 1,27 wieder, wobei jedoch heute deutlich ist, dass die spätere begriffliche Füllung der beiden griechischen und lateinischen Ausdrücke im hebräischen Text noch nicht vorliegt, beide Ausdrücke dort inhaltlich vielmehr das Gleiche besagen: »ein Bild, uns ähnlich«. Einen biblischen Anhaltspunkt hat die spätere begriffliche Unterscheidung allerdings durch die erwähnte Anwendung des Bild-Begriffs auf Christus.

57 Dieser Ausdruck stammt von dem Philosophen Arnold Gehlen.

und ihrer natürlichen Ausstattung. Die Vernunftbegabung kompensiert die biologische Unvollkommenheit des Menschen. Dass man gerade sie im Mittelalter als Ausweis seiner Gottebenbildlichkeit angesehen und den Menschen als »animal rationale« bezeichnet hat, leuchtet ein. Bei dem allen darf nur nicht übersehen und vergessen werden, dass dieser Auftrag des Menschen natürlich auch ein begrenztes Mandat ist. Es wird nur insoweit verantwortlich und wirklich im Auftrag Gottes wahrgenommen, als es nicht zur Zerstörung des natürlichen »Hauses« führt.

(2) Auch die Zweigeschlechtlichkeit des Menschen als Mann und Frau ist als Merkmal seiner Gottebenbildlichkeit zu würdigen. Das betrifft zunächst die Würde der Frau, die vom biblischen Ansatz her nicht hinter der des Mannes zurücksteht. Und es betrifft das Verhältnis der Geschlechter untereinander: Beide haben den Auftrag der gegenseitigen Hilfe und der Liebe (im Sinne von Röm 12,10: »Einer komme dem anderen mit Ehrerbietung zuvor.«). Sie haben aber auch den Auftrag der Zeugung von Nachkommen, der den Menschen geradezu zum Schöpfer von Menschen macht. Dies ist ein Bereich tiefen Geheimnisses, der noch einmal die besondere Würde der Frau in ihrer Rolle als Mutter unterstreicht, aber zugleich ein Bereich besonderer Gefährdung und ein Feld von Möglichkeiten schlimmer Perversion. Es ist wichtig und wurde in der Geschichte des Christentums nicht immer zureichend gesehen, dass damit die Geschlechtlichkeit des Menschen grundsätzlich in positivem Licht erscheint, ja geradezu eine Funktion in Gottes Welterhaltung bekommt. Weil die geschlechtliche Polarität des Menschen wesentlich auch – wenn natürlich nicht ausschließlich[58] – diesen Zeugungsauftrag hat, ist eine Veran-

58 In Diskussionen über diese schwierigen Fragen wird dem Hinweis auf den Zeugungsauftrag häufig unterstellt, dass damit der Mensch und seine Geschlechtlichkeit ausschließlich auf die Zeugung von Nachkommen festgelegt werde, was natürlich ein (absichtliches?) Missverständnis ist.

lagung und eine Praxis, wo dieser Zweck prinzipiell ausgeschlossen ist, nicht ohne weiteres dem Schöpfungswillen Gottes entsprechend.[59] Der Bereich der von Gott dem Menschen gegebenen Sexualität ist insgesamt besonders sensibel. Freude und Missbrauch liegen dicht beieinander, ja häufig ineinander, die Christenheit hat hier eine wichtige bewusstseinsbildende Aufgabe. Nur ist ein Urteil im Einzelnen oft nicht leicht.

(3) Die Gottebenbildlichkeit des Menschen ist – das kam bisher schon zum Ausdruck – Gabe und Auftrag in einem. Der Auftrag ruft nach Dank und Gehorsam des Menschen und kann dabei verfehlt werden. Das ist der Grund, weshalb in der Geschichte des Nachdenkens über den Menschen die Gottebenbildlichkeit immer auch als etwas Verlierbares, Zerstörbares verstanden wurde – eine unverlierbare Gabe und ein der Gefährdung anheim gegebenes Mandat zugleich. Dass das Neue Testament von Christus als dem wahren Bild Gottes spricht, meint die Tatsache, dass in diesem Menschen eine Erfüllung des Menschseins gelungen ist, die denen, die ihr Leben an Christus orientieren, zugute kommt. Dies ist das eigentliche Thema des zweiten und des dritten Glaubensartikels. An dieser Stelle ist indessen zunächst noch genauer auf das mit dem Menschsein des Menschen verbundene Risiko einzugehen.

d) Freiheit als Adel und Risiko des Menschen

Wenn wir jetzt auf das Thema der Freiheit zu sprechen kommen, ist damit das grundsätzliche *Problem* des Menschseins nach dem Verständnis des christlichen Glaubens in den Blick getreten. Der Mensch kann seiner Schöpfungsbestimmung entsprechen oder auch nicht entspre-

59 Das ist der Grund, weshalb die Kirche (und ein Teil der Öffentlichkeit) sich mit dem Problem gleichgeschlechtlicher Paare verständlicherweise schwer tut.

chen. Er kann Gott danken oder den Dank verweigern, er kann seinem Mitmenschen in Liebe zugetan sein, und er kann sich in Feindschaft gegen ihn verschanzen, ja er kann seinen Bruder ermorden (1Mose 4). Er kann die Natur – das Haus zum Leben – zu seinem und zu aller Nutzen gestalten, aber er kann die Natur auch zerstören, in unersättlicher Gier nach immer größerem Wohlstand. Er kann seine wissenschaftlichen Erkenntnisse zum Segen der Menschheit einsetzen, er kann sie aber auch in ungebremster Weise anwenden, ohne zu fragen, ob wir alles tun dürfen, was wir tun können. Die medizinische Technik, die Möglichkeit der Gen-Manipulation, die Entdeckung und Benutzung der Atomkraft, die Möglichkeit elektronischer Bespitzelung sind herausgehobene Beispiele der Gegenwart. Tatsächlich haben die Menschen immer wieder und mit z. T. verheerenden Folgen (man denke an brutale Herrschaftsformen, an Ausbeutung, an Kriege) die negative Möglichkeit gewählt. Es hat uns an früherer Stelle bereits beschäftigt, warum Gott das nicht verhindert hat, ob er es nicht verhindern konnte oder nicht wollte. Wir stehen jetzt vor einer Teilantwort, die das Gesamtproblem gewiss nicht löst, aber es ein wenig beleuchtet: Zu den wichtigsten Schöpfungsgaben des Menschen gehört seine Freiheit. Es ist der Adel des Menschen, zwischen Ja und Nein, zwischen Gut und Böse wählen zu können. Der christliche Glaube sagt: Gott wollte den Menschen nicht als Marionette, nicht als instinktgebundenes Wesen, sondern er hat ihn als Wesen zu freiem Gegenüber geschaffen. Insofern hat der deutsche Idealismus nicht völlig Unrecht, wenn er die Freiheit (und nicht einfach die Vernunftbegabung) als das herausragende Merkmal der Menschlichkeit des Menschen bezeichnet hat. Aber genau dieser höchste Adel des Menschen ist zugleich das große Risiko, das de facto immer wieder zum Unglück gebraucht worden ist.

Hier liegt dann das *theologische* Thema der Freiheit. Der Mensch steht offenbar unter einem Zwang, seine Freiheit immer wieder zu missbrauchen. Er ist nicht frei, mit seiner Freiheit sachgerecht umzugehen. Dies kann man als Doppelschichtigkeit der menschlichen Freiheit bezeichnen. Sie ist radikal und streitbar erörtert worden in der berühmten Auseinandersetzung Luthers mit Erasmus von Rotterdam, wie sie in Luthers Schrift »De servo arbitrio« (»Vom geknecheten Willen«, 1525) ihren Niederschlag gefunden hat. Luther bestreitet hier, dass der Mensch von sich aus die Möglichkeit hat, aus dem zwanghaften Missbrauch seiner Freiheit auszubrechen.[60] Die Bibel illustriert die Gebundenheit des Menschen in der nachdenkenswerten Geschichte von dem reichen jungen Mann (Mt 19,16 ff.). Er hat alle Gebote Gottes von Jugend auf befolgt, aber als Jesus ihn auffordert, seine Güter zu verkaufen, wendet er sich traurig um. Er kann es nicht, weil er gebunden ist. Erinnert uns die hier geschilderte Situation nicht daran, dass auch heute die Frage nach unserem Reichtum gestellt ist – und wir durch innere und äußere Einbindungen faktisch gehindert sind, sie radikal, im Sinne Jesu zu beantworten?

Der Glaube sagt zu dem allen: Darin lag und liegt das Risiko Gottes selbst, der den Menschen als freies Wesen geschaffen hat. Eine Verhinderung der negativen Folgen der Freiheit ist nicht durch gutes Zureden, auch nicht durch eine »Änderung der Verhältnisse«, wie der Marxismus meinte, zu erreichen, vielmehr wäre sie nur unter Ausschaltung der Freiheit selbst denkbar. Wäre

60 Da das lateinische Wort »arbitrium« die Bedeutung von »freier Entscheidung, Freiwilligkeit« hat, muss man den Titel der genannten Lutherschrift eigentlich genauer übersetzen: »Von der Unfreiheit der menschlichen Freiwilligkeit«. Sich dies klarzumachen, ist wichtig, um naheliegende (auch durch Formulierungen Luthers selbst mit verursachte) Missverständnisse zu vermeiden. Dass der Mensch ein »freies Wesen« ist, das seine Handlungen im Prinzip nicht unter Zwang, sondern freiwillig vollzieht, ist nicht bestritten. Aber dieser freiwillige Vollzug gehorcht als solcher immer wieder einem letztlich zerstörerischen inneren Gesetz, das ist Tragik und Schuld des Menschseins in einem.

das aber eine menschen- und gotteswürdige Welt? Die Folge ist dann allerdings, dass Gottes Weltregierung, seine Allmacht nur unter den Bedingungen der Wahrung der menschlichen Freiheit vonstatten geht. Daran hat Gott sich selbst und seine Macht sozusagen gebunden. Dies betrifft auch das erlösende Handeln Gottes, zu dem die Christen sich bekennen und von dem noch zu reden sein wird. Auch die Erlösung durch Christus – das Zentrum dessen, was Christen glauben – vollzieht sich im Modus der Freiheit des Menschen. Das macht zumindest ihre Theorie ein wenig kompliziert.

e) Sünde

Es wurde gesagt: Nach Überzeugung des christlichen Glaubens ist der Mensch nicht frei, seine Freiheit dem Willen Gottes entsprechend zu gebrauchen. Genau das ist es nun aber, was die Christen meinen, wenn sie von der »Sünde« sprechen. Unsere Umgangssprache hat das verniedlicht. Wenn jemand zu viel Kuchen oder Schokolade isst, heißt es: »Ich habe wieder mal gesündigt.« Und von »süßer Sünde« ist etwa mit Blick auf das Rotlichtmilieu die Rede. Sind die christlichen Moralapostel nicht Spaßverderber?

Wenn Christen von Sünde reden, meinen sie inhaltlich im Kern die Absage an die Befolgung der Zehn (Grund-) Gebote, wie sie aus dem Alten Testament überliefert sowie von Jesus und Paulus bestätigt wurden und in der katechetischen Tradition sowie der Kirchenlehre immer im Vordergrund standen.[61] Menschen verweigern de facto die Anerkennung des ersten Gebotes, nämlich Gott »über alle Dinge zu fürchten, zu lieben und zu vertrauen« (Luther), indem sie immer wieder sich selbst und ihre Möglichkeiten an die Stelle Gottes setzen. Darin eingeschlossen sind die Pro-

61 In Luthers beiden Katechismen bildet ihre Auslegung jeweils das »Erste Hauptstück«.

bleme, die wir mit der Befolgung der auf den Nächsten und seinen Schutz bezogenen Gebote haben, in denen es um zwischenmenschliche Gerechtigkeit und um Liebe geht. Und eingeschlossen ist auch das Problem des Schutzes unserer natürlichen Welt, unseres »oikos«, nämlich eingeschlossen in das dritte der Zehn Gebote, das Feiertagsgebot, das alttestamentlich auch die der Natur und der Tierwelt zu gönnende Ruhe meint.[62] Dass es hierbei nicht um vordergründige Moral, sondern um elementare innere und äußere Lebensbedingungen und deren Gefährdung geht, ist uns neu zu Bewusstsein gekommen und gibt der christlichen Rede von der Sünde eine ungeahnte Aktualität.

Die biblische Geschichte vom Sündenfall (1Mose 3) will das als über der Menschheit liegendes Schicksal symbolisch zur Sprache bringen. Sie will kein historisches Urereignis beschreiben, sondern in Erinnerung rufen, wie die Menschen waren und gehandelt haben, seit es sie gibt. Von Immanuel Kant (und seither immer wieder)[63] ist das hier Dargestellte allerdings als Schritt in die wahre Mündigkeit des Menschen gepriesen worden, womit freilich zugleich der Aussageabsicht dieser Urgeschichte eine Absage erteilt wurde. Denn es geht der Bibel ja um eine »Mündigkeit«, die als erste konkrete Tat einen Brudermord zuwege bringt (1Mose 4).

Der Mensch – so sagt es dann die christliche Tradition – sündigt nicht bloß hier und da, sondern er ist grundsätzlich darauf fixiert, die Sünde nicht unterlassen zu können. Das ist so von Kindheit an. (Liebevolle Erziehung kann zwar bis zu einem gewissen Grade ethisch lenkend eingreifen, problematische Einflüsse aber können diese »Anlage« auch

---

62 Das Sabbatgebot 2Mose 20,10 f. schließt ausdrücklich die Ruhe der Tiere ein, zeigt aber zugleich die Tendenz zum Ausruhen der Natur überhaupt, wie insbesondere in den heute wieder bedenkenswerten Bestimmungen über das sog. Sabbatjahr (3Mose 25) deutlich wird.

63 Man denke z. B. an das Stück von Peter Hacks »Adam und Eva«.

verstärken, zu beheben ist sie nicht.) In diesem Tatbestand liegt der Sinn der Lehre von der Erbsünde. Sie kommt in ihrer strengen Form noch nicht in der Bibel vor.[64] Sie ist aber eine logische Schlussfolgerung aus dem Bild vom Menschen, das die Bibel zeichnet. Man hat immer wieder versucht, diese Lehre zu vermeiden und damit den Menschen in ein freundlicheres Licht zu rücken. Ist es nicht allein die Mitwelt des Menschen, sind es nicht die gesellschaftlichen Zustände, die ihn zu seinem konkreten Handeln veranlassen? Und wird bei ihrer Änderung sich nicht auch der ursprünglich gute Mensch wieder zum Guten wandeln? Der Marxismus, der diese Thesen vertritt (aber durchaus nicht nur er), übersieht dabei, dass die zweifellos problematischen gesellschaftlichen Zustände in immer neuer Weise Resultate des Zustandes und des Wollens der Menschen sind, die sie gestalten. Das gilt auch für die politische und ökonomische Ordnung, die in Deutschland den realen Sozialismus abgelöst hat – unbeschadet der Tatsache, dass diese Ordnung trotz ihrer Schwächen unübersehbare Vorzüge gegenüber der überwundenen, angeblich sozialistischen Ordnung hat. Jedenfalls dürften die Probleme tiefer im Menschsein liegen und letztlich doch noch ernster sein, als Kant und Marx vermuteten. Welche philosophische Theorie hat den Scharfblick gehabt, den faktischen Zustand der Menschheit so plausibel und wirklichkeitsnah zu beschreiben, wie es die christliche Auffassung von der Sündhaftigkeit des Menschen tut?

Dennoch muss man natürlich immer auch fragen, ob das christliche Bild vom Menschen und von der Welt ein zu negatives Bild ist. Das ist nur dann nicht der Fall, wenn wir den in unserem Kapitel zuerst beschriebenen und vom Glaubenbekenntnis allein genannten Akzent nicht vergessen: Der Mensch ist – auch als Sünder – bleibend Geschöpf und Ebenbild Gottes. Die Wirklichkeit ist

64 Die früher vielfach herangezogene Stelle Röm 5,12 ff. gibt sie nicht her.

nicht grau in grau. Es wird von der Herrlichkeit der Welt als Schöpfung und der Würde des Menschen als freien Geschöpfes Gottes immer wieder etwas sichtbar. Die Sonne scheint gewissermaßen durch die Wolken hindurch und stiftet mitten in unserer Welt ungelöster Probleme überraschend Freude. Christen führen das auf die bewahrende Kraft Gottes des Schöpfers zurück.[65] Und sie bringen es in Verbindung mit den heilenden Kräften, die in Jesus von Nazareth in dieser Welt sichtbar geworden sind und von denen zu sagen ist, dass sie seit Anfang der Weltgeschichte den destruktiven Elementen Einhalt geboten haben. Das ist der Sinn der Glaubensaussage, dass Christus, das Wort Gottes, vom Anfang der Schöpfung an bei Gott war, ja selbst der Schöpfungsmittler ist.[66] Sie ist eine Aufgipfelung dessen, was christlich über das Heilshandeln Gottes in Jesus von Nazareth zu sagen ist. Er kam, um Frieden, Versöhnung, Heilung und Heiligung in die Welt und zu den Menschen zu bringen. Dieses sein Kommen, sein Auftreten und sein Angebot sollen nun zur Sprache gebracht werden.

4. Jesus von Nazareth, der Christus

Wir wenden uns dem zweiten Artikel des Glaubensbekenntnisses zu. Er führt uns äußerlich und innerlich in die Mitte des christlichen Glaubens, wenn er einsetzt: »Und an Jesus Christus«, d. h.: Ich glaube an Jesus Christus. In der Mitte des christlichen Glaubens steht die Gestalt eines Menschen, die wie wenige andere durch

65 Die Dogmatik kennt hier die Lehre von der Vorsehung und der Erhaltung der Schöpfung als einen eigenen Teil der Schöpfungslehre. »Was unser Gott geschaffen hat, das will er auch erhalten.« (EG 326,3). Es gibt in der Tat vieles in unserer Welt zu entdecken, von dem wir sagen können, dass es die Auswirkungen der Sünde der Menschen eindämmt.

66 Joh 1,3; 1Kor 8,6; Kol 1,16; Hebr 1,2.

die Jahrhunderte Faszination ausgelöst hat und zugleich umstritten war: Jesus von Nazareth. Das unterscheidend Christliche ist der »Christus Jesus selbst.[67]« Christen glauben an einen Menschen, von dem sie sagen, dass er zugleich mehr als ein Mensch war. Das deutet der Doppelname Jesus Christus an. Sie binden ihren Glauben an ein Datum der Geschichte, an eine Gestalt, von der erzählt werden kann, die in einer bestimmten Zeit und an einem bestimmten Ort und unter bestimmten Verhältnissen gelebt hat. Dass das Christentum in seinem Zentrum keine zeitlose Idee ist, sondern zu seinem wesentlichen Inhalt und Orientierungspunkt eine Gestalt der Geschichte hat, verbindet es auch strukturell mit dem Judentum. Dort hat zwar keine einzelne menschliche Gestalt die Bedeutung, die im Christentum dem Menschen Jesus von Nazareth zugemessen wird, aber auch der jüdische Glaube ist seinem Inhalt nach wesentlich auf eine konkrete Befreiungsgeschichte bezogen, von deren Überlieferung und Auslegung er lebt. Das unterscheidet beide Glaubensweisen z. B. vom Islam, dessen im Koran niedergelegte Ideen im Prinzip auch unabhängig von der Tatsache gültig sind, dass es Mohammed war, dem sie offenbart wurden und der sie verkündete. Jesus von Nazareth ist für die Christen mehr als ein Prophet. Er ist Gegenstand, nicht nur Vermittler des Glaubens. Christen glauben *an* Jesus, den Christus. Von Anfang an haben die Christen sich Rechenschaft darüber zu geben versucht, was dieses Paradox bedeutet. Es besagt, dass in einer geschichtlichen Gestalt und seiner Lebensgeschichte Ziel und Angelpunkt des Ganzen der Geschichte erschienen ist, ja, dass Gott selbst in diesem Menschen und also in menschlicher Gestalt anzutreffen ist. Bereits die großen Konzilien der alten Kirche, im 4. und 5. Jahrhundert, haben sich – nach

67 H. Küng: 20 Thesen zum Christsein, München 3. Aufl. 1976, S. 5 u. S. 18.

langen vorangegangenen Überlegungen – mit dieser Frage beschäftigt und auch Lehrentscheidungen dazu getroffen. Wir werden darüber nachzudenken haben, in welchem Sinne wir uns diese Entscheidungen zu eigen machen können, die auch hinter dem Wortlaut des Glaubensbekenntnisses stehen.

Wir gehen im Folgenden zunächst auf die Tatsache ein, dass keineswegs nur die Christen nach diesem Jesus fragen und ihm eine hohe Bedeutung zumessen. Danach wenden wir uns dem Problem zu, dass der Bezug zu Jesus von Nazareth, also zu einer Gestalt der Geschichte, den christlichen Glauben der historisch-kritischen Nachfrage aussetzt, ihn damit allerdings auch besonders verwundbar macht. Weiter werden wir zu fragen haben, was es mit Blick auf eine solche Gestalt der Geschichte heißen kann, dass man an sie *glaubt*, und wir werden schließlich über den Namen »Christus« nachdenken, den die Christen Jesus beigelegt haben.

a) Nichtchristliche Jesusbilder

Es gibt gegenwärtig ein weit über den Bereich von Theologie und Kirche hinaus verbreitetes Interesse an Jesus von Nazareth.[68] Dabei sind unter den nichtchristlichen Veröffentlichungen über Jesus einige wenige, die ihren Hass gegen diesen Mann aus Nazareth nicht verbergen können.[69] Hier spielt freilich kein historisches Interesse, sondern eine tiefinnere Negativerfahrung mit der Kirche und den Christen die eigentliche Rolle. In vielen anderen Veröffentlichungen wird versucht, den wirklichen Jesus

68 Aus den Jahren seit 1991 sind im Katalog der Leipziger Deutschen Bücherei mehr als 3.000 Veröffentlichungen zu Jesus – christliche und nichtchristliche – verzeichnet.

69 Z. B. Rudolf Augstein: Jesus – Menschensohn, Gütersloh 1972; oder: Hans Conrad Zander: Warum ich Jesus nicht leiden kann, Reinbek 1994.

aus der Vereinnahmung und Verzerrung durch die Kirche zu lösen. In den überwiegenden Fällen wird jedoch eine Faszination spürbar, die von dieser Gestalt ausgeht. Mit Recht erregte das Buch des tschechischen Reformmarxisten Milan Machovec »Jesus für Atheisten«[70] erhebliches Aufsehen. In der Zeit der sozialkritischen Bewegung nach 1968 erschien ein kleines rotes Büchlein »Worte des Vorsitzenden Jesus«. Bewegend ist es, jüdische Darstellungen zu lesen.[71] Im Koran gilt Jesus als wichtiger und in vielem maßgeblicher Prophet. Der Philosoph Karl Jaspers hat Jesus neben Buddha, Sokrates und Mohammed zu den vier maßgebenden Menschen der Geistesgeschichte gezählt. Eine nachrevolutionäre junge Generation, die nach alternativen Lebensmodellen suchte, nahm Jesus als Hippie, als einen, der sich aller gesellschaftlichen Konvention entzog, als den, der Spaß machte und Spaß machen wollte, in Beschlag.[72]

Die Christen stehen also nicht allein, wenn es ihnen um Jesus geht. Auch andere sind fasziniert von diesem Mann aus Galiläa. Mitunter macht uns die nicht christliche Betrachtung Jesu sogar auf Züge dieses Menschen aufmerksam, die im bisherigen christlichen Jesusbild nicht zureichend im Blick waren. Das gilt z. B. für seine jüdischen Wurzeln und Bindungen oder für die sozialkritischen Züge seiner Botschaft und seines Auftretens. Andererseits ist es natürlich unerlässlich, allen diesen Jesusbildern gegenüber jene Einsichten korrigierend zur Geltung zu bringen, die in diesen Darstellungen nicht zureichend zur Sprache kommen, die uns aber von den uns verfügbaren Quellen deutlich vor Augen geführt werden. Auch wenn

---

70 Stuttgart 1972.

71 Z. B. Schalom Ben Chorin: Bruder Jesus, München 1967.

72 In diese Kategorie gehört auch der Monty-Pyton Film »Das Leben des Brian« oder das Musical »Jesus Christ Superstar«. Vgl. dazu auch die Übersicht bei H.-G. Pöhlmann: Wer war Jesus von Nazareth?, Gütersloh 8. Aufl. 2002.

Christen an Jesus glauben, haben sie sich immer wieder von den Quellen der ursprünglichen Überlieferung, wie sie im Neuen Testament vorliegt, fragen und vielleicht auch überraschen zu lassen. Denn auch einem christlichen Jesusverständnis gegenüber können diese Quellen eine korrigierende Funktion haben. Aber den Christen kann der Blick anderer, die diesen Jesus betrachten, zu einer Hilfe für ein tieferes und besseres Verstehen des Mannes aus Nazareth werden, gerade auch, wenn es dabei zum Streit darüber kommt, wer er wirklich war.

b) Jesus von Nazareth als Gegenstand der historischen Forschung

Das gilt auch für die im engeren Sinne historische Erforschung dieses Menschen. War es eigentlich so, wie die Quellen des Neuen Testaments es uns erzählen? Hat man nicht mancherlei hinzugefügt, was eher der frommen Empfindung als der nüchternen Feststellung entspringt? Haben wir nicht gesehen, dass die neutestamentlichen Berichte selbst gar keine historischen Darstellungen sein wollen? Ja könnte es sein, dass die Gestalt Jesu überhaupt erfunden wurde – schön erfunden wurde, gewiss, aber eben doch nur Schein und nicht Wirklichkeit ist?[73] Solche Fragen treffen den christlichen Glauben. Es ist bei der Frage nach Jesus anders als zum Beispiel beim Schöpfungsbericht, der keine auch historisch nachweisbaren Ereignisse zur Sprache bringen will. Wenn die Bibel von Jesus spricht, meint sie ja eine einmalige, konkrete geschichtliche Gestalt, auch wenn sie von ihr in Zeugnissen des Glaubens spricht. Weil das so ist, deshalb ist für die Frage nach Jesus auch (wenn natürlich nicht ausschließlich) die kritische historische Wissenschaft mit den ihr zu Gebote stehen-

73 Etwa wie sie in Filmen und Romanen teilweise witzig und phantasiereich neu erfunden wurde.

den Mitteln zuständig.[74] Wie verhalten sich dann aber Glaube und historische Einsichten zueinander?

Diese kritische Frage nach dem »historischen« Jesus, dem Jesus hinter allen Glaubensvorstellungen, ist nicht zuerst von außen, feindselig sozusagen, an den christlichen Glauben herangetragen worden. Sie ist innerhalb des Christentums selbst aufgebrochen. Sie war eine Art Reaktion auf ein dogmatisches Lehrgebäude, das sich in gewisser Weise spekulativ verselbständigt hatte, was speziell den Aussagen über Jesus Christus etwas eher unwirklich Scheinendes verlieh.[75] Ein solches Lehrgebäude hatte die protestantische Orthodoxie vor allem im 17. Jahrhundert ausgearbeitet. Das empfand man seit dem 18. Jahrhundert, dem Zeitalter der aufkommenden Aufklärung, als so nicht mehr nachvollziehbar. Freilich ist die Aufklärung selbst auf dem Boden des Christentums entstanden. Die mit ihr zugleich einsetzende historisch-kritische Erforschung des Neuen Testaments und zumal der Gestalt Jesu ist von daher als eine Art Emanzipationsbewegung ein Produkt des Christentums selbst. Und sie ist so etwas wie ein Paradigma für historische Forschung überhaupt geworden. Es begann mit der Kritik an den Erzählungen von Jesu Wundern und an den Berichten von seiner Auferstehung. Dabei waren es zunächst zum Teil wunderliche rationalistische Erklärungen, die hier herhalten mußten.[76] Kritik hat dann

74 Zur historischen Frage nach Jesus vgl. u. a.: T. Holtz: Jesus aus Nazareth, 6. Aufl. Stuttgart 1999; J. Gnilka.: Jesus aus Nazareth. Botschaft und Geschichte, 4. Aufl. Freiburg 1995; J. Roloff: Jesus, München 2000; zum Ganzen der Christusfrage jetzt auch U. Kühn: Christologie, Göttingen 2003.

75 Wenn z. B. über die Zuständlichkeit des himmlischen Leibes Christi nachgedacht oder über seine beiden Naturen, die menschliche und die göttliche, gesprochen wurde.

76 Jesus habe auf einem Balken im Meer gestanden, als er wandelte; die Jünger hätten den Leichnam Jesu gestohlen (eine Hypothese, die als gegnerische Hypothese schon im Neuen Testament selbst auftaucht) etc.

aber z. B. auch die Aussage des Glaubensbekenntnisses und des Neuen Testaments über die Geburt Jesu aus der Jungfrau Maria gefunden, was im Mittelpunkt des sog. Apostolikumsstreits Ende des 19. Jahrhunderts stand.[77] Die These des Philosophen Arthur Drews, dass die Gestalt Jesu überhaupt eine Erfindung sei, haben Theologen freilich nicht vertreten, und sie ist auch im Ernst nicht vertretbar. Sie tauchte in der vulgär-marxistischen Polemik gelegentlich auf. Demgegenüber schreibt der Marxist Ernst Bloch: »Der Stall, der Zimmermannssohn, der Schwärmer unter kleinen Leuten, der Galgen am Ende, das ist aus geschichtlichem Stoff, nicht aus dem goldenen, den die Sage liebt.«[78]

Was man indessen nach langen Irrwegen erkannt hat, ist dies: Es ist unmöglich, so etwas wie eine Biographie Jesu zu schreiben. Was überliefert ist, sind einzelne wichtige Ereignisse und Worte Jesu, aber weder seine psychologische Entwicklung noch z. B. seine familiäre Einordnung ist zureichend beschreibbar. Immerhin dürfte Folgendes historisch unbestritten sein: Jesus wurde als Jude zur Regierungszeit des römischen Kaisers Augustus geboren (zwischen 63 v. und 14 n. Chr.), möglicherweise im Jahre 4 oder 7 vor unserer Zeitrechnung.[79] Er wirkte während der Regierung des römischen Kaisers Tiberius (14–37 n. Chr.). Zur Zeit seines Wirkens war Herodes Tetrarch (Vierfürst) von Galiläa (4–39 n. Chr.). Was von Jesus historisch wirklich bekannt ist, umspannt jedoch im Wesentlichen eine Zeit von ca. drei Jahren. Dazu gehört als historisch gesichert, dass er von Johannes dem Täufer im Jordan getauft wurde, dass

77 Pfarrer Schrempff aus Württemberg hatte sich geweigert, das Apostolische Glaubensbekenntnis bei Taufen sprechen zu lassen, und wurde 1892 von der Kirchenleitung entlassen.

78 E. Bloch, Das Prinzip Hoffnung III, Frankfurt 1985, S. 1482.

79 »Jesus wurde einige Jahre vor Christi Geburt geboren«, hat der renitente Katholik Adolf Holl gesagt.

Schauplatz seines öffentlichen Wirkens zunächst Galiläa, am Ende Jerusalem war und dass er unter dem römischen Prokurator Pontius Pilatus in Jerusalem den Tod am Kreuz starb – eventuell zu Ostern d. J. 30 oder auch erst 33 bzw. 34. Unmittelbar danach haben seine Anhänger verkündet, er sei von den Toten auferstanden, und es kam zur Bildung christlicher Gemeinden.

Historisch erhebbar sind auch Grundzüge des Verhaltens und der Verkündigung Jesu. Er ist als Wanderprediger durch Galiläa gezogen, hat Anhänger um sich gesammelt, er hat über die damals und dort üblichen Vorschriften hinaus Kontakt zu Kranken und zu solchen, die in besonderer Weise als Sünder galten, gehabt. Schon dadurch hat er das jüdische Gesetz in seiner Gültigkeit relativiert. Andererseits ist Jesus in grundlegender Weise in die religiöse Tradition seines Volkes eingebunden gewesen, z. B. mit der Geltung der Heiligen Schrift (unser Altes Testament), der Maßgeblichkeit des darin enthaltenen und von Gott gegebenen Gesetzes (trotz seiner Kritik an zeitgenössischen jüdischen Auslegungen desselben), aber auch im Blick auf den Kult Israels, wie sich gerade an den Passionsgeschichten zeigen lässt. Man wird ihm also historisch nur gerecht, wenn man dies zureichend berücksichtigt. Das zeigt sich auch in seiner Verkündigung vom Reich Gottes, wo Kontinuität zur Tradition und gleichzeitig Durchbrechung dieser Tradition festzustellen sind. Sowohl hier wie in seinem Verhalten wird auch einigermaßen deutlich, welche Rolle und welchen Rang er für sich selbst in Anspruch nahm. (Auf den Inhalt dieser Verkündigung Jesu wird noch eigens einzugehen sein.)

All das wurde mit kritischer Sorgfalt und mit einer Fülle zunächst sich widersprechender Hypothesen so weit historisch herausgearbeitet, dass wir heute von so etwas wie einem Konsens der Forschung ausgehen können. Wir müssen allerdings zugleich bedenken, dass das, was Historiker festzustellen vermögen, lediglich die faktische, äußere Seite des Geschehens betrifft, dabei aber das Problem, was das alles bedeutet, wie Jesus und sein Anspruch zu beurteilen sind, noch nicht erfasst ist. Auf die wirkliche Bedeutung des Jesusgeschehens und der Jesusgestalt hinzuweisen, ist jedoch der Sinn der Berichte im Neuen Testament. Sie sind – wie wir bereits früher feststellten – keine bloßen Reportagen und wollen es nicht sein, weil sie aus der Sicht des Glaubens die tiefere Bedeutung des Faktischen zur Sprache bringen wollen. Deshalb dürfen wir dann auch das nicht etwa abqualifizieren, was wir *historisch* als sekundär – und das meint: als nicht im wörtlichen Sinne so geschehen – ansehen müssen (etwa bestimmte Wundererzählungen, die Geburtsgeschichten und vieles an den Auferstehungsberichten). Es ist vielmehr als Glaubenszeugnis in äußerstem Maße bedeutsam, nämlich als Zeugnis dessen, was Menschen damals an diesem Jesus erfahren haben und für wen sie ihn deshalb hielten.

c) Jesu Verkündigung

Das gilt natürlich in besonderem Maße für Jesu Verkündigung.[80] Aber auch über sie können wir – auf Grund der historischen Erforschung der Texte – heute zunächst mit einer gewissen »Objektivität« Rechenschaft geben. Mit Beobachtungen an Stil und Sprache z. B. kann festgestellt werden, wo eine »Überarbeitung« des ursprünglich von Jesus Gesagten durch die spätere Einsicht des nachösterlichen Glaubens und die weitergehende Überlieferung erfolgte. Die einzelnen Berichte, die in den Evangelien zusammengestellt sind, sind ja Erzähl- und Verkündigungseinheiten und sind jeweils

80 Vgl. zum Folgenden außer den in Anm. 74 genannten Veröffentlichungen u. a.: W. Trilling: Die Botschaft Jesu, Freiburg 1978, bes. S. 19–56; H. Bornkamm: Jesus von Nazareth, 15. Aufl. Stuttgart 1995; P. Stuhlmacher: Biblische Theologie des Neuen Testaments, Bd. 1, Göttingen 1992.

unter einer bestimmten geistlich-theologischen Gesamtsicht zu den einzelnen uns vorliegenden Evangelien zusammengefügt worden. Ganz besonders beim Johannesevangelium haben wir davon auszugehen, dass hier die Glaubenseinsichten und auch die Sprache aus einer bestimmten Gemeindesituation gegen Ende des ersten Jahrhunderts die Feder geführt haben und dass das von daher Formulierte Jesus in den Mund gelegt wurde (wie es in der Antike durchaus üblich war). Die historische Betrachtung der Texte hat dies alles zu berücksichtigen, kann aber dennoch zu einigermaßen gesicherten Daten über die originale Verkündigung Jesu vordringen.

Im Zentrum der Verkündigung Jesu, wie sie uns im Wesentlichen auf Grund der sog. synoptischen Evangelien zugänglich ist, steht das Reich Gottes. »Die Zeit ist erfüllt, nahe gekommen ist das Reich Gottes. Kehrt um und glaubt dem Evangelium.« (Mk 1,15) Dabei ist es zunächst wichtig, sich klarzumachen, dass das Reich Gottes für Jesus nicht primär eine ethische Aufgabe oder eine Forderung ist, deren Befolgung etwa einen Idealzustand der Menschheit heraufführen würde, so sehr es natürlich das Handeln der Menschen in Beschlag nehmen will. Vielmehr ist es primär etwas, was den Menschen, die Jesus begegnen, als überraschendes Geschenk widerfährt. So kann es Jesus als Freudenbotschaft darstellen. Es geht im Reich Gottes zu wie bei einem Hochzeitsfest (Mk 2,18 f.). Die Verkündigung des Reiches ist nach Meinung Jesu die Ansage der Nähe Gottes, die eigentlich von den Juden erst für die Vollendung der Zeiten erwartet wurde. »Viele Propheten und Könige wollten schauen, was ihr seht, und schauten es nicht; und hören, was ihr hört, und hörten es nicht.« (Lk 10,23 f.) Was geschieht denn, wo Gott nahe ist? Jesus gibt Johannes dem Täufer, der zweifelnd aus dem Gefängnis heraus fragt, die Antwort: »Blinde sehen und Lahme gehen. Aussätzige werden rein und Taube hören. Tote stehen auf, und den Armen wird das Evangelium verkündet.«

(Mt 11,5) An anderer Stelle zitiert Jesus das Alte Testament: »Er hat mich gesandt, zu predigen den Gefangenen, dass sie frei sein sollen, und den Blinden, dass sie sehend werden, und den Zerschlagenen, dass sie frei und ledig sein sollen, zu verkündigen das Gnadenjahr des Herrn.« Und er fügte hinzu: »Heute ist diese Schrift erfüllt vor euren Ohren.« (Lk 4,18.21) Das meint konkret: Indem ich selbst, Jesus, Taube hörend, Aussätzige rein mache, indem ich Gefangenen Freiheit bringe, ist das Reich Gottes als befreiendes Geschenk unter euch erschienen. »Wenn ich durch den Geist Gottes Dämonen austreibe, so ist das Reich Gottes ja schon zu euch gekommen« (Mt 12,28 – vermutlich ein ursprüngliches Jesuswort). Dreierlei ist an dem allen wichtig und grundlegend.

(1) Jesus hat tatsächlich Heilungen vollbracht – wie auch immer das im Einzelnen zu erklären ist und wie sehr später auch diese als Wunder gesteigert worden sind. Sie sind von Jesus als Zeichen des Anbruchs des Reiches Gottes verstanden worden.

(2) Jesus hat Solidarität mit den aus der Gesellschaft Ausgestoßenen geübt, also so etwas wie soziale und spirituelle Heilung. Mit Zöllnern und Sündern hat er am Tisch gesessen. Jesus vergibt im Namen Gottes Sünden, er nimmt die Vollmacht wahr, die Mühseligen und Beladenen zu sich zu rufen. Auch zu dem Lahmen, den er gehen macht, sagt er: »Dir sind deine Sünden vergeben.« Und er verkündet das Gleichnis vom verlorenen Sohn, den der Vater, als er reumütig zurückkehrt, mit Freuden wieder aufnimmt, so dass sich der brave Sohn auch noch aufregt.

(3) Diese Zuwendungen Jesu wollen mit offenem Herzen – und nicht einfach als staunenswerte Mirakel – wahrgenommen werden. Jesus ruft mit seiner Verkündigung sowie mit seinen Heilungen zu Glauben, Umkehr, Buße (vgl. Mk 1,15). Es wird erzählt, dass er zehn Aussätzige von ihrer Krankheit befreit hat, dass aber nur einer kam, ihm zu danken. Damit fehlte im Sinne Jesu schließlich das Entscheidende.

Erst wenn das alles gesagt und im Blick ist, wenn begriffen ist, dass das Reich Gottes, das Jesus meint, ein erstaunlicher Einbruch von etwas Neuem ist, ein ganzheitliches Heilungsgeschehen – erst dann ist nun auch zu sagen: Unter denen, die sich von diesem Reich Gottes anrühren lassen, soll eine neue Ethik gelten, die Ethik des Reiches Gottes. Davon spricht das berühmte Gleichnis vom barmherzigen Samariter. Dabei hat die spätere überliefernde Gemeinde in diesem Samariter dann primär Jesus gesehen, sich freilich selbst in die Nachfolge dieses Samariters gerufen gewusst. Von der Ethik des Reiches Gottes spricht Jesus in einem Gleichnis, in dem einer von seinem Herrn ein Unendliches an Schulden erlassen bekam, sich dann aber weigert, einem anderen eine ganz kleine Summe zu erlassen. In der Bergpredigt ist Jesu Ethik zusammenfassend überliefert (Mt 5–7, vgl. Lk 6). Zu den bekanntesten Aussagen der Bergpredigt gehört das Gebot der Feindesliebe, die Mahnung, Frieden zu stiften, sich mit dem Bruder, der Schwester zu versöhnen. Aber es gehört mehr dazu: die Mahnung zum ehrlichen Gebet im Kämmerlein etwa, zum Fahrenlassen unnützer Sorgen, die Warnung vor dem Richtgeist – man denke an das berühmte Wort vom Splitter und vom Balken (Mt 7,3–5). Das Ganze hat ein großes Vorzeichen: Es geht um die bessere Gerechtigkeit derer, die im Bann des Reiches Gottes leben (Mt 5,20). Aber diese bessere Gerechtigkeit ist auch in der Bergpredigt zurückgebunden an die Verheißungen von Gottes Nähe: Selig sind, die geistlich arm sind, selig sind, die hungern und dürsten nach Gerechtigkeit (Mt 5,3.6). Nicht wir bauen das Reich Gottes, sondern Gott ist nahe, und die, die diese Nähe erfahren, beginnen neu zu leben.

Das ist schon eine bemerkenswerte und eigenartige Botschaft, eine Botschaft, in der vor allem das Wort und die Wirklichkeit »Gott« eine zentrale Rolle spielen, so dass – bei allem großen Respekt – eine atheistisch-humanistische Auslegung der Botschaft Jesu an diesem entscheidenden Kernstück vorbeigeht. Man kann auch diese Botschaft, das, was

Jesus mit ihr gemeint hat, mit Mitteln historischer Forschung herausarbeiten. Man wird dabei allerdings zunehmend spüren, dass es schwer ist, zu dem allen nicht auch Stellung zu nehmen, sich nicht davon anrühren zu lassen oder auch sich damit auseinanderzusetzen. Man sieht bald, dass eine »objektive« Bestandsaufnahme dem nicht gerecht wird, was hier zur Sprache kommt. Diese Gestalt der Geschichte und ihre Botschaft greift nach denen, die mit ihr umzugehen versuchen. Faszination stellt sich ein. Auf dieser Ebene ist auch angesiedelt, was Christen meinen, wenn sie vom *Glauben* an Jesus sprechen.

d) Glauben an Jesus

Das Glaubensbekenntnis beginnt seinen zweiten Artikel mit dem Satz: Ich glaube an Jesus Christus. Wie verhält sich dies zu dem, was wir bisher bedacht haben? Wir haben bisher lediglich zur Kenntnis genommen, zu hören versucht, vielleicht mit ein wenig Kopfschütteln. Es waren im Grunde alles Daten, die auch einem Historiker zugänglich sind. Was gibt es da zu glauben?[81] Zum Akt des Glaubens kommt es, wenn ich Stellung nehme zu diesen Daten und wenn ich dabei zu einem positiven Urteil komme, das etwa besagt: Jesus hat Recht gehabt mit dem, was er sagte und tat. Aber *Glaube* an Jesus meint noch mehr. Er meint: Jesus ist der, den ich für mein Leben maßgebend sein lasse – als Geschenk der Annahme, die mir als Sünder widerfährt, und als Auftrag. Ich *glaube*, das heißt: Er hat mich angerührt, so dass ich ihm nachfolgen und ein Leben nach den Gesetzen des Reiches Gottes zu führen versuchen kann. Ich *glaube*, das heißt auch: Ich weiß, dass er mich braucht, um sein Werk weiterzuführen. Er braucht mich, um andere Menschen zu heilen – körperlich und sozial und spirituell. Er braucht mich zu seinem Werk der Versöhnung und Vergebung (vgl. Mt 5,23). Er

81 Vgl. dazu auch G. Ebeling: Das Wesen des christlichen Glaubens, 5. Aufl. Gütersloh 1985, Kap. IV und V.

braucht mich für die Ausbreitung seiner Liebe, also z. B. dazu, dass der andere neben mir merkt, dass er wirklich wahrgenommen und nicht übersehen wird, vielleicht sogar, dass er begleitet wird – der Schwache zumal. Er braucht mich als Zeugen dafür, dass wir alle in der Hand des ganz Anderen – Gottes – sind, dass wir von ihm das Leben haben. Nicht wir bauen das Reich Gottes. Aber von Jesus her sind wir unentbehrliche Mitarbeiter – das ist eine notwendige Antinomie. Das alles heißt: Ich *glaube* an Jesus. Und solche Lebenshaltung führt zu einer Bewertung und Deutung der Gestalt dieses Menschen, die zum zentralen Inhalt des christlichen Glaubens wird.

Glaube als Lebenshaltung und Glaube als inhaltliche Aussage: Wir denken an dieser Stelle wieder an die Struktur dessen, was wir an früherer Stelle allgemein zum Wesen des Glaubens gesagt haben. Gerade am Verhältnis zur Gestalt Jesu von Nazareth kann man sich gut klarmachen, was *glauben* im christlichen Sinne überhaupt heißt. Es geht nicht um *Vermutungen* über irgendwelche nicht genau feststellbaren Ereignisse. Es geht um Lebensentscheidungen und eine Lebenshaltung, die dann auch zu sachlichen Urteilen führt. Die Stärke des Glaubens bemisst sich dann jedoch z. B. nicht daran, wie viele Wunder ich für historisch echt halte oder wie ich die Auferstehung theoretisch erkläre. Vielmehr meint *glauben* an Jesus: sich auf diesen Jesus einzulassen. Man kann nur hinzufügen: Wenn die Christen doch in diesem Sinne mehr an Jesus glaubten!

e) Jesus der Christus

Eine Aussage des Glaubens in dem beschriebenen Sinn, nämlich ein bekennendes Urteil über diesen Menschen, ist dann auch die erste »christologische« Formulierung des zweiten Glaubensartikels: Ich glaube an »Jesus Christus« – oder besser: an Jesus, der der Christus ist. »Christus« ist das griechisch-lateinische Wort für das hebräische »Messias«, der Gesalbte. Christen bekennen Jesus als den Gesalbten und damit als den endgültigen Erretter; sie nehmen hier eine zentrale Figur des alttestamentlich-jüdischen Glaubens in Anspruch.[82] Der Messias als der König des endgültigen Friedensreiches wird von den gläubigen Juden am Ende der Tage erwartet, wo er die Herrschaft Gottes definitiv und sichtbar aufrichten wird. Da diese endgültige Erlösung mit Jesus noch nicht eingetreten ist – so das Argument der Juden –, kann nach jüdischem Glauben Jesus von Nazareth nicht der Messias sein. Indem die Christen also diesen Jesus als den Christus, den Messias, bekennen, treten sie in einen Streit mit dem jüdischen Glauben ein.[83] Diese Auseinandersetzung durchzieht bereits das Neue Testament. An der Frage, ob Jesus tatsächlich der Christus ist, schieden sich schon damals die Geister (vgl. Apg 17,3; 18,5; 1Joh 2,22; 5,1). Der Glaube der Christen bekennt damit allerdings zugleich den grundlegenden Zusammenhang der beiden Testamente. Jesus von Nazareth, der Jude, ist kein anderer als der, auf den sich seit Jahrhunderten die Hoffnungen und Erwartungen des Glaubens Israels richteten – womit sie zugleich die Hoffnungen der Völker aufnahmen. »Auf den die Väter hoffend sahn, dich, Gott, Messias, bet ich an«, heißt es in einem Weihnachtslied, und kurz davor: »Die Völker haben dein geharrt, bis dass die Zeit erfüllet ward«.[84] Überhaupt ist insbesondere die Advents- und Weihnachtsfrömmigkeit der Christen tief durchdrungen von der Gewissheit, dass mit der Geburt Jesu von Nazareth die alten messianischen Verheißungen erfüllt sind. Er gilt als der Spross aus der »Wurzel Jesse«, also aus dem Stamm Isais, aus dem einst der jüdische König David kam.[85] Das Geschlechtsregister Jesu Mt 1 will dies authentisch nachweisen.

82 Vgl. dazu F. Hahn: Christologische Hoheitstitel, 2. Aufl. Göttingen 1964/Berlin 1965, § 3.

83 Als ein Beispiel für den neueren jüdisch-christlichen Dialog in dieser Frage vgl. P. Lapide/J. Moltmann: Jüdischer Monotheismus – christliche Trinitätslehre, München 1979, bes. S. 73 ff.

84 EG 42,5 und 2 (Chr. F. Gellert).

85 EG 30 1, vgl. Jes 11,1.

Der Glaube der Christen an Jesus als den Christus, den Messias, bedeutet allerdings, dass sich das Messiasbild gegenüber dem, was der jüdische Glaube erwartete und erwartet, grundlegend verändert hat. Christen sprechen anders und neu vom Messias. Sie meinen damit zwar auch den, der am Ende der Zeiten in Herrlichkeit kommt – diese Hoffnung der Christen verbindet sie mit dem Glauben der Juden. Und dieser Gemeinsamkeit sollten wir uns deutlich bewusst sein. Für Christen ist aber der Messias zugleich der, der in Verborgenheit und durch Leiden und Kreuz hindurch bereits jetzt sein – heimliches – Friedensreich aufgerichtet hat. Die Zeit der Erwartung ist auf diese verborgene Weise in Jesus von Nazareth bereits erfüllt (Mk 1,15; Gal 4,4). Die alttestamentlichen Aussagen über das Leiden des Gottesknechtes (Jes 52 und 53) sind in das Messiasbild hineingenommen worden und haben es so christlich verändert. Gerade von daher aber nährt sich zugleich der Glaube an die herrliche Zukunft des jetzt in Verborgenheit Regierenden.

Leider hat der Streit um den Messias (neben anderen Unterschieden zwischen jüdischem und christlichem Glauben) im Laufe der Geschichte Formen der Schmähung und Verfolgung der Juden durch die Christen angenommen, für die sich die Christen nur schämen können. Gibt doch eine religiöse Differenz niemandem und niemals das Recht zu einer bürgerlichen oder politischen Diskriminierung, die im Falle der Juden im 20. Jahrhundert zu deren millionenfacher Vernichtung geführt hat. Es muss deshalb das Bekenntnis zu Jesus als dem Christus heute Anlass dafür sein, die trotz des nicht auszuräumenden Gegensatzes bestehenden tiefen Gemeinsamkeiten neu ins Licht zu rücken – und gleichzeitig die Angehörigen des jüdischen Volkes um Vergebung für das ihnen zugefügte Unrecht zu bitten.

Mit dem Glauben an Jesus, den Christus, bekennen die Christen nun allerdings zugleich die Endgültigkeit und Allgemeingültigkeit der in ihm erschienenen Herrschaft

Gottes. An ihm scheiden sich alle Geister. So meint es das ganze Neue Testament. Wir haben hier verständliche Hemmungen und Schwierigkeiten, diese Exklusivität angesichts der Begegnungen nicht nur mit den Juden, sondern auch mit anderen Religionen heute durchzuhalten. Vielleicht ist die angemessene Weise solchen Bekenntnisses zu Jesus als dem Christus heute nicht primär die theoretische Argumentation, sondern das – bereits beschriebene – glaubende Sich-Einlassen auf ihn als den, der mein, der unser Leben bestimmt, also kein bloß verbales, sondern vor allem ein Lebensbekenntnis. Und dann wäre es nicht so sehr ein Wettstreit um Begriffe, der hier nötig ist, sondern eine Auseinandersetzung um den Geist und die Kraft, die aus dem jeweiligen Bekenntnis fließt. Ich glaube an Jesus Christus – es ist dies eine Herausforderung zum Wettstreit des Lebens. Es ist dies zugleich aber auch ein Wissen darum, dass unser Leben immer wieder zurückgebunden sein muss an den, der es in Barmherzigkeit umfängt. Denn nicht unser Leben, sondern die immer größere Barmherzigkeit Gottes ist Heil und Frieden, im Leben und im Sterben. Das ist der Glaube der Christen an Jesus Christus.

5. Der Sohn Gottes

Das Glaubensbekenntnis macht noch weitere Aussagen zu der Frage: Wer ist dieser Jesus von Nazareth eigentlich? Schon im Neuen Testament ist darauf ja nicht nur eine Antwort gegeben worden. Vielmehr wurde die frühe Christenheit von dieser Frage nicht losgelassen und hat sie auf immer neue Weise zu beantworten versucht. Ihr Nachdenken hat um diesen Jesus von Nazareth wie um ein Geheimnis gekreist. In der berühmten Szene, in der Jesus seine Jünger nach der Meinung der Leute über sich selbst fragt und dann diese Frage auch an die Jünger richtet (Mt 16,13 ff.), enthält die Antwort des Petrus, als er sein eigenes Bekenntnis formuliert, bereits zwei Antworten: »Du bist Christus, des lebendigen Gottes Sohn.« (Mt 16,16) Zu der Aussage, dass Jesus der Christus ist, tritt das Bekenntnis zu ihm als dem Sohn Gottes hinzu. Sie wird vom Glaubensbekenntnis ausdrücklich übernommen. In jener biblischen Szene enthält aber bereits Jesu Frage selbst eine weitere Antwort, nämlich wenn er von sich als von dem »Menschensohn« spricht (Mt 16,13).[86] Es gibt allerdings auch Berichte der Evangelien, in denen sich sehr negative Bewertungen Jesu widerspiegeln: Er treibt die Teufel durch Beelzebub aus; er lästert Gott; er ist ein Betrüger. Die Kreuzigung Jesu bezeugt die tödlichen Kontroversen, die der Streit um ihn ausgelöst hat.

Wer war, wer ist dieser Jesus? Diese Frage ist – wie wir schon bei dem Bekenntnis zu Jesus als dem Christus sahen – nicht mehr historisch zu beantworten. Es sei denn, man stellt mit historischer Akribie zusammen, was die Christen *de facto* damals und seither von diesem Jesus bekannt haben. Gefragt ist aber nach mehr. Gefragt ist nach einem Urteil des Glaubens heute. Und ein solches Urteil überschreitet, wie wir sahen, grundsätzlich die Ebene des objektiv Feststellbaren. Sie ist aber zugleich die entscheidende Frage. Denn die wichtigsten Fragen auch sonst im Leben sind nicht die Fragen nach den Fakten, sondern die Fragen, was die Fakten bedeuten, was uns in ihnen begegnet und wie wir mit ihnen umgehen.[87]

---

86 In dem parallelen Bericht bei Markus über diese Szene (Mk 8,27–29) begegnet interessanterweise weder der Titel »Menschensohn« in der Frage Jesu noch derjenige »Sohn Gottes« in der Antwort des Petrus. Dies ist ein Beleg dafür, wie es im Laufe der Überlieferung zu Erweiterungen auf Grund des Glaubens der frühen Christen gekommen ist.

87 Man kann sich das an Fakten, die von einem Menschen bekannt sind, ebenso klarmachen wie z. B. an politischen Fakten oder an naturwissenschaftlichen Ergebnissen. – Zur Frage, wer Jesus eigentlich war, vgl.: Was haltet ihr von Jesus?, hrsg. v. W. Trilling u. I. Berndt, Leipzig 1976; P. Stuhlmacher, a. a. O., § 12: »Wer war Jesus von Nazareth?«.

Wir folgen dem Glaubensbekenntnis, indem wir uns den – dem Neuen Testament entnommenen – Aussagen zuwenden: »Gottes Sohn, unseren Herrn, empfangen vom Heiligen Geist, geboren von der Jungfrau Maria.« Damit kommen wir auch auf das Wunder von Weihnachten zu sprechen. Vorher ist indessen noch eine Beobachtung zum zweiten Glaubensartikel insgesamt zu notieren.

a) Der zweite Artikel des Glaubenbekenntnisses

Wenn wir den zweiten Artikel des Glaubenbekenntnisses insgesamt betrachten,[88] dann fällt uns schnell Folgendes auf: Von der Predigt Jesu, von seinem Tun, von seinen Wundern wird merkwürdigerweise überhaupt nichts gesagt. Es ist von seiner Herkunft und seiner Geburt die Rede, dann von seiner Kreuzigung, Grablegung sowie seinem Gang in die Unterwelt, und schließlich von Auferstehung, Erhöhung und Wiederkunft. Das hat auf der einen Seite einen eher äußeren Grund: Von Anfang an (schon im Neuen Testament) haben sich die zusammenfassenden Bekenntnisformulierungen der Christen, aus denen schließlich das Apostolische Glaubensbekenntnis herausgewachsen ist, auf die genannten Aussagen konzentriert. Besonders alt ist eine Bekenntnisformel, die bereits Paulus übernommen hat (1Kor 15,3–5): »dass Christus gestorben ist für unsere Sünden nach der Schrift; und dass er begraben ist; und dass er auferstanden ist am dritten Tage nach der Schrift; und dass er gesehen worden ist von Kephas, danach von den Zwölfen.« Hier werden lediglich Kreuz, Begräbnis und Auferstehung Jesu genannt. Eine andere im Neuen Testament nachweisbare alte Bekenntnisformulierung lautet: »Kyrios Jesus – Herr ist

88 Zum Text des Glaubensbekenntnisses und seiner Entstehung vgl. J. N. D. Kelly: Altchristliche Glaubensbekenntnisse, 2. Aufl. Göttingen 1993, hier bes. Kap. V u. XII.

Jesus.« (1Kor 12,3) Etwas ausführlicher ist der ebenfalls von Paulus zitierte sog. Christushymnus Phil 2,5–11, der das Kommen Christi auf die Erde, dann seinen Tod und schließlich seine Erhöhung nennt. Es gibt auch Formeln, die lediglich von seiner Wiederkunft sprechen (1Thess 1,10).

Dieser Tatbestand führt aber zu einer inhaltlichen Beobachtung. Dem Glaubensbekenntnis geht es, wie schon einmal gesagt wurde, sozusagen um die Eckdaten der Gestalt Jesu von Nazareth, Daten, in denen sich in besonderem Maße seine Bedeutung zusammenfasst, die die Gemeinde Christi bekennt. Wenn man abgekürzt reden will, muss man diese Eckdaten nennen – alles andere ist in diesem Licht zu sehen. Deshalb wird von dem, was wir »historisch« nennen, im Grunde nur seine Hinrichtung unter Pontius Pilatus genannt. Sie schließt aber natürlich das Leben Jesu, dessen irdisches Ende das Kreuz ist, ein. Das Kreuz wird umrahmt von der Aussage darüber, woher dieser Jesus kommt und wohin Gott den Gekreuzigten geführt hat. Hier aber überwiegen Aussagen, die Antwort geben auf die Frage: »Was haltet ihr von Jesus?« »Wer ist er in Wirklichkeit?«

Das trifft nun zunächst auf die Aussagen über seine Herkunft zu. In ihnen wird zurückgegriffen u. a. auf die aus dem Munde des Petrus überlieferte Aussage »Du bist Christus, des lebendigen Gottes Sohn«. Und es wird das urchristliche Bekenntnis »Jesus Kyrios« dazugesetzt. Hinzugefügt werden ferner zwei Aussagen, die sich auf die sog. Kindheitserzählungen der Evangelien beziehen – wahrscheinlich weil sie für die Christen sehr früh schon sehr wichtig waren und weil hier auch der Name der Mutter Jesu erscheint, der von früher Zeit an eine wachsende Bedeutung in der christlichen Frömmigkeit gewonnen hat: »empfangen durch den Heiligen Geist, geboren von der Jungfrau Maria« – auch für uns voll von Advents- und Weihnachtsklang. Gerade sie sind indessen in der Auslegungsgeschichte des Apostolikums und des Neuen Testaments in besonderem Maße umstritten. Und es haben sich daran auch Gegensätze zwischen katholischem und evangelischem Glaubensverständnis geknüpft. Wir tun sicherlich gut, sie von vornherein nicht allein unter historischem Gesichtspunkt zu betrachten, sondern ebenfalls als deutende Antworten auf die Frage: »Wer ist dieser Jesus eigentlich – was kann man von seiner Herkunft sagen?« Diese Frage steht also insgesamt über den ersten Aussagen des zweiten Artikels des Apostolischen Glaubensbekenntnisses.

b) Jesus, der Sohn Gottes

Wenn Jesus im Glaubensbekenntnis als der »einzige Sohn Gottes« bezeichnet wird, dann ist damit vor allem eine Aussage über sein Verhältnis zu Gott, seinem Vater, gemacht.[89] Die Bezeichnung »Sohn Gottes« war in der antiken Welt durchaus geläufig, im griechischen Bereich im Sinne einer natürlichen Verwandtschaft, in der alttestamentlich-jüdischen Tradition im Sinne einer funktionalen Zuordnung, einer Zugehörigkeit zu Gott auf Grund einer Erwählung. Indem von Jesus als dem »einzigen« Sohn Gottes gesprochen wird, wird ihm dieses Prädikat in einer ausschließlichen Weise zugesprochen. Er steht in einem einzigartigen Verhältnis zu Gott, dem Schöpfer und Erhalter der Welt, und zwar in einem solchen Verhältnis, dass von da Heil und Frieden für die Welt und die Menschen ausgeht.

Es ist interessant zu beobachten, dass dieser Titel im Glauben der frühen Christen offenbar »gewachsen« ist. Zunächst scheint er Jesus von der Auferstehung an

89 Vgl. M. Hengel: Der Sohn Gottes, 2. Aufl. Tübingen 1977; P. Stuhlmacher, a. a. O., § 14; F. Hahn, a. a. O., § 5.

beigelegt worden zu sein (Röm 1,3 f.). Dagegen sagt die Erzählung von der Taufe Jesu ursprünglich möglicherweise, dass Jesus bei diesem Ereignis als »Sohn Gottes« erwählt wurde (Mk 1,11). Nach der Botschaft der Erzählung von der Empfängnis Jesu war er von Geburt an Gottes Sohn (Lk 1,32). Am weitesten greift das Bekenntnis, dass er von Ewigkeit her Sohn und Wort Gottes ist, wie wir es im Johannesevangelium finden (Joh 1,14). Alles vorher Erwähnte ist schließlich integriert worden in diese weitestgehende Aussage, die allerdings auch schon bei Paulus Gal 4,4 anklingt. Aber es ist doch sinnvoll, sich klarzumachen: Der Glaube hat eine immer weitergreifende Deutung gewagt. Und er will damit aussagen: Der Sohn vertritt Gott; im Sohn begegnet uns Gott selbst. Und umgekehrt: Gott ist kein anderer als der, als der er sich uns in Jesus gezeigt hat. Von der Schöpfung der Welt an ist Gott der, als der er sich in Jesus gezeigt hat. Es liegt so etwas wie ein ewiger Glanz des Erbarmens und der Barmherzigkeit über der ganzen Welt. Denn Jesus Christus ist der, der Gott als den Barmherzigen verkündet und gebracht hat. Er ist von Ewigkeit her Gottes Sohn und Gottes Wort an uns – das ist die Aussage auch des Glaubensbekenntnisses.

Dass solches Reden von Jesus nicht ganz ungefährlich ist, liegt freilich auf der Hand. Wird er dann nicht zum Halbgott und damit zu einem Fabelwesen und einer Gestalt, die mit dieser Erde letztlich nur noch zum Schein zu tun hat? Diese Frage hat das weitere christologische Nachdenken über Jahrhunderte hin bewegt. Das Resultat war: Es gilt unbedingt festzuhalten, dass Jesus ein normaler Mensch war, kein Halbgott auf Erden. Genau das will das berühmte christologische Dogma von 451 ausdrücken. Es ist das Dogma von den »zwei Naturen« Christi, das zum Glauben der Christenheit gehört. Jesus Christus ist wahrer Mensch und wahrer Gott, er ist »Gott von Art«, wie Luther gesagt hat.[90] Der Begriff »Natur« im Dogma von 451 meint nicht etwas »Physisches« im Sinne der modernen Naturwissenschaft, sondern »Natur« meint im Sinne der alten griechischen Philosophie das »Wesen« einer Sache, das, was einer Sache, einem Gegenstand »wesentlich« ist. Jesus von Nazareth ist seinem »Wesen« nach wirklicher Mensch mit allen menschlichen Eigenschaften. Aber er ist seinem »Wesen« nach zugleich Gott, und zwar nicht nur so, wie andere Menschen durch ihre Frömmigkeit mit Gott verbunden sein können, sondern in dem Sinne, dass er mit seiner einzigartigen Vollmacht Gott selbst und sein Erbarmen zu den Menschen bringt. In der Geschichte dieses Menschen, in seinen Worten und seinen Taten, ist in einzigartiger Weise Gott zu den Menschen gekommen, hat sich in einzigartiger Weise Gott zu erkennen gegeben.

Eine Einschränkung bezüglich des wirklichen Menschseins Jesu haben die Christen freilich von Anfang an gemacht: Jesus war frei von Sünde. Er war »allenthalben gleich wie wir, doch ohne Sünde« (Hebr 4,15). Also sind ihm nun doch alle typisch menschlichen Verwicklungen und Konflikte erspart geblieben? Das Neue Testament will zeigen, dass das nicht der Fall war. Jesus hatte sich mit seinen Eltern und Geschwistern, mit seinen Freunden und mit seinen Gegnern, ja mit seinem »Schicksal« überhaupt auseinanderzusetzen. Letzteres zeigt uns eindrucksvoll die berühmte Szene im Garten Gethsemane (Mt 26,30–46). Nur hat er in dem allen einen tiefen Gehorsam bewiesen, wie es sonst kein anderer Mensch vermocht hat. Dies allerdings bekennen die Christen.

Dass Jesus als Sohn Gottes von Ewigkeit her bekannt wird, also von der Vorzeit an, ehe der Welt Grund gelegt war, ist der Sachgrund für die Aussage (Joh 1,5): Er kam in sein Eigentum – er, der jetzt geboren wurde und auftrat, in dem sich aber Gottes ursprünglicher Wille mit dieser seiner Welt verwirklicht und manifestiert, eben: Gottes Sohn von Ewigkeit.

90 Im Weihnachtslied »Gelobet seist du, Jesu Christ«, EG Nr. 23,5.

c) *Jesus, der Herr*

Dass dieser Sohn Gottes »unser Herr« genannt wird, ist gewissermaßen die Kehrseite des Bisherigen. Hier wird nun über *unser* Verhältnis zu diesem Jesus eine Aussage gemacht. Das Bekenntnis »Kyrios Jesus« gehört zu den ältesten Bekenntnisaussagen, die Christen formuliert haben (vgl. 1Kor 12,3).[91] Es drückt aus, dass dieser Jesus das Leben derer bestimmt, die sich zu ihm bekennen. Darüber hinaus will es sagen, dass das ganze Weltgeschehen letztlich von ihm bestimmt ist. Was das bedeutet, wurde uns deutlich, als von Leid und Unrecht in der Welt und von Gottes Allmacht die Rede war. Und das wiederum weist voraus auf das Kreuz Jesu, das sein Herrsein kennzeichnet. Noch stärker als beim Ausdruck »Gottes Sohn« ist hier eine Konfrontation enthalten und beabsichtigt. Den Römern wird gesagt: Nicht der (angeblich göttliche) Kaiser, sondern Jesus ist der Herr. Den Griechen wird gesagt: Nicht Zeus, sondern Jesus ist der Herr. Den Juden wird gesagt: In Jesus ist der Kyrios erschienen, der mit dem Gott Israels identisch ist und von dem nach Jes 44,6 gilt: »Ich bin der Erste und ich bin der Letzte, und außer mir ist kein Gott« (ausdrücklich aufgenommen in Apk 1,8.17).

Das Glaubensbekenntnis spricht mit dem »dominus *noster*« vor allem ein Zugehörigkeits- und Gehorsamsverhältnis an. Es gibt manche Götter und Herren, sagt Paulus, wir aber haben nur einen Herrn – Jesus Christus (1Kor 8,6). Das war Grund genug, um Verdacht und Feindschaft zu erregen, über Jahrhunderte hin – bis Kaiser Konstantin im 4. Jahrhundert sich diesem Herrn gebeugt hat. Er hat ihn damit freilich auch in gewisser Weise im Sinne einer öffentlichen Religion vereinnahmt – ein Problem, das bis heute nicht ausgestanden ist. »Jesus Christus, unser Herr« – das ist das Bekenntnis und der Glaube der Christen bis heute. Er hat besondere Aktu-

91 Vgl. F. Hahn, a. a. O., § 2.

alität z. B. in der Zeit der NS-Herrschaft bekommen und ist in der Barmer Theologischen Erklärung von 1934 neu ausformuliert worden: »Wie Jesus Christus Gottes Zuspruch der Vergebung aller unserer Sünden ist, so und mit gleichem Ernst ist er auch Gottes kräftiger Anspruch auf unser ganzes Leben ... Wir verwerfen die falsche Lehre, als gebe es Bereiche unseres Lebens, in denen wir nicht Jesus Christus, sondern anderen Herren zu eigen wären.«[92] Im Jahre 1963 haben die evangelischen Kirchen in der DDR gegenüber dem ideologischen Machtanspruch des SED-Staates unter Ulbricht einmütig erklärt: »Es ist nur ein Herr: Jesus Christus ... Wir handeln im Ungehorsam, wenn wir im Gottesdienst Gott als den Herrn unseres Lebens bekennen, uns aber im täglichen Leben dem Absolutheitsanspruch einer Ideologie unterwerfen ...«[93] Dieses Bekenntnis zum Herrsein Christi wurde wohl verstanden und natürlich öffentlich denunziert. Positiv ist gemeint: Was Christen an diesem Jesus erkannt haben, ist unverrückbare Leitlinie für ihr Leben und ihr Mitwirken in der Gesellschaft. Ihr Bekenntnis ist ein Stück gelebter Glaube.

d) Das Geheimnis von Weihnachten: *(1) Das Kommen des Erlösers*

Wir wenden uns der Aussage des Glaubensbekenntnisses zu »empfangen durch den Heiligen Geist, geboren aus der Jungfrau Maria«. Damit kommen wir zu einem der umstrittensten Stücke des Glaubensbekenntnisses. Hier wird den Gottesdienstbesuchern offensichtlich zu-

---

92 Theologische Erklärung zur gegenwärtigen Lage der Deutschen Evangelischen Kirche, Art. 2, abgedr. z. B. in: Die Barmer Theologische Erklärung, hrsg. v. A. Burgsmüller u. R. Weth, Neukirchen 2. Aufl. 1984, S. 35.

93 Zehn Artikel über Freiheit und Dienst der Kirche, Art. II, abgedr. u. a. in: Junge Kirche 24, 1963, S. 330.

gemutet, eine Empfängnis und Geburt ohne natürliche Beteiligung eines Mannes für wirklich zu halten (Jungfrauengeburt im biologischen Sinne). Darüber vor allem hat es jenen sog. Apostolikumsstreit im 19. Jahrhundert gegeben, in dem der Historiker Adolf von Harnack genau diese Wendung als für uns heute unzumutbar erklärt hat.[94]

Es ist zunächst zu unterstreichen, dass das Bekenntnis mit dieser Doppelaussage durchaus auf biblischem Boden steht. Es ist – so kann man sagen – eine Art Zusammenfassung der sog. Kindheitsgeschichten Jesu bei Matthäus und besonders bei Lukas (jeweils Kap. 1 und 2). Zu diesen Kindheitsgeschichten gehört auch die Weihnachtserzählung vom Stall zu Bethlehem und den Hirten auf dem Felde. Wenn dies aber der biblische Bezug des Bekenntnisses ist, dann ist es natürlich auch im gleichen Sinne zu interpretieren wie die biblische Grundlage. Und hier ist zu sagen: Diese Kindheitsgeschichten sind keine historischen Berichte. Es sind »Dichtungen des Glaubens«[95] oder – wie ein katholischer Neutestamentler sagt – Erzählungen nach Art eines rabbinisch-jüdischen »Midrasch«[96], d. h. Erzählungen, die in bildhafter Form deutlich machen wollen, was in der Geburt des Jesus von Nazareth geschehen ist. Er ist seit Geburt auf der Seite Gottes. Um diesen eher abstrakten Satz für normale Menschen, die an bildhafte Sprache gewöhnt sind, deutlich werden zu lassen, sind die Kindheitsgeschichten erzählt worden. Man hat dabei Motive verwendet, die in der Umwelt des Neuen Testaments ebenfalls anzutreffen sind: das Motiv der »heiligen Hochzeit« Gottes mit einem Menschen; das Motiv der Geburt aus einer Jungfrau; das Motiv

94 Vgl. A. v. Zahn-Harnack: Adolf von Harnack, Berlin 1951, S. 148.

95 W. Grundmann: Das Evangelium nach Lukas, Berlin 10. Aufl. 1984, S. 76.

96 W. Trilling: Fragen zur Geschichtlichkeit Jesu, Leipzig 1966, S. 78.

der Niedrigkeit des Ortes und der Umstände, wie sie der Stall in Bethlehem und das arme Hirtenvolk darstellen. Der römische Dichter Vergil hat z. B. gesagt: »Es pflegen göttliche Kundgebungen häufig den Landleuten zuteil zu werden.«[97] Als Motiv ist auch der Ort Bethlehem erkennbar: Eine messianische Verheißung des Alten Testamentes verwies für die Herkunft des Messias auf Bethlehem.[98] Als das im Zuge der religionsgeschichtlichen Erforschung der Umwelt des Neuen Testaments deutlich wurde, hat es zunächst eine verbreitete Erschütterung des Glaubens bewirkt, auch mancher Theologiestudent ist in unüberwindbare Zweifel gestürzt worden: Sollte das nicht wahr sein, was wir zu Weihnachten verkünden und was im Bekenntnis steht? Demgegenüber haben wir gelernt, den eigentlichen Aussagewillen der biblischen Erzählungen ernst zu nehmen. Sie machen gewiss Aussagen über einen geschichtlichen Menschen. Sie nennen historische Daten und geographisch nachweisbare Orte. Das unterscheidet sie deutlich von den Mythen aus der religionsgeschichtlichen Umwelt. Aber es sind eben Erzählungen, »Dichtungen«, die nur eines beabsichtigen: zu verkünden, dass dieser Jesus gerade in seiner Niedrigkeit von Anfang an ein Mensch gewesen ist, der in einzigartiger Weise auf der Seite Gottes steht und uns Gott nahebringt. Bereits die Umstände seiner Geburt zeigen seine Niedrigkeit. Zugleich erweisen sie ihn als den verheißenen Retter. Das Lob der Engel drückt aus, welche Dimensionen das Kommen Jesu eröffnet hat: Friede auf der Erde, Freude und Rettung für die Menschen (vgl. Lk 2,14). Und das Ganze ist das Werk Gottes, der diesen Menschen über alles menschliche Vermögen hinaus aus dem Heiligen Geist zur Welt

97 IV. Ecl. X, 26, zit. bei W. Grundmann, a. a. O., S. 81.
98 Mi 5,1.

kommen lässt.[99] Dass das durch eine wunderbare Empfängnis und die Jungfrauschaft der Maria geschah, ist – recht verstanden – ein Lobpreis des Glaubens über das Kommen dieses einen Menschen Jesus.[100]

Man kann also Christ sein, ohne an dieser Stelle ein spezifisches biologisches Wunder anzunehmen. Und wenn von einem solchen Wunder in unseren Advents- und Weihnachtsliedern und -texten die Rede ist, dann verstehen es die Menschen zu Advent und Weihnacht wohl intuitiv richtig. Denn sie wollen diese Lieder und Texte, die der unvergängliche Ausdruck der wirklichen Weihnachtsbotschaft sind, ja nicht lassen. Und diese Botschaft besagt: »Euch ist heute der Retter geboren.« (Lk 2,11) Licht ist angebrochen in der Finsternis. Denn der da geboren wurde, ist von Anfang seiner irdischen Existenz an in einem besonderen Sinne mit Gott verbunden, von ihm auserwählt gewesen. Seine ganze Existenz ist Hingabe und Dienst für Gott und die Menschen. Gewiss stammt Jesus aus der Kette einer Genealogie, die weit in die jüdische Geschichte hineinreicht und mit den Verheißungen an David verknüpft ist (vgl. Mt 1). Aber es ist letztlich nicht diese familiäre und stammesmäßige Einbindung, die sein Dasein, sein Werk bestimmt, sondern es ist der Heilige Geist, der ihn wie keinen anderen auszeichnet.

99 Die Aussage von der Herkunft Jesu vom Heiligen Geist lässt eine »Geist-Christologie« erkennen, die gegenwärtig beim Dialog zwischen Ost- und Westkirche über die Frage bedeutsam ist, ob der Heilige Geist vom Vater allein oder vom Vater und vom Sohne (»filioque«) ausgeht.

100 Gewiss hat diese Seite des Lobpreises auch ihre Problematik: Soll dadurch eine normale Zeugung und Geburt etwa als unrein abgewertet werden? Dies ist sicher nicht die Meinung dieser Erzählungen, könnte aber hinter dem hier verwendeten außerbiblischen Motiv durchaus stehen. Im Übrigen scheinen andere biblische Aussagen über Jesu Ursprung und Familie nichts von einer Jungfrauengeburt zu wissen (vgl. Gal 4,4 oder den Beginn des Markusevangeliums, in dem die Kindheitsgeschichten fehlen).

»Wer ist meine Mutter, und wer sind meine Brüder?«, fragt er später einmal und antwortet: »Wer den Willen tut meines Vaters im Himmel.« (Mt 12,48.50) Darauf deuten diese beiden Aussagen des Bekenntnisses hin.

e) Das Geheimnis von Weihnachten: (2) Maria

Wir haben noch ausdrücklich der Tatsache zu gedenken, dass am Ende der Aussage des Bekenntnisses über das Kommen des Erlösers in unsere Welt die Gestalt der Maria, der Mutter Jesu, namentlich erwähnt wird. Das ist nicht einfach selbstverständlich. Es spiegelt vermutlich einen Akzent frühchristlicher Frömmigkeit wider. Im Hintergrund stehen biblische Berichte. In sie sind wohl auch Erinnerungen an die historische Mutter Jesu eingegangen, die dann aber – wie gezeigt – verwoben wurden mit legendärem Material. Immerhin: Maria steht nun im Bekenntnis. Und Maria hat zumindest in der Weihnachtsfrömmigkeit auch für evangelisches Empfinden einen unverlierbaren Ort.

Hier haben wir allerdings einen Bereich, in dem es erwähnenswerte Unterschiede zwischen katholischer und evangelischer Frömmigkeit und Lehre gibt. In der katholischen Kirche wurde nicht nur diese Aussage des Bekenntnisses immer besonders hervorgehoben – bei der Rezitation des Glaubensbekenntnisses im Gottesdienst kann mitunter an dieser Stelle sogar eine Geste der Ehrfurcht beobachtet werden. Vielmehr ist die Bekenntnisaussage sozusagen fortgeführt worden in Form eines weiteren Kranzes von Aussagen über Maria, wie sie auch in den Festen des Kirchenjahres zum Ausdruck kommt: Mariä Empfängnis, Mariä Lichtmess, Mariä Heimsuchung, Mariä Himmelfahrt. Lehrmäßig ist besonders hervorzuheben das katholische Dogma von 1854 über die unbefleckte Empfängnis Marias[101] – gemeint ist die Empfängnis im Leib ihrer Mut-

101 In der Bulle Pius' IX. »Ineffebilis Deus« vom 8. Dez. 1854: Denzinger-Hünermann Nr. 2803 und 2804.

ter Anna, die zwar nicht ohne Mann erfolgt sein soll, aber durch ein Wunder Maria aus dem Zusammenhang der Erbsünde herausgenommen hat. Sodann ist zu nennen das Dogma von 1950, in dem der Glaube an die leibliche Aufnahme der Maria in den Himmel vom Papst verbindlich festgestellt wurde.[102] In der katholischen Gebetspraxis wird Maria zwar nicht angebetet, aber sie wird um ihre Fürbitte angerufen. Bekannt ist das »Ave Maria«, wo es heißt: »ora pro nobis nunc et in hora mortis nostrae«. Wichtig sind sodann die Marienandachten im Monat Mai und die vielen Marienaltäre.[103] Das alles ist auch unter religionspsychologischem Gesichtspunkt interessant. Es wird auf diesem Wege ein weibliches Element in die Gegenstände der Frömmigkeit hineingenommen.

Die evangelische Christenheit ist sowohl mit Blick auf die Lehrentwicklung wie mit Blick auf die genannten Formen katholischer Frömmigkeit immer kritisch gewesen. Sie hat darauf hingewiesen, dass in der Heiligen Schrift und im altkirchlichen Bekenntnis von alledem nichts zu lesen ist. Das hat freilich auch dazu geführt, dass Maria allzu sehr an den Rand gerückt ist. Immerhin ist in evangelischen Advents- und Weihnachtsliedern, -texten und -bildern Maria durchaus präsent. Auch in der bildenden Kunst spielt Maria natürlich eine bedeutsame Rolle.

Die Erwähnung Marias im Bekenntnis hat u. a. die Funktion zu bezeugen: Hier ist ein realer, wirklicher Mensch geboren worden. Martin Luther hat eine seiner

102 In der Apostolischen Konstitution Pius´ XII. »Munificentissimus Deus« vom 1. Nov. 1950: DH Nr. 3900–3904. Diese Dogmatisierung hat im evangelischen Raum einen Sturm der Entrüstung hervorgerufen. Gegenwärtig wird in der katholischen Theologie versucht, dieses Dogma im Sinne einer eher allgemeinen Aussage über die Heilszukunft des Menschen zu interpretieren.

103 In romanischen Ländern ist die Marienverehrung z. T. zu richtigem Marienkult ausgebildet. Es werden auch Orte von Marienerscheinungen verehrt: Lourdes etc.

schönsten Schriften der Auslegung des Lobgesangs der Maria gewidmet und dort auch die Mutter des Herrn über alles gepriesen.[104] Sie ist für Luther Zeugin und Vorbild des Glaubens, wie besonders in ihrem »Fiat mihi« (Lk 1,38) zum Ausdruck kommt. Hier erweist sie sich als ein Mensch, der voll und ganz dem Dienst Gottes hingegeben ist, was auch immer Gott mit ihr vorhat. Darüber hinaus gibt es gegenwärtig in ökumenischer Gemeinsamkeit eine ganz neue Art der Besinnung auf die Gestalt der Maria.[105] Sie wird nicht mehr nur als fromme Magd, sondern als protestierende Frau gezeichnet, die die gegebenen gesellschaftlichen Zustände in Frage stellt. Der Bezugstext aus der Bibel ist wiederum das »Magnificat« – jener ihr in den Mund gelegte Psalm aus Lk 1, den J. S. Bach und andere vertont haben. Auch im evangelischen Raum gilt er als besonders adventlicher Text. In der Geschichte kirchlichen Betens hat er seinen Ort im täglichen Abendgebet. In diesem Text ist in der Tat Revolutionäres zu lesen: »Er stößt die Gewaltigen vom Stuhl und erhebt die Niedrigen, die Hungrigen füllt er mit Gütern und lässt die Reichen leer.« (Lk 1,52 u. 53) Im Lichte solcher Aussagen gewinnt Maria heute ganz andere Konturen als die, die weithin in der Tradition der marianischen Frömmigkeit vorgeherrscht haben. Wir begreifen zunehmend, dass gerade auch das eine Seite von Weihnachten ist. Es zeigt auf seine Weise ein radikale Umwertung der Werte. Und so weist auch die Gestalt der Maria, die evangelische und katholische Frauen für sich ganz neu entdeckt haben, auf den, um dessentwillen sie in unserem Bekenntnis steht: auf Jesus von Nazareth.

104 M. Luther: Das Magnificat verdeutschet und ausgelegt. 1520 und 1521, in: WA 7, S. 544–604.

105 Vgl. W. Beinert u. a.: Maria – eine ökumenische Herausforderung, Regensburg 1984. Darin z. B. der Beitrag von Christa Mulack.

Damit haben wir die Aussagen des Glaubensbekenntnisses über Person und Herkunft des Jesus von Nazareth abgeschritten. Nun müsste es darum gehen, was dieser Mensch Jesus von Nazareth, in dem nach dem Glauben der Christen Gott selbst in dieser Welt erschienen ist, getan und gesprochen hat und wie das auf seine Mitmenschen wirkte. Wir haben schon festgestellt, dass das im Glaubensbekenntnis nicht ausdrücklich geschieht. Der irdische Lebensweg Jesu von Nazareth kommt zu Ziel und Erfüllung in seinem Tod am Kreuz. Im Kreuz summiert sich, was er getan und gesagt hat. Das Glaubensbekenntnis spricht, nachdem es die Geburt Jesu aus der Jungfrau Maria benannt hat, sogleich vom Kreuz.

6. Der Gekreuzigte

Das Kreuz ist die Mitte und deshalb auch das Symbol des Christentums. Das Kreuz begegnet auf Altären, auf Kirchtürmen, auf Friedhöfen, an Wegrändern (in katholischen Gegenden), in Wohnungen, als Schmuckgegenstand, auch in der alternativen Jugendszene. Es begegnet mit und ohne Corpus. Gläubige Menschen schlagen das Kreuzeszeichen als Segenszeichen (auch Luther hat es empfohlen) – übrigens: katholisch und orthodox unterschiedlich. Aber man stößt sich auch am Kreuz. Der Realismus des Kruzifixes mit Corpus war ja der Grund, weshalb (ausgerechnet!) von einem Anhänger der »Christengemeinschaft« die Klage gegen die Kruzifixe in deutschen Schulen angestrengt wurde. Den frommen Juden ist es ein unerträglicher Gedanke, dass es der Messias sein soll, der da am Kreuz hängt. Gerade auch wegen seiner Kreuzigung kann er nicht der Messias sein. Er kann aus jüdischer Sicht aber immerhin als Repräsentant des leidenden jüdischen Volkes angesehen werden, als Bruder Jesus – aber nicht als Erlöser. Im Koran hingegen wird schlicht in Abrede gestellt, dass Jesus überhaupt gekreuzigt wurde – es war ein anderer, den man später für Jesus gehalten hat. Die Kreuzigung eines Propheten Allahs (und der war Jesus nach dem Koran) ist ein unvorstellbarer Gedanke. Das alles zeigt: Es ist durchaus nichts Selbstverständliches, dass das Kreuz zentrales Symbol des christlichen Glaubens ist. Das Kreuz des Erlösers markiert einen tiefen Unterschied zwischen den großen Religionen – etwas, das in der berühmten Ringparabel von Lessing nicht gesehen wird. Was aber bedeutet für Christen das Kreuz Jesu?

a) Das Kreuz als historisches Faktum

Das Kreuz ist zunächst einmal eine nackte historische Tatsache.[106] Das wird durch die im Grunde erstaunliche Erwähnung des Pontius Pilatus, eines römischen Politikers, im Glaubensbekenntnis manifest. Dieser Pilatus ist dadurch weltgeschichtlich berühmt geworden wie kaum ein anderer Politiker der Antike, er ist in jedem christlichen Gottesdienst mit Namen gegenwärtig. Er war, wie wir wissen, ein sicher begrenzt mächtiger, aber doch auch wieder ängstlicher und in manchem unentschlossener römischer Statthalter in Palästina, ein Vertreter der ungeliebten Besatzungsmacht – eine von vielen in der langen Geschichte Palästinas und des jüdischen Volkes. Wie kommt er ins christliche Credo? Eine einleuchtende Vermutung ist es, dass an dieser Stelle der geschichtliche, der weltgeschichtliche Haftpunkt des Jesusgeschehens ausdrücklich benannt werden soll (wie in der Weihnachtsgeschichte des Neuen Testaments die Erwähnung des Kaisers Augustus und des Statthalters Kyrenius). Gerade nachdem wir gesehen haben, wie im zweiten Glaubensartikel auch Dichtung

106 Vgl. J. Gnilka, a. a. O., Kap.11; P. Stuhlmacher, a. a. O. § 11.

des Glaubens zu Worte kommt, um die Bedeutung Jesu von Nazareth auszudrücken, ist es nun von Gewicht, dass die Historizität dieses Jesus und seines Geschicks unterstrichen wird. Das Bekenntnis zu Jesus Christus ist ein Gewebe aus Historie und Deutung, ist gedeutete Historie – aber eben: Historie (wobei Deutung dann auf eine tiefere Schicht des Wirklichen verweist). Pontius Pilatus steht nicht nur dafür, dass es diesen Jesus tatsächlich als historische Gestalt gegeben hat, sondern vor allem dafür, dass er umgebracht worden ist unter bestimmten Umständen zu einem ganz bestimmten Zeitpunkt der Geschichte. Das kann niemand bestreiten, der nüchtern hinblickt, ob Christ oder nicht. Der Jude Jesus – so muss man noch konkreter sagen – ist unter römischer Herrschaft als Verbrecher hingerichtet worden; denn das Kreuz war die Strafe für Verbrecher, eine grausame Todesart.

Es gibt eine Diskussion um die Frage, ob und inwieweit die Juden damals Schuld hatten am Tode Jesu. Unter dem Stichwort »Antijudaismus im Neuen Testament« werden Beobachtungen zusammengestellt, die dafür sprechen, dass in die neutestamentlichen Überlieferungen Elemente einer späteren antijüdischen Einstellung der christlichen Gemeinde eingeflossen sind – gewissermaßen der Anfang jenes christlichen Antisemitismus, der in der Geschichte des christlichen Europa eine sehr dunkle Rolle spielen sollte.[107] Haben sich solche Tendenzen nicht auch in den Berichten über Prozess und Kreuzigung Jesu niedergeschlagen? Tatsächlich kann eine Formulierung wie der nach dem Matthäus-Bericht den Juden in den Mund gelegte Ruf: »Sein Blut

107 Art. Antisemitismus III. Im Neuen Testament, in: Theologische Realenzyklopädie Bd.3. Berlin 1978, S. 122 ff.; T. Holt: Jesus aus Nazareth (a.a.O.), S. 133 ff. Speziell zur Frage der Ursache des Todes Jesu vgl. den Abschnitt »Causa mortis« bei J. Gnilka, a. a. O., S. 304 ff.

komme über uns und unsere Kinder« (Mt 27,25) in diese Richtung weisen – es ist eine Wendung, die im Markusevangelium noch fehlt, ebenso im Bericht des Lukasevangeliums. Es dürfte allerdings zu einfach sein, in der Beschuldigung jüdischer Instanzen ausschließlich spätere antijüdische Ideologie zu sehen und allein die römische Behörde für diesen Justizmord (oder -irrtum) verantwortlich zu machen. Denn es ist ganz gewiss auch ein religiöser Konflikt, der schließlich eskalierte.[108] Die damaligen jüdischen Behörden – nicht: das jüdische Volk – haben offenbar in makabrem Zusammenspiel mit den Römern den Tod Jesu herbeigeführt. Es sind historisch einmalige Umstände, die zu diesem Ereignis geführt haben und die es an einem bestimmten Ort und Zeitpunkt der Weltgeschichte festmachen.

b) Die Mitte des Glaubens

Mit dem, was hier historisch festzustellen ist, befinden wir uns nun aber zugleich im Zentrum des christlichen Bekenntnisses. Der, an den die Christen als an ihren Herrn glauben, ist wie ein Verbrecher hingerichtet worden. Der Glaube bekennt jedoch, dass genau durch dieses schlimme Geschehen Gott zum Heil der Welt gehandelt hat. Es ist kein Zufall, dass die vier Berichte des Neuen Testaments über Leben und Wirken Jesu die Passion Jesu in einer unverhältnismäßigen Breite und Ausführlichkeit darstellen. Der große Neutestamentler Martin Kähler hat die Evangelien geradezu »Passionsberichte mit ausführlicher Einleitung« genannt. Schon diese Ausführlichkeit deutet an, dass es hier um mehr geht als um historische Reportagen. Tatsächlich erweisen sich die Passionsberichte von Schritt zu Schritt als deutende Erzählungen des Glaubens mit viel Symbolik,

108 T. Holtz, ebd., S. 137.

die die Tiefenschicht dessen, was der Glaube hier sieht, zur Sprache bringen. Das trifft in ganz besonderem Maße für den Bericht des Johannesevangeliums zu. Bereits die unterschiedlichen Angaben über das Todesdatum Jesu – bei den Synoptikern einerseits, bei Johannes andererseits[109] – stellen zwei unterschiedliche Glaubensinterpretationen dar. Auch in der Abendmahlsüberlieferung, die eine nachösterliche liturgische Stilisierung aufweist, spiegelt sich der Glaube der frühen Christenheit im Zusammenhang mit ihrem Mahl zum Gedächtnis Jesu wider.[110] So gesehen setzen die späteren berühmten Vertonungen der biblischen Passionserzählungen – insbesondere die Passionen Johann Sebastian Bachs mit ihren zusätzlichen verbalen und ihren musikalischen Ausdeutungen des Geschehens – fort, was in den Evangelienberichten angelegt ist.

Der Wortlaut des Apostolischen Glaubensbekenntnisses ist gegenüber den ausladenden Evangelienberichten außerordentlich einsilbig – nachdem über den Lebensweg und die Verkündigung Jesu ohnehin nichts gesagt ist. Es werden ganz schlicht einfach nur die »nackten« Tatsachen der Kreuzigung Jesu unter Pontius Pilatus, seines Begräbnisses und seines Abstiegs in das Reich der Toten genannt. Man kann freilich Rückschlüsse daraus ziehen, dass es Jesus Christus, der Sohn Gottes und unser Herr ist, dem das Kreuzesgeschick widerfuhr, und daraus, dass der Gekreuzigte am dritten Tage auferstanden ist, in den Himmel fuhr, zur Rechten Gottes sitzt und zum Gericht wiederkommen wird. Offensichtlich kommt es dem Bekenntnis auf diese »Eckpunkte« des Weges Jesu in besonderer Weise an. Eine knappe deutende Zusatzbemerkung zum Faktum des

109 Nach Johannes stirbt Jesus zur Zeit, da die Passalämmer geschlachtet werden. Nach den Synoptikern ist dies erst der Tag des letzten Mahles Jesu, und Jesus stirbt am Tag danach.

110 Insbesondere im Deutewort zum Wein.

Todes Jesu macht jedoch das Nizänische Bekenntnis, wenn es formuliert, dass Jesus Christus »für uns« gekreuzigt wurde. Damit ist jener Deutungsschlüssel genannt, der für die biblische Überlieferung vom Tod Jesu und für die Theologie und die Verkündigung des Todes Jesu durch zweitausend Jahre grundlegend war und ist.

c) Die Erlösung durch das Kreuz

Im Neuen Testament findet sich durchgängig die Auslegung dieses Geschehens der Kreuzigung Jesu als ein Heilshandeln Gottes »für uns« bzw. »für die Welt«, ein Heilshandeln inmitten des offensichtlichen Desasters.[111] Dass Jesus das Lamm Gottes ist, das für die Sünden der Welt sterben musste, bekennt Johannes der Täufer im Johannesevangelium (Joh 1,29). Dass Christi Opfertod anderen Gerechtigkeit brachte, ist die Botschaft des Paulus (vgl. Röm 3 u. 6). Der Hebräerbrief zeichnet Christus als den Hohenpriester, der sein eigenes Leben ein für allemal für die Sünden der Welt aufopfert – anstelle des Blutes der Böcke und Stiere. Solche Deutung des Todes Jesu ist auch in evangelische Passionslieder eingegangen. »Ein Lämmlein geht und trägt die Schuld der Welt und ihrer Kinder, es geht und büßet in Geduld die Sünden aller Sünder« – und dies als Ratschluss des Vaters, der ihm diese Last auflegt. Die frühe Christenheit hat bei der Verarbeitung des Kreuzigungsgeschehens auf Denkmodelle des Alten Testaments zurückgegriffen, also sozusagen auf die Bibel der Christen zur Zeit des Neuen Testaments. Es ist Schritt für Schritt zu belegen, wie die erwähnten Deutungsversuche bei Paulus, Johannes und besonders im Hebräerbrief auf alttestamentlichen Denkmustern beruhen. Die kultische Praxis der Tieropfer im Jerusalemer

---

111 Vgl. die Übersicht über verschiedene Deutungen des Kreuzestodes Jesu bei U. Kühn: Christologie, a .a. O. (Anm. 74), S. 127 ff. 288 ff.

Tempel stand im Hintergrund, an anderen Stellen der leidende Gottesknecht, der stellvertretend die Sünden der Welt trägt: »Die Strafe liegt auf ihm, auf dass wir Frieden hätten, und durch seine Wunden sind wir geheilt.« (Jes 53,5, aus der alttestamentlichen Lesung des Karfreitag) Ein von Gott gesandter Mensch trägt Strafe und Leid anstelle derer, die es eigentlich verdienen.

Diese Linie der biblischen Deutung des Todes Jesu ist im Mittelalter durch den großen Philosophen und Theologen Anselm von Canterbury (11. Jh.) mit Hilfe von germanischen Rechtsvorstellungen weiterentwickelt worden und hat die künftige Theologie – auch das theologische Nachdenken der Reformation über die Bedeutung des Kreuzes Jesu – nachhaltig beeinflusst.[112] Anselm sagt etwa so: Gottes Ehre war durch die Sünde der Menschen verletzt. Das forderte entweder die Vernichtung des Menschengeschlechts oder eine Genugtuung. Eine vom Menschen zu erbringende Genugtuung konnte aber kein normaler sündiger Mensch leisten, sondern allein der Gottmensch Jesus, der – als Gottes Sohn – überhaupt aus diesem Grunde Mensch geworden ist (daher der Titel der Schrift Anselms: »Cur Deus homo?« – »Warum Gott Mensch wurde«). Die Genugtuung geschah dadurch, dass Jesus sein Leben als Opfer Gott dem Vater zur Versöhnung darbrachte.

Vermutlich ist es uns nicht ganz leicht, diese Gedanken nachzuvollziehen. Dass Gott ein Opfer braucht, um uns gnädig zu sein, dass er zu diesem Zwecke seinen eigenen Sohn leiden lässt – welches Gottesbild verbirgt sich dahinter, einmal ganz abgesehen von der Anselmschen Zuspitzung, dass hier eine Genugtuung zu leisten war? Dorothee Sölle hat hier von »theologischem Sadismus« gesprochen.[113] Und sie hat auf die sozialpsy-

112 Vgl. Art. 4 des Augsburger Bekenntnisses (1530), wo die Rede davon ist, dass in seinem Tod Jesus für unsere Sünden »genuggetan« hat.

113 D. Sölle: Leiden, Stuttgart 9. Aufl. 2002, S. 36 f.

chologischen und sogar die politischen Auswirkungen verwiesen. Andere haben darauf hingewiesen, dass Jesus ja bereits während seines Erdenweges Gottes Barmherzigkeit und Vergebung zu den Menschen brachte – wieso bedurfte es dann noch dieses zusätzlichen Opfers?

Es ist zunächst die Einsicht wichtig, dass im Neuen Testament auch noch andere Möglichkeiten der Deutung des Todes Jesu zu finden sind. Da heißt es z. B. schlicht, dass Jesus Treue bis in den Tod hinein gehalten und damit ein Bekenntnis des Glaubens vor Pontius Pilatus geleistet hat (1Tim 6,13). An anderer Stelle wird Jesus einer Wolke von Zeugen des Glaubens, die für ihren Glauben den Tod erleiden mussten, an die Seite gestellt als der, der der Anfänger und Vollender des Glaubens ist und freiwillig das Kreuz auf sich nahm (Hebr 12,2). Diese Treue ist dann sozusagen das Siegel auf all das, was er während seines Erdenweges den Menschen nahegebracht hat. Es ist auch von Jesus als von dem guten Hirten die Rede, der sein Leben für die Schafe lässt (Joh 10,11 f. vgl. 1Petr 2,25). Oder er ist der Gerechte, der wie andere Gerechte unschuldig zu leiden hat und darin Solidarität mit den Leidenden übt (vgl. Mt 5,10). »Theologischer Sadismus« ist hier wirklich nicht zu finden. Die Christen haben von Anfang an auf verschiedene Weise versucht, dem scheinbar sinnwidrigen Geschehen einen Sinn zu geben. Dies hat sich in der Geschichte fortgesetzt, auch z. B. in der christlichen Kunst. Eindrücklich ist immer wieder die unterschiedliche Darstellung des Gekreuzigten in Romanik und Gotik: hier der Sieger, dort der unsäglich Leidende. Erstaunlich ist auch die Deutung in den Passionen Bachs: der sieghafte Gekreuzigte der Johannespassion, von dem es heißt »Herr unser Herrscher, dessen Ruhm in allen Landen herrlich ist« (eine kongeniale Erfassung des johanneischen Christus), mit dem ausdrücklichen Bezug zur Auferstehung: »Jesu, der du warest tot, lebest nun ohn'

Ende.« Demgegenüber der Christus der Matthäuspassion, um dessen Tod die Töchter Jerusalems zu weinen und zu klagen aufgefordert werden und wo es am Ende heißt: Wir setzen uns mit Tränen nieder.[114]

Christen werden heute in ihrem Glauben die Akzente ebenfalls unterschiedlich setzen. Und auch in der Theologie finden sich unterschiedliche Zugänge zur Deutung des Todes Jesu. Statt der Deutung des Todes Jesu als Opfer für unsere Sünden ist der Gedanke zunächst zugänglicher, dass Jesus dem, was er für die Menschen an Liebe und Gottesnähe und Befreiung brachte, treu blieb, dass er sein Werk nicht widerrief, nicht floh und dafür hingerichtet wurde. Sein Tod war tatsächlich eine Art Siegel der Glaubwürdigkeit auf seine Botschaft und sein Leben. Und er war ein Stück Solidarität des Leidens mit denen, die in dieser Welt Unrecht zu leiden haben. Denn es kulminiert ja in diesem Geschehen das Unrecht, der Hass gegen Menschen, die in dieser Welt auf der Seite Gottes stehen (wie schon die alten Propheten). Und vielleicht ist bei denen, die ihn beiseite drängen, sogar ein Stück Angst im Spiele angesichts der Erfahrung oder des Gespürs, dass in diesem Menschen Gott unausweichlich nahe kommt.

Dem tieferen Nachdenken könnten sich dann doch noch weitere Gedanken aufdrängen. Gott hätte ja diesem Hass Einhalt gebieten können, aber er hat es nicht getan. Er hat die Menschen ihr Spiel bis ans bittere Ende spielen lassen – wie auch sonst in der Weltgeschichte. Das ist aber ein Stück des Gerichts Gottes, das über dieser Welt liegt: Gott gibt die Menschen dem Lauf ihrer Gedanken und Taten preis, er »gibt sie dahin« (Röm 1,24.26), er lässt sie die Früchte ihrer Taten ernten. So gesehen, musste Jesus ein Stück des Gerichtes Gottes, das über der Welt liegt, erfahren. Die in ihm erschienene

114 Karl Barth hat die Matthäuspassion als eine Art Grabgesang kritisiert (KD IV/2, S. 280).

Liebe und Barmherzigkeit Gottes geriet unter das Gericht Gottes, der den Menschen nicht Einhalt gebot. Sein Tod wurde in diesem tiefen Sinne zum Preis für die Liebe, die er gebracht hat. Nicht eine zu leistende Bedingung für Gottes Barmherzigkeit war der Tod Jesu. Vielmehr markiert er die Umstände, unter denen allein in dieser Welt Gottes Liebe ihren Weg gehen kann. Diese »gekreuzigte Liebe« Gottes ringt mit dem Gottesgericht, das über der Welt liegt. Das Bekenntnis des Glaubens ist es dann, dass in diesem Ringen der Unterlegene den Sieg davongetragen hat, dass dieser Justizmord eine Durchbrechung der Todeslogik darstellt – »für uns«. Der Sieg der in Jesus erschienenen Liebe Gottes über Gottes Gerichtshandeln wurde von Gott in der Auferweckung des Gekreuzigten bestätigt. Es war demnach keine »billige«, sondern eine »teure« Gnade,[115] die dem Sohn Gottes das Leben kostete. Sind wir hier vielleicht doch in der Nähe dessen, was die frühen Christen im Lichte des Alten Testaments zu sagen versuchten: »Die Strafe liegt auf ihm, auf dass wir Frieden hätten, und durch seine Wunden sind wir geheilt«?

Dass das Kreuz das zentrale Symbol des christlichen Glaubens ist, markiert die Eigenart des christlichen Glaubens an Gott überhaupt. Es ist kein Zufall, sondern durch ein anderes Gottesverständnis verursacht, dass der Koran auch nur das Faktum des Todes Jesu in Abrede stellt. Christen bekennen sich, indem sie das Kreuz als Heilsgeschehen bekennen, dazu, dass Gott selbst in diesem Leiden und Sterben gelitten hat und mitgestorben ist. Denn in diesem Jesus war Gott selbst unterwegs in dieser Welt – das ist der Sinn des Bekenntnisses zu Jesus, dem Sohne Gottes. Gott selbst hat die Mühsal und Beschwernis auf sich genommen, die über unserer Todeswelt liegt. Das ist die Art, wie Gott nach dem Zeug-

115 Vgl. die Formulierungen bei D. Bonhoeffer in seiner Schrift »Nachfolge« (1937).

nis des christlichen Glaubens in der Welt am Werk ist. Er unterwirft sich dem, was seine gute Schöpfung verunstaltet, um so von innen her das Unrecht und den Tod zu überwinden. Die Macht Gottes erweist sich in seiner Ohnmacht. Es ist damit nicht erklärt, warum in der Welt so viel Unrecht geschieht und so viel gelitten wird. Aber der Glaube vernimmt hier die Antwort Gottes selbst auf das Unerklärliche. Es ist eine Antwort, die eine Einladung und Bitte an die Menschen enthält, sich dem Weg Gottes in der Welt anzuschließen. Christen legen auch ihr eigenes Leid in Gottes Hände. »Er hat die ganze Welt in seiner Hand.« Freilich weigern sie sich zugleich, das Leid und Unrecht der Welt als solches dem Willen Gottes anzulasten – es sozusagen als gottgeschicktes Schicksal einfach nur zu akzeptieren. Sie protestieren mit Gott und im Namen Jesu gegen die Pervertierung der guten Schöpfung Gottes. Und sie haben die Hoffnung und Gewissheit, dass in diesem Streit der Sieg letztlich auf Seiten Gottes liegt, der Jesus von den Toten auferweckt hat. Insofern ist das Bekenntnis zum Gekreuzigten zugleich das Wort der Christen zur Theodizeefrage.

d) Begräbnis und Hadesfahrt

Es ist noch auf zwei weitere Bemerkungen des Glaubensbekenntnisses einzugehen: »er wurde begraben«, »er ist hin abgestiegen in das Reich des Todes«. Die erste der beiden Aussagen will die Realität des Todes Jesu unterstreichen. Er ist von seinen physischen und psychischen Bedingungen her ein Mensch wie andere Menschen auch, er ist kein Halbgott, sein Tod war daher auch kein Scheintod. Vielleicht erscheint es uns heute merkwürdig, dass das Bekenntnis das betont. Damals gab es aber die sog. doketische Gefahr, d. h., es gab eine Glaubensvorstellung, die Jesus nun in der Tat für so etwas wie ein halbgöttliches Wesen hielt; die meinte, dass seine Leiblichkeit für ihn nicht bis zum Letzten bedrängend war, dass er sozusagen über dem stand, was die Menschen ihm antaten. Der Erlöser konnte und durfte demnach nicht bis zum Letzten mit dem Elend der Menschen verbunden sein, er musste darüberstehen, um sie erlösen zu können. Das Bekenntnis sagt dazu: Nein. Der Erlöser war ein elender Mensch, und er musste es sein, um zu ermessen, was Menschen zu leiden haben. Das ist später mit der Aussage über die wahre menschliche Natur festgehalten worden.[116] Das Göttliche an Jesus ist in der Tiefe, in der Niedrigkeit präsent. Diese Aussage »er wurde begraben« ist im Übrigen auch wichtig für ein richtiges Verständnis der Auferstehung, wovon noch zu reden sein wird.

Das Reich des Todes, in das Jesus hinabgestiegen ist, ist eine aus dem Alten Testament übernommene Vorstellung. Es versammeln sich dort die Verstorbenen, aber fern von Gott, ohne das Lob Gottes auf den Lippen, es ist ein Zustand des Abgeschiedenseins vom Leben. Erst ganz am Ende der alttestamentlichen Verkündigung klingt die Hoffnung an, dass es vielleicht nicht das letzte Stadium des Menschen sein muss, dass es wenigstens für die Glaubenden eine Hoffnung gibt. Wenn nun diese Vorstellung mit dem Tode Jesu verbunden wird, so kann das einen doppelten Sinn haben (und beides ist in der Geschichte des Nachdenkens über diese Bekenntnisaussage vertreten worden).[117] Es kann einmal eine Steigerung des Begrabenseins meinen: Jesus hat das Geschick der Toten geteilt, wie es im Alten Testament beschrieben ist, fern von Gott und vom Leben. Der Verlassenheitsruf Jesu am Kreuz (Mk 15,34) gewinnt hier seine äußerste Tiefe. In den Tod leuchtet keine Hoffnung hinab. Aber daneben gibt es eine andere Auslegung, die sich auf

116 In der bereits erwähnten 2-Naturen-Aussage des Konzils von Chalkedon 451.

117 Vgl. P. Althaus: Die christliche Wahrheit, 8. Aufl. Gütersloh 1969, § 46.

zwei neutestamentliche Stellen stützt. Hiernach wäre der Sinn der Hadesfahrt Jesu, den vor ihm Verstorbenen zu begegnen, und zwar jenen, die zu Lebzeiten nicht geglaubt haben. Ihnen wollte er etwas von seiner lebensbringenden Botschaft verkündigen und so ein neues Licht in diese Finsternis tragen. »Er hat gepredigt den Geistern im Gefängnis, die vorzeiten nicht glaubten.« (1Petr 3,19 f.) Es wäre die Hadesfahrt dann bereits ein Stück des Siegeszuges Jesu, der dann in der Auferstehung offenkundig wird.

Die Aussage über die Hadesfahrt Jesu ist wiederum kein »historisches« Faktum, aber eine tiefe Deutung der Dimensionen des Todes Jesu. Die als Zweites genannte Auslegung gibt im Übrigen eine sehr frühe Antwort auf eine Frage, die heute manchen Christen bewegt, nämlich diejenige nach dem Schicksal derer, die ohne Glauben an Christus gelebt haben und gestorben sind. Das mag von außen gesehen eine vielleicht nicht so aktuelle Fragestellung sein. Für einen Menschen, für den allein im Glauben an Christus Heil gegeben ist, ist das schon ein Problem. In der Auslegung der Hadesfahrt als Teil des Siegeszuges Jesu wird, wenn auch in mythologischer Form, eine Christusbegegnung von Menschen denkbar, die vor Christus gelebt haben. Es ist ein Gedanke, der die Universalität des in Christus erschienenen Heils sozusagen in der geschichtlichen Dimension unterstreicht. Die Frage, ob auch in horizontaler Ausdehnung – also mit Blick auf den nichtchristlichen Teil der Menschheit seit Jesu Auftreten in der Geschichte und dann auch heute – eine solche Universalität auszusagen ist, wird uns später beschäftigen.

Ein Hinweis sei am Ende dieser Überlegungen zum Sinn des Kreuzestodes Jesu noch angefügt. Es lässt sich ein bemerkenswerter Bogen von der Passion Jesu zum Geheimnis der Weihnacht, der Menschwerdung schlagen. Dies ist durch das Thema der erwähnten Schrift Anselms von Canterbury zur Deutung des Todes Jesu schon manifest geworden: Warum wurde Gott Mensch? Diese Frage gewinnt für Anselm im Ereignis des Karfreitags ihre Antwort. Wir können hier aber auch noch einmal auf J. S. Bach verweisen. In der Matthäuspassion verwendet er im Schlusschor des I. Teiles den 1. Vers des Passionsliedes »O Mensch bewein dein Sünde groß«, wo es dann heißt: »Von einer Jungfrau rein und zart für uns er hier geboren ward, er sollt der Mittler werden.« – Passion im Lichte von Weihnachten. Und umgekehrt wird im Weihnachtsoratorium das Adventslied »Wie soll ich dich empfangen« auf die Melodie des Passionschorales »O Haupt voll Blut und Wunden« gesungen. Im 19. Jahrhundert hat Eduard Mörike dieselbe Verbindung in seinem zarten Gedicht »Auf ein altes Bild« ausgesprochen, das Hugo Wolf unvergesslich vertont hat: »In grüner Landschaft Sommerflor, bei kühlem Wasser, Schilf und Rohr, schau, wie das Knäblein sündelos frei spielet auf der Jungfrau Schoß. Und dort im Walde wonnesam, ach, grünet schon des Kreuzes Stamm.« Wieder hat ein Dichter mehr geschaut, als es einem Historiker möglich und erlaubt ist. Zu Weihnachten – in der Krippe – beginnt ein Weg in der Niedrigkeit und in der Härte des Lebens, der schon zur Verfolgung des Kindes durch Herodes führte, der sozusagen programmatisch den Konflikt nicht vermied und der deshalb konsequent am Kreuz endete. Und nur deshalb, weil er diese Härte nicht gescheut hat, hat Jesus der Welt das Leben gebracht.

7. Auferstehung, Himmelfahrt und Wiederkunft Christi

Ostern ist seit alters das eigentliche hohe Fest der Christenheit. Daran erinnern uns gegenwärtig vor allem die orthodoxen Kirchen des Ostens. Hier wird das Osterfest in unglaublichem Glanz begangen, vor allen anderen

Festen der Kirche. »Der Herr ist auferstanden – er ist wahrhaftig auferstanden«: So begrüßten und begrüßen die Christen einander in der festlich begangenen Osternacht, einem Gottesdienst von mehreren Stunden. Die Osternachtfeier war in der alten Kirche zugleich der eigentliche Tauftag. Die Taufbewerber wurden über Wochen auf ihre Taufe vorbereitet, durch Unterweisung und zuletzt durch die mehrwöchige Fastenzeit. Und nach ihrer Taufe trugen sie eine Woche lang weiße Kleider – bis zum sog. »Weißen Sonntag«, dem Sonntag nach Ostern mit dem Namen »Quasi modo geniti« – »Wie die neugeborenen Kinder« (nach 1Petr 2,2). Damit nicht genug: Im Grunde feiert die Christenheit jede Woche Ostern. Der Sonntag als der erste Tag der Woche[118] ist der wöchentlich wiederkehrende Tag der Auferstehung. Der Weg vom Freitag zum Sonntag ist als ein wöchentlicher Weg vom Tod Christi zu seiner Auferstehung verstehbar, als ein »Passageschehen«[119]. »Ist Christus nicht auferstanden, so ist euer Glaube nichtig«, sagt Paulus (1Kor 15,17). Das ganze Neue Testament ist im Grunde Auferstehungszeugnis, denn es berichtet über Jesus von Nazareth im Lichte von Ostern, und die Gemeinden werden von Ostern her gemahnt und getröstet. Auch Weihnachten hat sein Licht von der Osterbotschaft her empfangen, die Christen haben von Ostern her die Kunde vom Ursprung und der Herkunft Jesu verbreitet.

In unserem westkirchlichen Bewusstsein – und zumal im allgemeinen Brauchtum – tritt Ostern allerdings deutlich hinter Weihnachten (in der evangelischen Frömmigkeit auch hinter Karfreitag) zurück. Dennoch

---

118 Wir haben uns daran gewöhnt, vom »Wochenende« zu sprechen. In den Kirchen gilt jedoch bis heute der Sonntag (und nicht der Montag) als der Beginn der neuen Woche, die auch vom jeweiligen Sonntag her ihren Namen hat.

119 Als solches wird es Woche für Woche gegenwärtig z. B. in der Gemeinschaft von Taizé (Frankreich) ausdrücklich begangen.

ist die Aufregung um den Osterglauben bemerkenswert, wie er durch Publikationen – bis hin in die Medien – immer wieder stimuliert wurde.[120] In der Theologie und darüber hinaus in der Öffentlichkeit haben in Bezug auf Ostern zuletzt die Thesen des Göttinger Professors Gerd Lüdemann für Diskussionen gesorgt.[121]

Lüdemann hat mit in der Fachwelt längst bekannten, aber einseitig verwerteten Thesen die Wirklichkeit der Auferstehung in Frage gestellt und das Glaubensbekenntnis gerade an dieser Stelle als heute unzumutbar bezeichnet. Sind Kirche und Theologie von Dunkelmännern bestimmt, die das helle Licht der Vernunft scheuen? Wie insgesamt für die Erzählungen von Jesus, so trifft gerade auch für die Auferstehungsberichte des Neuen Testaments zu, dass es ja in erster Linie die christlichen Theologen selbst waren, die – seit wenigstens 200 Jahren – die

---

120 Ostern ist auch heute noch für Skandalberichte gut. Die Leipziger Volkszeitung kündigte kurz vor Ostern 1996 eine Sendung der BBC an, nach der Jesus mit seiner Frau, seinem Sohn und seinen beiden Eltern in einem Familiengrab in Jerusalem gelegen habe – und fügte die Bemerkung eines Oxforder Theologieprofessors hinzu: Wenn das stimme, würde er seinen Glauben aufgeben. Der »Spiegel« bringt mit einer gewissen Regelmäßigkeit insbesondere zu den großen christlichen Festen angebliche Enthüllungen.

121 G. Lüdemann: Die Auferstehung Jesu. Historie. Erfahrung. Theologie, Göttingen 1994. – Dazu kritisch u. a.: W. Pannenberg: Die Auferstehung Jesu – Historie und Theologie, in: Zeitschrift für Theologie und Kirche 91, 1994, 318–328. Die Kirche hatte Lüdemann danach die Prüfungserlaubnis entzogen. Inzwischen hat sich Lüdemann ganz vom christlichen Glauben losgesagt (vgl. G. Lüdemann: Die Auferweckung Jesu von den Toten, Lüneburg 2002, S. 9 f.). Die Fachkollegen haben sich von ihm distanziert. – Warum solche Destruktion in der Öffentlichkeit ein so großes Echo findet, bleibe dahingestellt: Weil damit die muffige Kirche getroffen wird? Oder weil endlich bewiesen ist, dass unsere ganze abendländische Kultur auf tönernen Füßen steht? Oder weil eine bessere, vernünftige Erklärung möglich ist?

Quellen kritisch nach ihrer historischen Glaubwürdigkeit befragt haben. Sie haben ein minutiöses Instrumentarium entwickelt, um den Dingen auf den Grund zu gehen. Ein Name wie der des Marburger Neutestamentlers Rudolf Bultmann (gest. 1976), der in diesem Zusammenhang mit Recht immer mit an erster Stelle genannt wird, ist der Name eines Wissenschaftlers von einmaligem Rang. Es ist dann nur bedauerlich, dass die Meinungen dieser Forscher in der Regel nur zur Hälfte popularisiert werden, dass also z. B. verschwiegen wird, dass Bultmann Christ war, in den 30er Jahren zur Bekennenden Kirche gehörte und natürlich eingestimmt hat in die Osterfreude der Christen und dass er als Wissenschaftler die Relativität und Diskutierbarkeit seiner historischen Thesen von vornherein in Rechnung stellte. Selbst Gerd Lüdemann ist in seinem Buch über die Auferstehung Jesu noch behutsamer, als es in der Öffentlichkeit wahrgenommen wurde und als seine weiteren Schritte vermuten lassen.

Was also ist zum Osterglauben der Christen, wie ihn das Apostolische Glaubensbekenntnis bezeugt, heute zu sagen? Was ist und bedeutet die »Himmelfahrt« Christi? Und wie ist es mit dem Bekenntnis zu Christi Wiederkunft? Diesen Fragen gehen wir im Folgenden nach.

a) Die Auferstehung Jesu als historisches Problem

Wenn wir versuchen, in verantwortlicher Weise eine Schneise durch das Dickicht der umfangreichen Diskussion zu schlagen, so ist zunächst noch einmal an den früher mehrfach benannten Grundsatz zu erinnern: Was wir mit den Mitteln der historischen Methoden feststellen können, wie sie im 19. und 20. Jahrhundert entwickelt worden sind, ist nicht die ganze Wirklichkeit, es ist nur der objektiv feststellbare Teil dessen, was sich wirklich ereignet hat. Es geht historisch zunächst um »neutral« feststellbare Fakten, die unabhängig vom Glauben von Christen und Nichtchristen konstatierbar sind. Was also lässt sich historisch über die Vorgänge selbst und über die Deutungen, die die Berichte diesen Vorgängen geben, sagen?[122]

Die ersten Zeugnisse von der Auferstehung Jesu von den Toten finden sich ausschließlich im Neuen Testament. Sie sind Zeugnisse des Glaubens der Christen. Die Christen haben von der Auferstehung Jesu im Prinzip in doppelter Weise Zeugnis gegeben. Das eine sind relativ knappe Bekenntnisformulierungen, in denen nicht viel mehr als die Tatsache der Auferstehung ausgesagt wird, etwa: »Der Herr ist wahrhaftig auferstanden und dem Simon erschienen« (Lk 24,35); oder die Bekenntnisformulierung, die bereits Paulus übernommen und dann weitergegeben hat: »Christus ist gestorben für unsere Sünden nach der Schrift; er wurde begraben; er ist auferstanden am dritten Tage nach der Schrift; er ist gesehen worden von Kephas, danach von den Zwölfen« (1Kor 15,3–5); oder das von Paulus zitierte Christuslied, in dem es heißt: »Er erniedrigte sich selbst und ward gehorsam bis zum Tode, ja zum Tode am Kreuz. Darum hat ihn auch Gott erhöht und hat ihm den Namen gegeben, der über alle Namen ist ...« (Phil 2,8 f.) – Auferstehung und Himmelfahrt werden hier zusammengefasst im Begriff »Erhöhung«. Die andere Weise des Auferstehungszeugnisses finden wir am Ende der vier Evangelien in Form von Erzählungen, in denen, im Einzelnen unterschiedlich, von der Auffindung des leeren Grabes berichtet wird und von Engelerscheinungen, die das leere Grab deuten, z. B.: »Entsetzt euch nicht, ihr sucht Jesus von Nazareth, den Gekreuzigten. Er ist auferstanden, er ist nicht hier ...« (Mk 16,6 – die älteste Grabeserzählung) Literarisch sind die Bekenntnisformulierungen auf jeden Fall älter. Die Evangelienerzählungen tragen in-

122 Vgl. dazu H. Graß: Ostergeschehen und Osterberichte, Göttingen 4. Aufl. 1970; K. M. Fischer: Das Ostergeschehen, Berlin 1978; P. Stuhlmacher, a. a. O., § 13.

dessen ganz eindeutig ausschmückende legendenhafte Elemente, die auch die Unterschiede zwischen den Erzählungen erklären. War es *ein* Engel, der erschien (Mk, Mt) und der (nach Mt) den Stein vom Grab wälzte (Mt 28,2), wobei es aber noch zwei weitere Hüter gab – oder waren es zwei Engel (Lk)? Wurde die Nachricht sofort weitergesagt (Mt, Lk) oder zunächst noch nicht (Mk)? Übereinstimmend wird allerdings berichtet, dass es Frauen waren, die als erste das leere Grab entdeckten. Bei Johannes liest man die ausführliche Schilderung der Grabuntersuchung durch Petrus (die so in den anderen Berichten fehlt) und dann den Hinweis auf die Erscheinung Jesu selbst vor Maria Magdalena (Joh 20,14 f.).

Der Historiker wird angesichts dieser verschiedenen Zeugnisse jedenfalls zu der Überzeugung kommen, dass es nach Jesu Tod offensichtlich Visionen gegeben hat, bei denen die Anhänger Jesu meinten, ihren Herrn lebendig vor sich zu sehen. Er kann feststellen, dass die so Betroffenen der Meinung waren, es handele sich dabei nicht um die Wiederbelebung eines Toten (wie etwa im Falle des Lazarus), sondern um den Einbruch einer neuen Wirklichkeit. Und er stößt auf einen Glauben, der der Meinung ist, eine Botschaft vernommen zu haben, die den anfänglichen Zweifel und Unglauben besiegt hat. Die Meinung der Texte ist es jedenfalls, dass er selbst, Jesus, sich sehen ließ.[123] Es war das Selbstverständnis derer, die hier berichtet haben, dass ihnen nach Jesu Tod etwas widerfahren ist, das sie nicht selbst aus ihrer Seele heraus produziert haben.

Das alles kann vom Historiker festgestellt werden. Er kann analysieren, was und in welcher Form die ersten Christen über die Auferstehung gesprochen haben. Ob

123 Das besagt das viel diskutierte griechische Wort »ophthe« – »Er ließ sich sehen« in 1Kor 15,5. Vgl. dazu auch Joh 20,14 ff.; Lk 24, 13 ff. und die anderen Erscheinungsberichte.

indessen all das, was die Christen berichtet und bezeugt haben, wahr ist, ist mit diesen Analysen des Historikers noch nicht entschieden.

Noch eine wesentliche Frage ist zu erwähnen, die unter historischem Gesichtspunkt unterschiedlich beantwortet wird und auf die sich dann immer wieder auch die Debatten um die Wirklichkeit der Auferstehung konzentriert haben: Die Frage, ob das Grab Jesu drei Tage nach seiner Grablegung wirklich leer war, d. h., ob wir vom sog. leeren Grab als von einer »objektiv« gesicherten Tatsache ausgehen können. Dass es die Überzeugung der Berichte (und der Berichtenden) ist, dass das Grab tatsächlich leer war, wird man nicht bestreiten können. Jedoch: Handelt es sich bei den Berichten vom leeren Grab am Ostermorgen um die Bezeugung einer Tatsache, die von jedem – sei er gläubig, sei er nicht gläubig – festgestellt werden konnte? Oder gehört das leere Grab zu den bildhaft-legendenhaften Erzählungselementen, mit denen der Glaube nachträglich das Unbegreifliche anschaulich machen wollte? Was bedeutet es in diesem Zusammenhang, dass vom leeren Grab nur in den Evangelienerzählungen, nicht aber in den alten Bekenntnisformulierungen die Rede ist? Über diese Frage dauert das Gespräch unter den Fachleuten wie unter den Christen überhaupt an.[124] Als Argument für die Historizität des leeren Grabes wird z. B. darauf hingewiesen, dass die Auferstehungsbotschaft sich von vornherein als falsch erwiesen und sich nicht hätte halten können, wenn der Leichnam Jesu nach drei Tagen noch im Grab gelegen hätte. Natürlich geht es bei dieser Diskussion immer auch schon darum, wie die Auferstehung, wenn man sich denn zu ihr bekennt, zu denken sei. Andererseits wäre jedoch die Tatsache des leeren

124 Es sind die Namen von Theologen wie Paul Althaus, Hans von Campenhausen und Wolfhart Pannenberg auf der einen Seite, Hans Graß und Willi Marxsen auf der anderen Seite zu nennen.

Grabes als solche noch kein Beweis für die Wirklichkeit der Auferstehung Jesu. Denn diese Tatsache kann durchaus unterschiedlich gedeutet werden, wie schon im Neuen Testament deutlich wird (Mt 27,64). Damit ist aber das Stichwort für unsere nächste Überlegung genannt.

b) »Auferstehung« als Deutung des Vorfindlichen

Welche Wahrheit steckt hinter den biblischen Berichten? Was ist damals nach Jesu Tod wirklich geschehen? Diese Frage ist mit dem bisher Gesagten noch nicht beantwortet – auch nicht unter der Voraussetzung, dass das Grab leer war. Denn es ist noch offen, ob der Glaube der frühen Christen letztlich doch *nur* ihre subjektive Überzeugung war.

Es hat in der Debatte nach Bultmann ein Stichwort eine Rolle gespielt, das unter Christen und auch unter Theologen große Aufregung verursacht hat: Auferstehung sei ein »Interpretament«, mit dem die Christen sich einen Reim auf das machten, was sie erlebt haben, und zwar mit Hilfe einer Vorstellung aus der damaligen apokalyptischen Bildwelt.[125] Man hat sofort (hämisch oder erschrocken) bemerkt, hier werde ja nun definitiv festgestellt, dass der Auferstehungsglaube lediglich eine subjektive Überzeugung der frühen Christen sei. Diese nervöse Reaktion zeigt die Sensibilität des ganzen Bereichs, um den es hier geht. Noch schlimmer ist es mit Rudolf Bultmanns eigener These gegangen. Er hatte gesagt: Jesus ist in die Christusverkündigung hinein auferstanden, und der Glaube an die Auferstehung sei nichts anderes als das Bekenntnis, dass das Kreuz Jesu

---

125 W. Marxsen: Die Auferstehung Jesu als historisches und als theologisches Problem, in: Die Bedeutung der Auferstehungsbotschaft für den Glauben an Jesus Christus, hrsg. v. F. Viering, Gütersloh 2. Aufl. 1966, S. 9–40, bes. etwa S. 19.

ein Heilsereignis ist.[126] Gerd Lüdemann hat eine Deutung mit tiefenpsychologischen Kategorien versucht: Das Bekenntnis zur Auferstehung sei das Ergebnis der Trauerarbeit der Jünger, insbesondere des Petrus, nach dem Tod Jesu.[127]

Man wird begründete Kritik an diesen Versuchen üben können und müssen. Eines sollte man nicht bestreiten: Das, was historisch feststellbar ist, ist auf Deutung, auf Auslegung, auf Interpretation angewiesen, damit es die Wahrheit entlässt, die in ihm steckt. Das ist das Recht jener Rede von der Auferstehung als Interpretament. Dieses Interpretament »Er ist auferstanden« meint: Was wir erlebt haben, insbesondere dass wir ihn lebendig gesehen haben, verträgt nur eine Erklärung, nämlich dass er nicht mehr unter den Toten ist. Auch wenn das leere Grab als etwas historisch Feststehendes angesehen werden könnte, so bedarf es der deutenden Interpretation, um als Zeichen und Erweis der Auferstehung Jesu gelten zu können. Denn nach der Entdeckung des leeren Grabes gab es zunächst Zittern und Entsetzen (Mk 16,8). Und eine Deutung, wonach das Grab leer gewesen sei, weil der Leichnam Jesu gestohlen wurde

---

126 R. Bultmann: Neues Testament und Mythologie (1941), in: Kerygma und Mythos, hrsg. v. H.-W. Bartsch, Hamburg 5. Aufl. 1967 bes. S. 44–48. Für Bultmann gehört die Vorstellung der Auferstehung zu den mythologischen Elementen im Neuen Testament. Auf die Debatte um die sog. Entmythologisierung, die vor allem in den 50er Jahren geführt wurde, kann hier nicht weiter eingegangen werden. Es sei immerhin darauf hingewiesen, dass die evangelische Theologie in den 80er Jahren sich in ganz neuer Weise darauf besonnen hat, dass die Verkündigung des Geheimnisses Jesu Christi und der Geschichte Gottes mit der Welt nicht ohne mythologische Elemente auskommt, wenn sie das Geheimnis, das sie zur Sprache bringen will, nicht verfehlen soll. Vgl. den Band: Mythos und Rationalität, hrsg. v. H.-H. Schmid, Gütersloh 1988.

127 A. a. O.

(Mt 27,64; 28,13) – eine Deutung, die in der Aufklärungstheologie wiederholt wurde –, ist ja zunächst durchaus nicht auszuschließen.

Wenn Christen sich heute zur Auferstehung Jesu bekennen, dann geben sie dem, was man als Historiker feststellen kann, allerdings eine eindeutige und fundamentale Deutung. Sie sagen: Die ersten Christen hatten *Recht* mit ihrem Bekenntnis. Die Geschichte Jesu ist mit seinem Tod tatsächlich noch nicht zu Ende. Gott hat an dem toten Jesus gehandelt, er hat ihn nicht im Tode gelassen. Allerdings gehört dieses Geschehen in den Bereich dessen, was sich unserer Vorstellungsmöglichkeit entzieht und was auch im Neuen Testament im Einzelnen nicht beschrieben wird – eben weil es sich um einen Bereich handelt, der die Todeswelt durchbricht. Weil das so ist, gab es notwendigerweise von Anfang an unterschiedliche Weisen, dieses Bekenntnis zu erläutern und zu formulieren. Es war geradezu notwendig und angemessen, dass man sich dabei auch der Legendenform bediente. Und es ist ebenfalls einsichtig, dass man auf bekannte Ausdrucksformen – etwa des jüdischen Glaubens – zurückgriff, um zu artikulieren, was man bezeugen wollte und doch nicht adäquat aussagen konnte. Auch die heidnischen Vorstellungen von sterbenden und auferstehenden Göttern mögen im Hintergrund gestanden haben. Alle diese Vorstellungen sind auf das Geschick dieses einen, einzigartigen Menschen, des Sohnes Gottes, angewandt worden.

Man sollte deshalb nicht erschrecken, wenn Theologen in der Erläuterung dieses Bekenntnisses eher zurückhaltend und nüchtern sind. Dass Jesus der Gekreuzigte sich als lebendig erweist, wo sein Name verkündigt und an ihn geglaubt wird, das sollte man durchaus zusammen mit Rudolf Bultmann sagen. Und dass es zum Auferstehungsglauben gekommen ist vor dem Hintergrund von Trauer und Enttäuschung, wie es Gerd Lüdemann zu erläutern versucht, ist ja zunächst auch nicht falsch. Wichtig ist die Frage, ob damit ausgeschlossen ist, dass hier Gott selbst am Werk war, und zwar nicht nur in den Seelen der Jünger, sondern an und durch Jesus selbst.[128]

Damit sind wir bei der Frage, die immer wieder als die Gretchenfrage des Auferstehungsbekenntnisses angesehen wird: Gehört zum Auferstehungsglauben notwendig die Vorstellung, dass der im Grab liegende Leichnam Jesu physisch erweckt und verwandelt wurde? Für viele entscheidet sich hier das Ja oder das Nein zur Auferstehung überhaupt. Und man ist dann schnell mit Verurteilungen bei der Hand, konstatiert Unglauben und Leugnung der Auferstehung, wo jene Frage nicht positiv beantwortet wird. Dabei ist doch eines deutlich: Das, was Gott am Ostermorgen erweckt hat, ist fundamental verschieden von dem, was am Karfreitag zu Grabe getragen wurde. Es handelt sich – so hat es Paulus mit Blick auf dic zu erwartende allgemeine Auferstehung gesagt – um eine totale Neuschöpfung: »Es wird gesät verweslich und wird auferstehen unverweslich. Es wird gesät ein natürlicher Leib und wird auferstehen ein geistlicher Leib.« (1Kor 15,42.44) Es muss von einer grundlegenden Diskontinuität gesprochen werden. Sind diejenigen dann Auferstehungsleugner, die eine Verwesung des Leichnams Jesu annehmen und eine Neuschöpfung Gottes zum gleichen Moment – in einer für uns unvorstellbaren Art – bekennen? Und die das leere Grab dann als symbolische Rede (ähnlich wie die Jungfrauengeburt) verstehen bzw. die historische Frage offen lassen? Wir sollten wohl nicht vorschnell aburteilen, zumal es wohl eine vermutlich große Anzahl von Christen ist, die das Osterbekenntnis nur in diesem Verständnis mitsprechen können.

128 An einer Stelle seines Buches schließt Lüdemann nicht aus, dass jener psychologisch erklärbare Durchbruch durch die Trauer der Jünger auch als Gottes Handeln verstanden werden kann.

c) Die Bedeutung der Auferstehung Jesu

Was wir bisher erörtert haben, sind im Grunde (unentbehrliche) Vorfragen im Hinblick auf die Realität dessen, was Christen bekennen. Vom Sinn des Bekenntnisses zur Auferstehung Jesu bzw. seiner Auferweckung[129] war damit noch nicht die Rede. Darum aber geht es zu Ostern. Es sei versucht, mit drei Hinweisen die Dimensionen anzudeuten, die sich mit der Auferstehung Jesu von den Toten eröffnet haben.

Zunächst (1): Gott hat sich mit dieser seiner Tat zu Jesus bekannt. Er hat definitiv den Weg Jesu bestätigt und insbesondere das, was dieser Jesus von Gott in die Welt gebracht hat. Ebenfalls ist durch die Auferstehung Jesu das entscheidende Licht auf seine Hinrichtung am Kreuz gefallen. Im Lichte der Auferstehung Jesu ist das Kreuz endgültig und ein für allemal als Heilsereignis offenbar. Es zeigt etwas vom Sinn der Auferstehung Jesu, dass die Berichte von seinem Leben und Weg in den Evangelien durchweg Zeugnisse des Osterglaubens sind (wie wir bereits festgestellt haben).

Sodann (2): Indem Gott Jesus das Leben aus der Auferstehung geschenkt hat, hat er ihn zur lebendigen Quelle unseres Lebens aus seinem Geist gemacht, der der Geist Gottes ist.[130] Christen glauben, dass mit der Auf-

---

129 Das Neue Testament redet sowohl von Jesu Auferstehung als auch davon, dass er durch Gott auferweckt wurde (Letzteres besonders in der Apg, aber z. B. auch bei Paulus im Römerbrief). Die Aussage, dass er »auferweckt« wurde, soll die Initiative Gottes (des Vaters) bei diesem Geschehen unterstreichen und hat dabei einen Akzent, der den Sohn deutlich dem Vater unterordnet (subordinatianisch). Wir kommen darauf bei der Trinitätsproblematik zurück.

130 Das bezeugt sehr deutlich das Kap. 6 des Römerbriefes, in welchem die neue Gerechtigkeit der Christen sehr ausdrücklich in Jesu Auferweckung durch Gott gegründet gesehen wird (Röm 6,4 f.).

erweckung Jesu ein neuer Anfang gesetzt worden ist, der fortwirkt durch die Geschichte und Kräfte der Erneuerung aus dem Geiste Jesu freisetzt. Das ist der Grund, weshalb zu Ostern Menschen getauft und damit dem Tode und der Auferstehung Christi eingegliedert wurden.[131]

Schließlich (3): Mit der Auferweckung Jesu von den Toten ist eine Grenze durchbrochen, die unser Leben natürlicherweise bestimmt und ihm letztlich eine resignative Grundstruktur verleiht. Mit dem Tode scheint alles aus zu sein. Jesus ist als der Erste von denen, die gestorben sind, nicht im Tode geblieben und hat uns damit eine ewige Zukunft eröffnet.[132] Wir dürfen darauf hoffen, im Augenblick unseres Todes bei diesem Jesus zu sein (Phil 1,23) – obwohl unser sterblicher Leib den Prozess der Verwesung bis zum Ende zu gehen hat und wieder zu Staub wird (vgl. Pred 3,20).

Die Auferstehung Jesu – so kann man mit theologischen Fachtermini zusammenfassend sagen – hat eine christologische, eine soteriologische und eine eschatologische Bedeutung. Es ist dies eine geistliche Bedeutung, die unsere Augen öffnet, die Leben schenkt und die Hoffnung gibt. Karl Barth hat das erfasst, wenn er einmal sagen kann: »Wer die Osterbotschaft gehört hat, der kann nicht mehr mit tragischem Gesicht umherlaufen und die humorlose Existenz eines Menschen führen, der keine Hoffnung hat.«[133] Beim Konzil der Jugend in Taizé wurde eine »frohe Botschaft« formuliert, die ebenfalls den auferstandenen Christus preist: »Der auferstandene Christus kommt, um im Innersten des Menschen ein Fest lebendig werden zu lassen: Er bereitet uns einen Frühling der Kirche, einer Kirche, die über keine Machtmittel mehr verfügt, bereit, mit allen zu teilen, ein Ort sichtbarer Gemeinschaft für die

---

131 Vgl. nochmals Röm 6, bes. V. 3 f.; sodann auch 1Petr 1,3 – ein Brief, der sich insbesondere an Neugetaufte richtet.

132 Dies ist der Sinn der Argumentation des Paulus insbesondere im 15. Kap. des 1. Korintherbriefes.

133 K. Barth: Dogmatik im Grundriß (1947), Zürich 8. Aufl. 1998, S. 143.

ganze Menschheit. Er wird uns genügend Phantasie und Mut geben, einen Weg der Versöhnung zu bahnen. Er wird uns bereit machen, unser Leben hinzugeben, damit der Mensch nicht mehr Opfer des Menschen sei.«[134]

d) Himmelfahrt und Wiederkunft

Der zweite Artikel des Glaubensbekenntnisses endet nicht mit dem Bekenntnis zur Auferstehung Jesu von den Toten. Er fährt fort mit dem Bekenntnis zur Auffahrt Jesu in den Himmel, er bekennt das Sitzen Jesu zur Rechten Gottes und schließt mit dem Ausblick auf seine Wiederkunft zum Gericht über Lebende und Tote. Damit sind die Konsequenzen der Auferstehung Jesu von den Toten genannt. Dies geschieht (ähnlich wie bei den Aussagen über die Herkunft Jesu) wieder relativ ausführlich – was auffällt, wenn man das Bekenntnis mit den Berichten der vier Evangelien vergleicht. Offenbar sind hier noch einmal Eckdaten zu erinnern, die für die Gesamteinschätzung der Person und des Kommens Jesu von grundlegender, weitgreifender Bedeutung sind.

(1) »Himmelfahrt«: Obwohl uns auch in Ostdeutschland der Himmelfahrtstag als öffentlicher Feiertag wiedergeschenkt wurde, ist sein Sinn dem allgemeinen Bewusstsein in einem solchen Maße entschwunden, dass man sich ernsthaft fragen muss, was dieser öffentliche Feiertag für die Menschen im Allgemeinen für eine Bedeutung hat.[135] Die Vorstellung von einer Auffahrt Jesu in den Himmel ist in sich auch so fremd, dass es schwerer als bei anderen Gegenständen des Glaubens gelingen dürfte, den säkularen Zeitgenossen hier etwas Vernünftiges und Existentielles zu vermitteln. Ob denn die Christen selbst wissen, was Himmelfahrt eigentlich meint und bedeutet?

---

134 Die frohe Nachricht bei der Ankündigung des Konzils der Jugend in Taizè 1970.

135 Es sei nur an die Stichworte »Herrenpartien« und »Vatertag« erinnert.

Dem biblischen Befund nach findet sich ein ausführlicher Bericht nur in der Apostelgeschichte (Apg 1,3–11). Daneben gibt es zwei knappe Erwähnungen am Ende des Markus- und des Lukasevangeliums (Mk 16,19; Lk 24,51). Matthäus- und Johannesevangelium kennen die Himmelfahrt nicht, bei Paulus erscheint die Figur der Erhöhung Jesu (Phil 2,9, ebenso Hebr 1,3). Der »Himmel«, von dem in diesem Zusammenhang die Rede ist, ist – wie früher erwähnt – der Ort Gottes, also kein Teil der geschaffenen Welt. Die Rede von einer »Auffahrt« ist ein Bild für den Übergang in eine definitiv andere Welt. Und das ist auch der Sinn des Bekenntnisses zur Himmelfahrt Jesu: Der Auferstandene ist definitiv in die Wirklichkeit Gottes eingegangen, nachdem er nach seiner Auferweckung noch bei verschiedenen Gelegenheiten und in verschiedener Form erschienen ist. Himmelfahrt hat biblisch die Bedeutung des Abschlusses der Offenbarungen des Auferstandenen. Dies ist insbesondere der Sinn der – nur Apg 1,3 begegnenden – Aussage von den 40 Tagen zwischen Auferstehung und Himmelfahrt: Es war dies die Zeit, in der er sich als Auferstandener sehen ließ und mit den Seinen über das Reich Gottes redete. Nach dieser singulären Aussage ist der christliche Festkalender gestaltet worden, wobei in der Zahl 40 deutlich auch eine Symbolik (z. B. der Wüstenwanderung) enthalten ist, wie sie auch im Bericht über die 40-tägige Versuchung Jesu begegnet (Mk 1,13).

Jesus ist nun bei Gott und sitzt zu Gottes rechter Hand. Die Geschicke der Welt und unseres Lebens stehen jetzt definitiv unter der Regie, die in Jesu Leben und Sterben sichtbar geworden ist. In diesem Sinne gilt: »Jesus Christus herrscht als König[136]«. Er herrscht als der, der in seinem Leiden, das Gott in der Auferweckung bestätigt hat, den Sieg über die Mächte der

136 EG Nr. 123.

Welt und des Bösen errungen hat. Gott hat sich in seiner Weltregierung definitiv zu dem bekannt, was in Jesus erschienen ist. Man kann sagen: Es sind »Jesuskräfte« in dieser Welt maßgeblich am Werk. Davon wird beim Thema »Heiliger Geist« weiter zu reden sein.

(2) »Wiederkunft«: Dass es Jesus ist, der die Geschicke der Welt im tiefsten bestimmt, ist dann auch ausschlaggebend für den christlichen Gedanken eines Gerichts am Ende der Zeiten. Jesus Christus wird »wiederkommen, zu richten die Lebenden und die Toten«. Die Jünger, die trauernd ihm nachschauten, als er in die Unsichtbarkeit Gottes einging, wurden mit dem Hinweis auf seine Wiederkunft getröstet (Apg 1,11). Ihnen stand die Zeit des Kampfes, der Verfolgung, der mühsamen Ausbreitung der Kirche bevor. Und die Zeit dauerte länger, als sich das die ersten Christen vorstellten. Es ist eine Zeit des Auf und Ab im Kampf zwischen Gut und Böse, Gott und Teufel, Christus und seinem Widersacher. Dieser Kampf findet auch in der Kirche selbst statt – und er wird bis zum Ende währen. Es ist eine besondere Anfechtung der Christen, dass auch dort, wo Christi Name genannt und gepriesen wird, nicht immer klar ist, wo und wie der Weg Christi wirklich verläuft und es also mancherlei Unkraut unter dem Weizen gibt. Aber diese Zeit endet. Christus kommt wieder. Das ist die Botschaft gerade auch des Himmelfahrtsfestes. Und das heißt: Es wird ein Moment der Klarheit und Eindeutigkeit kommen, wo alle Fragen geklärt und alles Widerspiel aufgelöst sein werden.

Aber das Bekenntnis konkretisiert noch: Christus kommt, um die Lebenden und die Toten zu richten. Auch das ist Aussage des Neuen Testaments. Mitunter wird das so dargestellt, dass Christus die Schafe von den Böcken scheidet, je nachdem, was sie ihm bzw. den Bedürftigen in der Welt getan haben (Mt 25,32) und wo die »Böcke« in ewige Verdammnis fallen. Nach Apk 19,15 kommt Christus mit einem scharfen Schwert, und nach

Apk 20,13 (wie nach 2Kor 5,10) richtet er die Toten nach ihren Werken. Aber das ist nicht das ganze Wort des Neuen Testaments. Es spricht auch von dem Willen Gottes, alle zu retten (1Tim 2,4), und davon, dass Christus nicht gekommen ist, die Welt zu richten, sondern sie zu retten (Joh 3,17).

Diese andere Seite der neutestamentlichen Botschaft war besonders für die Reformatoren wichtig und tröstlich. Nicht die Werke, sondern der Glaube an Christi Barmherzigkeit entscheidet über unser ewiges Geschick. Das machten sie gegenüber dem katholischen Prinzip der im Endgericht verdienstlichen Werke geltend. Wir sehen heute deutlicher, dass beide – scheinbar gegensätzlichen – Akzente ihre Wurzel im Neuen Testament haben (wenn auch von »Verdiensten« im Hinblick auf das ewige Leben nicht geredet wird!). Vielleicht kann man sie so zusammendenken, dass man sagt: Gott fragt den Menschen nach seinem in der Liebe *lebendigen* Glauben, der sich in einem christlichen Leben bewährt. Aber er fragt als der von Christus her Barmherzige, der – bei den so lebendig Glaubenden! – all unser bleibendes Unvermögen und alle dennoch auflaufende Schuld nicht ausschlaggebend sein lassen will.

Paulus geht dann allerdings noch einen Schritt weiter – und die gegenwärtige Theologie hat auch diesen Ton vernommen.[137] Bei ihm findet sich (in Bezug auf Israel am Ende der berühmten Israelkapitel Röm 9–11) der Satz: »Gott hat alle beschlossen unter den Unglauben, auf dass er sich aller erbarme.« (Röm 11,32) Gilt dieser Satz nur für Israel, oder öffnet er nicht ein ganz weites Tor für alle Menschen? Wenn Christus wiederkommen wird, um allem Kampf und Zwielicht ein Ende zu bereiten: Könnte das vielleicht bedeuten, dass er als

137 Z. B. K. Barth, KD II/2, S. 461 f.

der Barmherzige kommt, der in Liebe endgültig alles überwindet, was gegen ihn in der Welt geschehen ist (in Fortführung seiner Hadesfahrt)? Dass er sogar über seine Feinde ein Gnadengericht ergehen lässt? Das wäre ein faszinierender Gedanke, nämlich der Gedanke und die Hoffnung, dass angesichts der Barmherzigkeit, mit der Christus richtet, die Hölle am Ende – leer sein könnte.

Dass das alles so ist, dass der Auferstandene bei Gott ist und die Geschicke der Welt lenkt, dass Kräfte des Neuen wirksam sind und es am Ende ein Gericht der Barmherzigkeit geben wird, das wiederum ist nicht als historischer Beweis vorzutragen und gemeint. Es ist vielmehr das Bekenntnis der Christen angesichts der Wirrnis des Lebens und der Welt. Es ist eine Option für diesen Christus als Lebendigen, für Gott in Christus, und damit für eine letzte Barmherzigkeit und Güte, die in dieser Welt die Regie führt; ein Bekenntnis gegen alle Absurdität, angesichts derer es uns oft die Stimme verschlägt. Der christliche Glaube ist Parteinahme gegen solche Absurdität, Parteinahme für einen letzten positiven Sinn der Weltgeschichte und unseres Lebens. Er ist eine Option des Lebens gegen den Tod, angesichts dessen, dass da einer gekommen ist, der anders als alle vor und nach ihm war und in dem ein neuer Horizont aufleuchtet: für die, die ihm begegneten, für die, die an ihn glaubten und im Glauben an ihn gestorben sind, aber darüber hinaus für »alles, was Odem hat«, für alle Menschen und die ganze Welt. Und dieses Vorzeichen vor dem Weltgeschehen – das macht die Kraft des Glaubens an Jesus von Nazareth aus, den Gott von den Toten auferweckt hat.

8. Der Heilige Geist

Das Weltgeschehen und insbesondere das Leben des Menschen im Lichte des auferstandenen Christus – das ist das Thema des dritten Glaubensartikels, dem wir uns nun zuwenden. Wir wechseln damit die Blickrichtung: von dem, was Gott in Jesus von Nazareth getan hat, den die Christen als den Christus und den Sohn Gottes bekennen, erneut hin zu Mensch und Welt, die uns schon beim Artikel von Gott dem Schöpfer beschäftigten.

a) Der dritte Artikel des Glaubensbekenntnisses

Der dritte Artikel des Glaubensbekenntnisses[138] unterscheidet sich schon äußerlich in spezifischer Weise von den ersten beiden Artikeln. Während dort jeweils von *einem* Glaubens-»Gegenstand« die Rede ist – von Gott, dem Vater, als dem Schöpfer des Himmels und der Erde, sowie von Jesus Christus zwischen seiner Geburt und seiner Wiederkunft –, stellt der dritte Artikel eine Reihe unterschiedlicher Glaubensgegenstände zusammen. Er beginnt mit dem Bekenntnis zum Heiligen Geist. Aber dann ist die Rede von der Kirche, von der Vergebung der Sünden[139] sowie vom ewigen Leben. Es hat den Anschein, als würden nun noch Gegenstände genannt, die anders nicht unterzubringen sind, die aber doch zu den unveräußerlichen Glaubensgegenständen der Christen gehören. Wenn man sich allerdings überlegt, dass das Apostolikum ursprünglich das Bekenntnis war, das die Neuchristen bei ihrer Taufe (in der Osternacht) zu bekennen hatten, bekommt die Nennung dieser weiteren Gegenstände eine gewisse Logik. Die Getauften wurden

138 Das gilt für das Apostolische ebenso wie für das Nizänische Glaubensbekenntnis.

139 Im Nizänischen Bekenntnis: von der Taufe zur Vergebung der Sünden.

ja in die Kirche aufgenommen. Sie waren darin unterwiesen worden, wozu das Christentum, der christliche Glaube eigentlich gut ist und was ihre Taufe für sie persönlich bedeutet: Vergebung der Sünden. Und sie wurden Glieder einer Hoffnungsgemeinschaft, also einer Gemeinschaft von Menschen, die einer ewigen Zukunft bei Gott über den Tod hinaus gewiss waren. Man kann demnach die Gegenstände des Glaubens, die im dritten Glaubensartikel zur Sprache kommen, als eine Art Beschreibung des Lebensrahmens verstehen, in dem sich christliches Leben von der Taufe an bewegt. Dabei scheint dann allerdings Wichtiges zu fehlen: z. B. das Heilige Abendmahl, zu dem die Neugetauften nun zugelassen wurden (aber vielleicht ist versteckt doch von ihm die Rede?). Oder es scheint, als sei mit dem Stichwort »Vergebung der Sünden« das, was christliches Leben insgesamt ausmacht und wozu das Christentum gut ist (die gesamte christliche Ethik zumal), ebenfalls nicht zureichend umschrieben. Dennoch könnten wir im dritten Glaubensartikel eine Art Leitfaden dessen vor uns haben, was als Rahmenbedingung christlicher Existenz grundlegend ist.

Dieser Leitfaden christlicher Existenz wird dem »Heiligen Geist« zugeordnet. Das ist nur dann richtig verstanden, wenn ein feiner – und im Wortlaut nicht ohne weiteres erkennbarer – Unterschied beachtet wird. Das Glaubensbekenntnis spricht vom Glauben *an* den Heiligen Geist und stellt diesen damit Gott dem Vater und dem Sohn Jesus Christus an die Seite (was wir noch eigens zu bedenken haben werden). Wenn es dann mit der Nennung der Kirche, der Vergebung der Sünden, der Auferstehung der Toten und des ewigen Lebens fortfährt, dann meint es nicht einen Glauben »an« diese wichtigen Wahrheiten, denn ein solcher Glaube im Sinne eines persönlichen Vertrauens und einer Hingabe (wie wir ihn früher beschrieben haben) ist natürlich nur Gott selbst gegenüber möglich. Das Glaubensbekenntnis will diese Vollform des Glaubens nur für den Heiligen Geist aussagen, während die angefügten anderen Glaubensgegenstände sozusagen in den Glauben an den Heiligen Geist eingeschlossen zu denken sind, aber selbst nur als Wahrheiten genannt werden, *die* die Christen glauben. Sie glauben nicht *an* die Kirche, sondern sie glauben *die* Kirche, ebenso glauben sie *die* Vergebung der Sünden sowie *die* Totenauferstehung und *das* ewige Leben. Speziell bezogen auf die Kirche ist dies dann doch eine ganz erhebliche und wichtige Differenzierung.

Dass diese drei weiteren Glaubensgegenstände dem Heiligen Geist zugeordnet werden, hat nun allerdings ebenfalls einen tiefen sachlichen Grund. Denn wenn Christen vom Heiligen Geist sprechen, meinen sie Gott, sofern er unter ihnen und in ihnen gegenwärtig ist. Die Rede vom »Heiligen Geist« erfordert selbst einen Blickwechsel, einen Blickwechsel von Gott, wie er für die Menschen da ist, zu Gott, wie er bei und in den Menschen da ist, die in einem besonderen Sinne zu Gott gehören; einen Blickwechsel auch vom Damals des Jesusgeschehens zum Heute des Lebens derer, die mit diesem Jesus unterwegs sind.[140] Das Erstaunliche und Bemerkenswerte ist dabei aber, dass wir auch nach diesem Wechsel des Blickes noch einmal bei Gott sind, von Gott sprechen, von Gott, wie er sich im Leben der Christen und in der Welt manifestiert. So gesehen ist das Thema des Pfingstfestes kein Abstraktum, das mit spekulativer

140 Karl Barth hat diesen Blickwechsel einmal auf die Formel gebracht, dass wir es in Christus mit der »objektiven« Wirklichkeit der Offenbarung Gottes zu tun haben, beim Heiligen Geist hingegen mit der »subjektiven« Wirklichkeit dieser Offenbarung (KD I/2, §§ 13 u. 16). Das ist sicher dahingehend missverständlich ausgedrückt, als sei mit dem Heiligen Geist nur so etwas wie eine subjektive Empfindung gemeint – was Barth gerade nicht sagen will. Vielmehr ist mit dieser Unterscheidung präzis jener Blickwechsel gemeint, durch den sich die neue Dimension der Gegenwart Gottes zeigt.

Mühe in unseren Vorstellungshorizont einzuführen und über das zu predigen besonders schwierig wäre. Vielmehr geht es um das Konkretum der Lebenswirklichkeit Gottes bei und in uns hier und jetzt.[141]

Pfingsten ist allerdings im allgemeinen Bewusstsein eher in der Weise gegenwärtig, in der Goethe von ihm sprach: »Pfingsten, das liebliche Fest in den Maien« (nachdem es zu Ostern geheißen hatte »Vom Eise befreit sind Strom und Bäche durch des Frühlings holden, belebenden Blick«). In der Tat sind hier Festtage aus dem Naturkreislauf, die schon im jüdischen Glauben auf die Heilsgeschichte Israels bezogen wurden, mit christlichem Inhalt gefüllt worden. Und wir werden sehen, dass es auch sachlich und biblisch begründet ist, vom Heiligen Geist im Zusammenhang von Natur und Schöpfung zu sprechen. Zunächst allerdings ist auf Wesen und Bedeutung des Heiligen Geistes für das Christsein einzugehen.

b) Der Heilige Geist als Macht der Verwandlung der Herzen

Wenn Christen vom Heiligen Geist sprechen, versuchen sie, die immer wieder überraschende Tatsache zu deuten, dass Menschen zum Glauben an Christus, zur Nachfolge Jesu gefunden haben. Dass das Kommen Jesu von Nazareth, den die Christen als den Christus bekennen, hierauf zielt, kommt bereits in dem schönen Wort des Angelus Silesius zum Ausdruck: »Wär' Christus tausendmal in Bethlehem geboren und nicht in dir, du wä-

141 Einer meiner Vorfahren hat die Pfingstpredigt wegen der Abstraktheit ihres Gegenstandes als die schwerste Predigt im ganzen Kirchenjahr bezeichnet. Demgegenüber darf man wohl mit Recht das Thema des Pfingstfestes als ein besonders anschauliches, lebendiges Thema ansehen, das mit immer neuem Nutzen Gegenstand der Besinnung des Glaubens sein kann.

rest doch verloren.« Christen glauben, dass Christus notwendigerweise *in uns* zur Welt kommt. Und sie erfahren, dass das tatsächlich auch möglich ist. Allerdings – und damit sind wir recht eigentlich bei unserem Thema – ist das ihrer Einsicht nach nicht so möglich, dass jemand sich das einfach vornehmen könnte. Sondern es geschieht so, dass mit mir, in meinem Herzen etwas bewirkt wird, etwas geschieht, über das ich letztlich keine Verfügungsgewalt habe. Luther hat das im Kleinen Katechismus in klassischer Weise so ausgedrückt: »Ich glaube, dass ich nicht aus eigener Vernunft noch Kraft an Jesus Christus meinen Herrn glauben oder zu ihm kommen kann, sondern der Heilige Geist hat mich durch das Evangelium berufen, mit seinen Gaben erleuchtet, im rechten Glauben geheiligt und erhalten.«[142] Das ist das Bekenntnis der Christen von Anfang an gewesen. »Niemand kann sagen ›Herr ist Jesus‹ außer durch den Heiligen Geist.« (1Kor 12,3) »Niemand kann zu mir kommen, es sei ihm denn von meinem Vater gegeben.« (Joh 6,65)

Damit ist für nachdenkliche Menschen natürlich die Frage aufgeworfen, ob es eigentlich ohne eigene freie Entscheidung zugeht, wenn jemand Christ wird. Und auch die andere Frage meldet sich: ob es dann nicht in der Willkür Gottes liegt (evtl. gar von Ewigkeit her), wer zu ihm findet und wer nicht.

Wir sind hier erneut beim Problem menschlicher Freiheit, und wir sind zugleich bei der Frage der Prädestination. Über diese Frage hat es z. B. die schon erwähnte berühmte Auseinandersetzung Luthers mit Erasmus von Rotterdam gegeben.[143] Aber dieses Problem hat die Christen von Anfang an beschäftigt. Paulus hat sich in Bezug auf Israel damit auseinandergesetzt und kommt dabei zu Aussagen über die ewige Vorher-

142 Auslegung des 3. Glaubensartikels.
143 Dokumentiert in »De servo arbitrio« (1525).

bestimmung Gottes, die uns heute erschrecken lassen (Röm 9,14 ff.). Augustin hat in dieser Sache gegen die Position des Pelagius gekämpft. Und auch im Mittelalter ist dieses Problem ständig thematisch präsent gewesen. Luther kommt im Streit mit Erasmus ebenfalls zu z. T. extrem klingenden Thesen. Er setzt aber voraus, dass es bei dem Vorgang des Christwerdens natürlich nicht ohne eine Willensentscheidung des Menschen abgeht. Damit entspricht er dem Zeugnis der Heiligen Schrift (auch des Paulus!), die einerseits weiß, dass wir nur durch Wirkung Gottes den Weg zu Christus finden, und die andererseits davon ausgeht, dass wir zur Entscheidung aufgerufen werden. »Tut Buße«, »kehrt um« – sagt Jesus zu Beginn seiner Predigt (Mk 1,15). Ebenso fordert Petrus die Hörer seiner Pfingstpredigt auf: »Tut Buße und lasst euch taufen.« (Apg 2,38) Von einem Automatismus ist hier nichts zu spüren. Und sogar bei Paulus lesen wir: »Schaffet, dass ihr selig werdet, mit Furcht und Zittern.« (Phil 2,12) Und dennoch haben von Anfang an diejenigen, die sich – freiwillig – für Christus entschieden haben, bekannt: Das war mehr als meine eigene Entscheidung, es ist gewissermaßen über mich gekommen, ich bin überwältigt worden, Gott selbst hat mich auf den Weg des Christseins gebracht. »Denn Gott ist es, der in euch wirkt beides, das Wollen und das Vollbringen nach seinem Wohlgefallen«, setzt Paulus an der genannten Stelle (Phil 2,13) hinzu. *Das* aber ist das Bekenntnis zu Gott dem Heiligen Geist: Das Bekenntnis dazu, dass Gott unsere Herzen zu sich zieht. Es geht hier nicht um eine Theorie über Freiheit und Determination, wie sie die Philosophiegeschichte durchzieht, sondern um die nachträgliche Beschreibung einer einzigartigen Erfahrung. Christen werden auch heute nicht davon ablassen zu bekennen: Bei allen Entscheidungen, die ich zu treffen hatte – letztlich bin ich geführt worden auf den Weg, zu dem ich mich jetzt bekenne. Und zu solchen Führungen gehören auch meine mir vorgegebenen Lebensumstände, meine Mitmenschen, dazu gehört der Ort meiner Geburt, meine Eltern, Freunde, und natürlich gehört dazu die direkte Begegnung mit der Botschaft, etwa beim Hören einer Predigt oder beim Erlebnis geistlicher Musik. Es ist alles psychologisch und sozial erklärbar, und doch bekennen Christen: Hier ist ein heilsamer guter Wille am Werk, der mich dahin gebracht hat, wo ich heute stehe. Das ist Gott der Heilige Geist, Gott, der in unseren Herzen lebendig ist.

Ein solches Bekenntnis zu Gottes Macht ist auch dadurch veranlasst, dass der Weg zum Glauben mehr und anderes ist als lediglich ein Umdenken und die Übernahme einer neuen Weltanschauung. Wir haben uns zu besinnen auf das, was wir uns über das Wesen des Glaubens klar gemacht haben. Glauben meint eine neue Art zu leben, ein Leben aus einem Grundvertrauen und einem Grundgehorsam heraus. Da sind Hindernisse zu überwinden, da muss etwas passieren, wie z. B. mit der erwähnten Erzählung von dem reichen, jungen Mann illustriert wird, der nicht bereit war, um Jesu willen auf seinen Reichtum zu verzichten (Mk 10,21 f.). Schon im Alten Testament gibt es eine Ahnung davon, z. B. wo der neue Bund, den Gott mit seinem Volke schließen will, so beschrieben wird: »Ich will mein Gesetz in ihr Herz geben und in ihren Sinn schreiben, und sie sollen mein Volk sein und ich will ihr Gott sein.« (Jer 31,33) Das ist eine Revolution der Lebenshaltung, eine Verwandlung im Herzen. Im Neuen Testament wird dieser Vorgang als eine Wiedergeburt beschrieben (Joh 3,5), aber auch als ein Zusammenwachsen mit dem Tode und der Auferstehung Christi (Röm 6,3 ff.) oder als eine Erleuchtung, die in uns gewirkt wird (2Kor 4,6). Das alles geht bei weitem hinaus über etwas, das man sich einfach vornehmen kann. Die Christen haben von Anfang an hier noch einmal Gottes Wirken bekannt und es zusammengefasst in das Bekenntnis zu Gott dem Heiligen Geist.

c) Der Heilige Geist als Macht der Verwandlung der Welt

Wenn wir das Bekenntnis der Christen zum Heiligen Geist auslegen, muss noch in eine weitere Richtung geblickt werden. Es ist eine Richtung, die uns durch das Zeugnis des Alten Testaments heute erneut wichtig geworden ist. Von Gottes Geist ist im Alten Testament auch im Sinne des Schöpfergeistes Gottes die Rede. Nachdenkenswert sind hier besonders drei Aussagen. Bereits am Anfang des Schöpfungsberichtes ist vom Geist Gottes die Rede, der über den Wassern der Urflut schwebt und die schöpferische Kraft Gottes anzeigt (1Mose 1,2). Im zweiten Schöpfungsbericht heißt es dann bei der Erschaffung des Menschen: »Gott machte den Menschen aus Erde vom Acker und blies ihm den Odem des Lebens in seine Nase. Und so ward der Mensch ein lebendiges Wesen.« (1Mose 2,7) Gottes Geist, Gottes Atem ist die Lebenskraft des Menschen als des Geschöpfes Gottes. Schließlich begegnet in Ps 104, dem Schöpfungspsalm, die Wendung: »Verbirgst du dein Angesicht, so erschrecken sie; nimmst du weg ihren Geist, so vergehen sie und werden wieder zu Staub. Du sendest aus deinen Geist, so werden sie geschaffen, und du machst neu die Gestalt der Erde.« (Ps 104,29 f.)

Das Sterben und Vergehen, das Neuwerden und Entstehen von Leben auf dieser Erde wird auf den Geist, den Atem Gottes zurückgeführt. Es ist eine Lebenskraft, die Gott entziehen und wieder neu schenken kann. So ist das Leben auf der Erde von Gott her ein ständiges Stirb und Werde unter der Wirkung des Geistes Gottes, was z. B. J. W. v. Goethe kongenial erfasst hat. Diese Weite des biblischen Geistzeugnisses hat auch das christliche Pfingstfest mit geprägt. Die mittelalterliche Liturgie des eucharistischen Hauptgottesdienstes am Pfingstsonntag wird eröffnet mit einer Aussage aus dem Buch der Weisheit Salomos: »Der Geist des Herrn erfüllt den Erdkreis, und der das All zusammenhält, hat Kenntnis von jeglicher

Stimme.« (Weish 1,7) Diese Aussage findet sich noch heute zu Beginn sowohl der katholischen wie der evangelischen Pfingstliturgie.[144] Und auch der schöne Vers aus dem 104. Psalm von der Erneuerung der Geschöpfe durch den Geist Gottes ist in die Pfingstliturgie aufgenommen worden. Er wird verknüpft mit dem alten Gebet um die Erneuerung der Herzen: »Komm, Heiliger Geist, erfüll die Herzen deiner Gläubigen und entzünd in ihnen das Feuer deiner göttlichen Liebe.«[145] Das christliche Pfingstfest hat auf diese Weise Gedanken in sich aufgenommen, die das jüdische sog. »Wochenfest« bestimmten, ein Erntefest sieben Wochen nach dem jüdischen Ostern.[146] Theologisch und geistlich weist das darauf hin, dass »Schöpfung und Erlösung ... nach christlicher Überzeugung« zusammengehören, weil nämlich »die Geschichte Jesu Christi ... kosmische Dimensionen« besitzt.[147]

Diese Weite des biblisch-christlichen Verständnisses des Geistes Gottes ist in der Gegenwart erneut mit Staunen wahrgenommen worden. Von hier aus fällt nochmals ein Licht auf das christliche Schöpfungsverständnis und die christliche Schöpfungsverantwortung. Schöpfung ist, christlich verstanden, immer auch ein Erneuerungsprozess, in ihm erfolgt ständig Gottes Neuschöpfung, die Überwindung von Tod und Sterben. Und dies darf als ein Hinweis

---

144 Vgl. Evangelisches Gottesdienstbuch S. 340, wo dieser Vers als Introitus des Pfingstgottesdienstes vorgesehen ist. Allerdings wird in evangelischen Gottesdiensten dieser Introitus de facto leider sehr selten praktiziert.

145 Diese Zitation und Verknüpfung findet sich im Halleluja-Vers der Pfingstliturgie, der freilich ebenfalls in evangelischen Gottesdiensten nur hin und wieder erklingt. Dadurch ist die Schöpfungsdimension des Pfingstfestes weitgehend aus dem Bewusstsein der Christen und Gemeinden geschwunden.

146 In diesem jüdischen Fest wurde in späterer Zeit allerdings vor allem an den Wüstenzug des Volkes Israel gedacht (vgl. K.-H. Bieritz: Das Kirchenjahr, München 6. Aufl. 2001, S. 46).

147 Ebd., S. 47.

auf jene endgültige Vollendung angesehen werden, in der Gott »einen neuen Himmel und eine neue Erde« schaffen wird (Apk 21,1).[148] Auf der anderen Seite erscheinen uns die Aussagen über den Geist, wie wir sie im deutschen Idealismus, etwa bei Hegel, finden, in einem neuen Licht. Gewiss ist jener Geist, der nach Hegel in der Weltgeschichte letztlich zu sich selbst findet, nicht einfach der Geist im Sinne der Heiligen Schrift. Nicht die Welt selbst ist Inbegriff des Geistes, und erst recht ist nicht »alles Wirkliche auch vernünftig« (Hegel). Aber dass Gott mit seinem Geist auch über den Bereich der Kirche hinaus wirksam ist und Herzen von Menschen ergreifen kann, sollten wir nicht leugnen. Der Theologe Paul Tillich hat in diesem Sinne von einer weltweiten Geistgemeinschaft gesprochen, die die Grenzen der sichtbaren Kirche sprengt bzw. Kirche in einem ganz anderen, weiteren Sinne zu denken anleitet.[149] Dies wird uns noch im Zusammenhang des Nachdenkens über die Kirche – als einem besonderen Geschöpf des Geistes Gottes – zu beschäftigen haben. Entscheidend in unserem Zusammenhang ist es, dass die Rede vom Heiligen Geist als dem Geist Gottes eine die Schöpfung und die Menschheit immer wieder erneuernde Lebenskraft meint, die für Welt und Menschen Wege in die Zukunft weist.

d) Der Heilige Geist – Gott selbst in einer dritten Daseinsweise

Wir haben, indem wir über den Heiligen Geist sprachen, erneut über Gott gesprochen. Wenn Christen ihren Glauben formulieren, formulieren sie ja ihren Glauben an Gott. Wir haben nun über Gott als den nachgedacht, der

148 Die Schöpfungsdimension des Geistes hat in der gegenwärtigen Theologie u. a. Jürgen Moltmann in seinem Buch: Gott in der Schöpfung, Gütersloh 4. Aufl. 1993, S. 106–115, herausgearbeitet.

149 P. Tillich: Systematische Theologie, Bd. III, Stuttgart 1966, S. 134 ff., bes. S. 176 ff.

in uns und in der Welt erneuernd wirkt. Auch als solchen beten die Christen Gott an: »Komm, Gott, Schöpfer, Heiliger Geist, besuch das Herz der Menschen dein.«[150] »Komm, Heiliger Geist, Herre Gott.«[151] All das ist wiederum deutende Rede. Es sind wiederum Erfahrungen, die Christen als Gotteserfahrungen besonderer Art deuten. Und natürlich muss man fragen: Wenn Christen bekennen »Der Geist des Herrn erfüllt den Erdkreis« – ist das wirklich so? Man kann das sicherlich bestreiten. Wenn man es aber bekennend ausspricht, dann formuliert man allerdings nicht nur eine subjektive Vermutung, sondern auch eine (objektive) Wahrheit: eine geheimnisvolle, tiefe Wahrheit gewiss, aber eine Wahrheit, die die Wirklichkeit, wie sie uns umgibt und wie wir sie selbst sind, zutreffend zur Sprache bringt. Auch jetzt und gerade mit dieser Rede vom Geist Gottes soll bezeugt werden, was eigentlich vorgeht in der Welt und im eigenen Leben. Damit wird bestritten, dass das Gegenteil wahr sei, nämlich dass Gott in der Welt und in unserem Leben nicht zu finden wäre.

Es ist dies alles eine dritte Weise, von Gott zu reden. Gott ist der Schöpfer des Himmels und der Erde. Gott ist gekommen in seinem Sohn Jesus von Nazareth, dem Christus. Gott ist aber auch der, der durch seinen Geist in uns und in der Welt erneuernd wirkt. Es ist dreimal der gleiche eine Gott. Damit stehen wir an der Schwelle des tiefsten Geheimnisses des christlichen Glaubens, des Bekenntnisses zur Dreieinigkeit Gottes. Wir werden im Schlusskapitel darauf zurückkommen. Zunächst müssen wir uns den weiteren Gegenständen des dritten Glaubensartikels zuwenden, nicht zuletzt deshalb, weil wir hier noch weitere Aufschlüsse auch über Wirken und Wesen des Geistes Gottes erhalten.

---

150 EG 126, 1.
151 EG 125, 1.

9. Glaube ja – Kirche nein? Die heilige, katholische Kirche

Das erste Werk des Heiligen Geistes, das das Bekenntnis ausdrücklich nennt, ist die Kirche. Das kann schockieren, weil gerade nach dem zuletzt Gesagten hier offene Fragen zu bestehen scheinen: Läuft der Heilige Geist und läuft seine Wirkung wirklich auf die Kirche zu? Hinzu kommt, dass das Thema »Kirche« auch sonst mitunter ein schwieriges Thema ist. Was führt eigentlich Menschen dazu, aus der Kirche auszutreten? Sicherlich in den meisten Fällen eine Fremdheit gegenüber dem Glauben und gegenüber allem, was mit dem Christentum zusammenhängt. Aber es gibt auch jene Kirchenaustritte, die aus Verärgerung über die Kirche (vielleicht über einen ihrer Mitarbeiter) erfolgen, ohne dass damit der Glaube überhaupt negiert wird. Es kommt sogar vor, dass Christen um ihres Glaubens und ihres Gehorsams gegen Christus willen aus der Kirche austreten. Das ist dann auch das Motiv der Bildung von Freikirchen, parakirchlichen Gruppen und Sekten: Gläubige sind unzufrieden mit der Kirche, mit ihrer Lauheit, ihrer Unentschiedenheit, ihrer Angepasstheit, auch vielleicht mit ihrem Reichtum, ihrer Bürokratie, ihrer auch im evangelischen Raum hierarchischen Struktur. Und sie meinen, gegen sie im Namen Jesu protestieren zu müssen. Aber es muss gar nicht so spektakulär zugehen. »Ich bin ein gläubiger Mensch, aber ich bin kein Kirchgänger« – wie oft ist das die spontane Reaktion, wenn das Thema »Religion« im Gespräch berührt wird.

Glaube ja – Kirche nein? Das Glaubensbekenntnis benennt die Kirche als Glaubensgegenstand. »Ich glaube die heilige, christliche Kirche« – wörtlich gemäß dem ursprünglichen lateinischen Wortlaut: »Ich glaube die heilige, katholische Kirche« (credo sanctam ecclesiam catholicam). Und es fügt hinzu: »die Gemeinschaft der Heiligen« (sanctorum communionem).

Wir kommen an dieser Stelle offenbar endgültig vom Himmel auf die Erde – von der Trinität, die zuletzt in den Blick kam, zu jener durchaus zweideutigen Institution, die »Kirche« heißt, die eine wechselvolle Geschichte hat, die in Konfessionen gespalten ist, welche über Jahrhunderte hin einander misstraut oder gar gegeneinander gekämpft haben – eine Institution, in der Menschen verwalten und gestalten, was sie von Gott und von Jesus meinen vernommen zu haben, es aber dadurch oft ins Zwielicht einer merkwürdigen Binnen- und Gruppenmentalität bringen. Und dann erinnert sich mancher auch noch an das Wort des kritischen Katholiken Alfred Loisy aus dem 19. Jahrhundert: »Jesus verkündete das Reich Gottes, aber was kam, war die Kirche.«

Die Kirche als Glaubensartikel: Wie gehen wir damit um? Was ist in Wirklichkeit gemeint?

a) Das Wort »Kirche« und die Gemeinde im Neuen Testament

Wir müssen uns zunächst klarmachen, dass mit dem Wort »Kirche« sehr Unterschiedliches gemeint sein kann. Luther sagte einmal, dieses Wort sei ein »blindes«, undeutliches Wort.[152] Man denkt etwa an ein Gebäude, wenn man nach einer Kirche fragt, oder an eine Institution wie die »Evangelische Kirche in Deutschland« oder die »Evangelisch-Lutherische Landeskirche Sachsens« oder an die katholische Weltkirche mit dem Papst an der Spitze. Als »Kirche« wird aber auch eine gottesdienstliche Veranstaltung bezeichnet: »Heute ist Kirche.« Mit Recht weist Luther auf das ursprüngliche griechische Wort für die hier gemeinte Sache hin, das im Glaubensbekenntnis in seiner lateinischen Form begegnet: ecclesia (griech: ekklesia). Dieses Wort bezeichnet eine Schar

152 In seiner Schrift »Von den Konziliis und Kirchen« (1539), WA 50, S. 624.

von Menschen, die herausgerufen sind, um Gott zu dienen, wie es schon von der alttestamentlichen gottesdienstlichen Versammlung (der »kahal«) galt. Man kann es auch einfacher sagen: Nach dem Neuen Testament ist »Kirche« die Gemeinde der Christen. Es ist die Gemeinschaft von Menschen, die an Christus glauben und auf dem Weg der Nachfolge sein wollen. Das deutsche Wort »Kirche« kommt vom griechischen »kyriake«: die zum Herrn Gehörige.[153] Es ist mit diesem Wort ursprünglich also weder an eine Institution noch an ein Gebäude gedacht, sondern an eine Schar von Menschen, an das Volk Gottes, wie Luther gern sagt.[154]

Von der Kirche in diesem Sinne ist nun allerdings im Neuen Testament ständig die Rede. Seinem Zeugnis zufolge ist das Pfingstereignis die eigentliche Geburtsstunde der Kirche. Kirche als Gemeinde der Christen gibt es erst seit dem Weggang Jesu. Man darf dabei freilich nicht übersehen, dass bereits Jesus selbst eine Gruppe von Menschen in verbindliche Nachfolge gerufen hat und damit zumindest eine Art Vorform der nachpfingstlichen Kirche geschaffen hat. Dass es »zwölf« Jünger waren, die Jesus besonders verpflichtet waren, symbolisiert die zwölf Stämme Israels, die durch die neue Gemeinschaft repräsentiert werden und also in ihr ihr geistliches Ziel finden. Aber auch das Wort »Kirche« (ekklesia) begegnet im Munde Jesu, und zwar im Zusammenhang der Verheißung an Petrus Mt 16,18: »Du bist Petrus, und auf diesen Felsen will ich meine Kirche (Gemeinde) bauen.« Man mag fragen, ob diese Aussage vielleicht Jesus doch erst später in den Mund gelegt wurde.[155] Sicher ist, dass das Reich Gottes, das er verkündete, keine freischwebende

153 Vgl. schwedisch: kyrka, russisch: cerkov, englisch: church.

154 A. a. O.: Die Kirche ist »ein christlich heilig Volk, das da gläubt an Christum«.

155 Dies ist die nahezu übereinstimmende Auffassung von evangelischen und katholischen Exegeten.

Idee war, sondern sofort zu verbindlicher Nachfolgegemeinschaft führte, zur »Kirche« bzw. »Gemeinde« sozusagen in der vorösterlichen Urform.

Durch Pfingsten kam es dann zu einer Art Neukonstituierung, nämlich zur Gemeinde Jesu Christi, die nun ohne den sichtbar bei ihr gegenwärtigen Herrn den Weg durch die Zeit anzutreten hatte. Die Pfingstgeschichte Apg 2 schildert das sozusagen idealtypisch. Nach dem Geist- und Sprachenwunder, das den Jüngern widerfuhr (V. 1–13), predigt Petrus von Jesus, der nun zum Herrn erhöht ist (V. 14–36). Den Zuhörern geht es durchs Herz, und sie fragen, was sie tun sollen (V. 37). Die Antwort des Petrus ist: »Tut Buße, und ein jeder lasse sich taufen auf den Namen Jesu Christi, so werdet ihr die Gabe des Heiligen Geistes empfangen.« (V. 38) Und dann heißt es, dass an jenem Tage etwa 3000 Seelen hinzugetan wurden (V. 41). Wer auf diese Weise Christ wurde, wer also Buße tat und sich taufen ließ, wurde Glied der Gemeinde. Christsein ist von Anfang an gekennzeichnet durch die Einbindung des Einzelnen in die Gemeinschaft der Christen, in die ekklesia; es gibt kein Christsein ohne Gemeinde. Kennzeichen solcher Einbindung und damit eines verbindlichen Christseins ist die Taufe. Und dann heißt es weiter: »Sie blieben beständig in der Apostel Lehre, in der (sozialen) Gemeinschaft, im Brotbrechen und im Gebet.« (V. 42) Von Gütergemeinschaft ist ebenfalls die Rede (V. 44 f.) und davon, dass sie mit großer Freude beieinander waren (V. 47). So beschreibt das Neue Testament die Kirche als die Gemeinde der Christen, als die Gemeinde derer, die in verbindlicher Nachfolge ihres Herrn stehen. Das Neue Testament berichtet, wie diese Gemeinde gewachsen ist, wie sie sich zunächst über Kleinasien und dann über Griechenland ausgebreitet hat und dass es auch in Rom, der damaligen Reichshauptstadt, eine christliche Gemeinde gab. An sie hat Paulus seinen berühmten Brief an die Römer geschrieben. Paulus selbst hat die Wirklichkeit der Gemeinde noch weiter theologisch gedeutet. Er hat sie als »Leib in Christus« (Röm 12,5), ja als »Leib Christi« (1Kor 12,27) bezeichnet, als einen Leib mit vielen Gliedern, von denen jedes seine spezifische Aufgabe hat.[156] Es gab verschiedene Ämter und Dienste, auch Älteste, ja »Bischöfe« (Phil 1,1; 1Tim 3,1; Apg 19,28), die aber noch keine Oberhirten im späteren Sinne waren. Eine übergemeindliche Autorität hat allerdings zumindest Paulus wahrgenommen.

Die Kirche im Sinne der Gemeinde Christi war also von allem Anfang an die Gestalt, die das Evangelium vom Reich Gottes und der Glaube an Christus gefunden hat. Glauben ohne Kirche in diesem Sinne gibt es nach dem Neuen Testament nicht. Keiner glaubt für sich allein, einer braucht den anderen. Und weil das so ist, deshalb ist die Kirche dann auch ein wichtiger Gegenstand des Glaubensbekenntnisses geworden.

b) Die Kirche als Glaubensartikel

Das Apostolische Glaubensbekenntnis nennt die Kirche als Gegenstand des Glaubens; es qualifiziert sie als »heilige« und »katholische« (allgemeine) Kirche sowie als »Gemeinschaft der Heiligen«. Das Nizänische Bekenntnis nennt darüber hinaus noch die Prädikate der Einheit und der Apostolizität der Kirche: »die eine, heilige, katholische (allgemeine) und apostolische Kirche«. Inwiefern ist diese Gemeinschaft, die doch jedermann vor Augen ist, eigentlich ein Glaubensartikel? Sie ist es in dem Sinne und deshalb, weil diese Gruppe von Menschen natürlich unterschiedlich bewertet, unterschiedlich gedeutet werden kann. Es ist schon eine kühne Deutung, wenn man die Anhänger Jesu überhaupt als »ekklesia«, also als Gruppe derer bezeichnet, die Gott

156 Das Bild von einer Gemeinschaft als Leib hat Paulus aus dem griechischen Denken aufgenommen.

aus der übrigen Menschheit herausgerufen hat. Dazu kommt dann zunächst das Wagnis, dass hier von einer »heiligen« Gemeinschaft gesprochen wird. Dabei ist an die wechselvolle Geschichte dieser Kirche und auch an ihren gegenwärtigen Zustand zu denken. Die Kirche blieb ja nicht so, wie sie uns das Neue Testament beschreibt – und bereits das Neue Testament zeigt Auseinandersetzungen, Streitereien, mancherlei Unordnung in der frühen Kirche. Aber die Kirche wuchs, sie wurde eine Organisation, die schließlich über die ganze Welt verstreut existiert, die im Laufe ihrer Geschichte mancherlei Macht ausgeübt und auch Unrecht verübt hat. Allerdings – das wird häufig vergessen – war die Geschichte der Kirche zugleich eine solche, die auch viel Segen gewirkt hat: als Geschichte geistiger Befreiung und als Liebes- und Sozialgeschichte. Die Rede des Bekenntnisses von der »heiligen« Kirche meint diese durchaus menschliche und in sich ambivalente Kirche. Das Glaubensurteil, dass es sich hier um eine »heilige« Gemeinschaft handelt, schließt nicht aus, dass es dabei um eine Gruppe von Menschen in all ihrer Sündhaftigkeit geht. Dieses Urteil beruft sich jedoch auf das Licht, das von der »Sache« des Jesus Christus ausgeht, die diese Menschen bewegt und die über diesen Menschen einen Schein der Barmherzigkeit Gottes aufrichtet. Die Kirche ist also »heilig« nicht einfach wegen der Segensgeschichte, die auch von ihr zu erzählen ist. Vielmehr ist es das Gnadenwort von der Vergebung und Rechtfertigung, das über ihr ausgesprochen ist, das zu diesem Prädikat Anlass gibt. Dies ist jedenfalls die evangelische Auffassung von der Heiligkeit der Kirche.[157] Sie

157 Die Confessio Augustana spricht in Art. VII von der Kirche als von der Versammlung der (an die rechtfertigende Gnade) Glaubenden, die solche Rechtfertigung ständig neu durch Wort und Sakrament im Gottesdienst empfangen.

steht in einer gewissen Spannung zum katholischen Verständnis solcher Heiligkeit, das Mühe hat, die Sündigkeit der Kirche wirk-lich zuzugeben.[158] Das Bekenntnis meint natürlich zugleich, dass die Barmherzigkeit Gottes, unter der diese Schar von Menschen ihren Weg geht, in ihr stän-dig neuen Geist und neues Leben zuwege bringt. Das Licht der ewigen Barmherzigkeit Gottes wird immer wieder auch zum wahrnehmbaren Kennzeichen derer, die von diesem Licht Zeugnis geben (vgl. Mt 5,14: »Ihr seid das Licht der Welt«). Dennoch behauptet der Glaube, wenn er von der Kirche als einer »heiligen« spricht, mehr und anderes als jemand, der in angeblicher Objektivität die Dinge nur von außen beschreibt.

Auch das Prädikat »katholisch« (allgemein[159]) ist ein Glaubensurteil über die Kirche. Dabei müssen sich Protestanten überhaupt daran gewöhnen, dass sie sich im Glaubensbekenntnis zur »katholischen« Kirche bekennen. Es ist jedoch eine Usurpation, dass dieses Prädikat von einer Konfessionskirche – der römisch-katholischen – exklusiv für sich in Anspruch genommen wird. Luther und die anderen reformatorischen Väter haben immer wieder unterstrichen, dass *wir* evangelischen Christen die katholische Kirche sind, einfach deshalb, weil hier die wiederentdeckte allgemeine Wahrheit des Evangeliums lebendig ist. Die allgemeine (katholische) Wahrheit: Das meint aber eben nun, dass die Kirche etwas zu

158 Nach der Lehre des II. Vaticanums ist die Kirche zwar »zugleich heilig und stets der Reinigung bedürftig« (LG 8) – dies ist tatsächlich eine wichtige Aussage –, gleichzeitig aber hält sie daran fest, dass es im Grenzfall so etwas wie eine programmierte Irrtumslosigkeit (»Unfehlbarkeit«) in ihr gibt, wenn auch nur in begrenztem Umfang.

159 Die evangelische Tradition übersetzt das aus dem Griechischen stammende Wort »catholica« mit »christlich« wie es mitunter schon im Spätmittelalter üblich war.

vertreten hat, das für alle Menschen da ist, das eine universale Gültigkeit besitzt, weil hier Heil und Wahrheit für alle Welt verkündet und angeboten werden. Auch das ist ein Anspruch, der von außen nicht zu beweisen ist. Er ist erst recht nicht mit Gewalt durchzusetzen. Und er schließt den Respekt vor Andersdenkenden ein. Aber dieser Anspruch drängt sich dem auf, der selbst dem Evangelium begegnet ist, der von ihm her zu leben versucht und der in der Gemeinde der Getauften Erfüllung, Wahrheit und Zukunft gefunden hat. »Ich wünschte, alle würden das erfahren!« In solcherart Katholizität, nämlich der Allgemeinheit und Universalität, die die Kirche weniger für sich selbst als für die von ihr in die Welt getragene Botschaft bekennt, liegt der Ansatz einer recht verstandenen Mission, die der Kirche aufgetragen ist. Die Kirche ist, wenn sie es ernst meint mit dem Schatz, den sie gefunden hat, notwendig missionarische Gemeinde: Gemeinde, die Gottes gute Nachricht allen Menschen übermitteln will.[160] Aber auch in dieser Hinsicht ist das Prädikat »katholisch« ein Glaubensurteil, eine Deutung des Glaubens im Hinblick auf das, was die Kirche zur Kirche Christi macht.

Das Bekenntnis des Apostolikums zur Kirche hat noch einen Zusatz: »Gemeinschaft der Heiligen«, »sanctorum communio«. Es ist eigentlich verwunderlich, dass dies nun noch einmal ausdrücklich gesagt wird, nachdem schon vorher das Prädikat »heilig« für die Kirche genannt worden ist. Eine Doppelung in dem knappen Bekenntnis ist eigentlich schwer verständlich. Man hat aber beobachtet, dass in anderen Texten aus der Zeit der alten Kirche die Wendung »communio

160 Die missionarische Dimension der Kirche ist im 20. Jahrhundert ein Hauptthema der ökumenischen Theologie gewesen und bewegt auch gegenwärtig die evangelische Christenheit in Deutschland. So war »Mission« z. B. auf der Synode der EKD 1999 das sachliche Schwerpunktthema.

sanctorum« eine andere Bedeutung hatte.[161] Könnte der Sinn von »communio sanctorum« auch sein: Gemeinschaft an den »heiligen Dingen«, den »sancta«, womit dann die Sakramente Taufe und vor allem das Abendmahl, die Eucharistie im Blick wären? Bei solcher Deutung läge keine Doppelung vor, und es wären plötzlich indirekt Taufe und Abendmahl genannt, die sonst im Bekenntnis fehlen würden. Taufe und Abendmahl sind aber, wie wir schon sahen (vgl. Apg 2,38.42), konstitutive Merkmale der Gemeinde Christi. »Gemeinschaft an den heiligen Dingen« – das hieße dann: Weil es die Gemeinde der Getauften ist und weil sie regelmäßig das Mahl des Herrn feiert, deshalb und von daher ist sie heilige und katholische Kirche. Denn Taufe und Abendmahl sind Vollzüge, in denen die Glaubenden der Gegenwart des Herrn teilhaftig werden und in denen sie grundlegend (Taufe) und immer neu (Herrenmahl) zur Gemeinde als dem Leibe Christi zusammengeschlossen werden.[162]

c) Kirche als Institution

Wenn wir mit dem Glaubensbekenntnis und dem Neuen Testament so, wie wir es bisher taten, von der Kirche sprechen, mag uns das sympathisch sein. Das Problem, das wir weithin mit der realen kirchlichen Institution haben – mit aller Bürokratie und aller Schwerfälligkeit, mit allen persönlichen Unzulänglichkeiten und mit ihrer Geschichte –,

161 Man kann das zweite lateinische Wort dieser Formel »sanctorum« auch als Genitiv von »sancta« (neutr. plur.) auffassen (anstatt als Genitiv von »sancti«), wie es in der alten Kirche vielfach geschah und möglicherweise der eigentliche Sinn dieser Wendung auch im Apostolikum ist.

162 Allerdings würde solches Verständnis der Wendung »sanctorum communionem« dann auch eine andere deutsche Übersetzung erfordern, etwa »Gemeinschaft am Heiligen«.

ist damit nur beiseite geschoben, aber noch nicht abgearbeitet. Sollten wir es vielleicht so lösen, dass wir sagen: Eine Gemeinschaft der Christen bejahen wir schon, aber die Institution lehnen wir ab, sie ist etwas Fragwürdiges, weil sie jene Gemeinschaft verunstaltet? Die reale Kirche, wie sie uns vor Augen ist, scheint eine Diskrepanz zu durchziehen zwischen Institution und Gemeinschaft von Glaubenden, zwischen Steuerzahlern und Repräsentanten hier, den praktizierenden Christen dort.[163] Wäre es nicht gut, diesen Knoten einfach durchzuhauen?

An dieser Stelle ist ein Seitenblick auf die Sozialwissenschaften hilfreich. Zweierlei hören wir hier.

(1) Für fast alle Arten von menschlicher Gemeinschaft sind institutionelle Formen eine unabdingbare Notwendigkeit. Denn Institutionen sind Regeln gemeinschaftlichen Verhaltens (bis hin zu Rechtsformen), die bestimmte notwendige Vorgänge auf Dauer stellen und die damit Beliebigkeiten und Willkürlichkeiten im Zusammenleben, die eine Gemeinschaft gefährden können, auf ein Mindestmaß beschränken.[164] Das gilt für alles gesellschaftliche Zusammenleben: die Institutionen des Staates, der Polizei, aber auch z. B. des Friedhofs oder des Lebensmittelhandels regeln grundlegende gesellschaftliche Bedürfnisse und stellen sie auf Dauer. Man kann dabei von »konkreter Freiheit«[165] sprechen, die nur durch Institutionen gewährleistet, jedenfalls vor zerstörerischer Beliebigkeit geschützt ist.

163 Der berühmte Kirchenjurist Rudolf Sohm hat dementsprechend die These vertreten, dass das Recht der Kirche im Widerspruch zu ihrem geistlichen Wesen stünde.

164 Vgl. Theorie der Institution, hrsg. v. H. Schelsky, Gütersloh 1970; D. Rößler: Die Institutionalisierung der Religion, in: Volkskirche – Kirche der Zukunft?, hrsg. v. W. Lohff u. L. Mohaupt, Hamburg 1977, S. 41–69; U. Kühn: Kirche (HST 10), Gütersloh 2. Aufl. 1990, S. 167 ff.

165 Dieser Begriff geht auf G. F. W. Hegel zurück.

Die Sozialwissenschaften lehren uns allerdings noch etwas Anderes.

(2) Institutionen sind immer auch gefährdete und damit gefährliche Einrichtungen. Sie können erstarren, sie können einen unguten Selbstlauf nehmen, sie können Entwicklungen, Veränderungen und Kreativität verhindern. Das ist der Grund, weshalb auch im gesellschaftlichen Bereich immer wieder Sturm gegen bestimmte Institutionen gelaufen wird, weshalb man vom »Marsch durch die Institutionen« gesprochen hat und weshalb z. B. die Institution des Staates sich niemals großer Beliebtheit erfreut (so sehr man andererseits das Funktionieren des Staates einfordert).[166]

Kirche als Institution – hier gibt es demnach ebenfalls zwei Seiten.

(1) Schon im Neuen Testament existiert die Gemeinde Christi nicht ohne institutionelle Elemente. Bereits erwähnt wurden die Institutionen der Taufe und des Herrenmahls, zu erwähnen ist die regelmäßige Verkündigung in den Versammlungen, sind die öffentlichen Gebete, sind Formen sozialer Hilfeleistung. Diese Institutionen werden in der idealtypischen Beschreibung der Gemeinde Apg 2,42 zusammengestellt und haben bis heute für die Kirche grundlegende Bedeutung.[167] Die Institution des regelmäßigen Sonntagsgottesdienstes entnimmt auch heute die gottesdienstlichen Zusammenkünfte dem Zufall des aktuellen Bedürfnisses (etwa des Pfarrers). Es ist eine heilsame Regel, dass jeden Sonntag – und schon der Sonntag ist eine Institution – zu einer bestimmten Zeit die Glocken läuten.

---

166 Auf diese problematische Seite aller Institutionen hat besonders der Frankfurter Sozialphilosoph J. Habermas hingewiesen.

167 Bei den Sakramenten, der Wortverkündigung, aber auch hinsichtlich des Amtes der Kirche, von dem sogleich zu reden ist, hat man in der Geschichte der Theologie auch von Institutionen »göttlichen Rechtes« (weil von Christus gestiftet) gesprochen.

Hinzu kommt, dass es von Anfang an institutionalisierte Verantwortlichkeiten gab, Ämter, die für Verkündigung, geistliche Gemeinschaft und Ordnung in den Gemeinden und zwischen den Gemeinden zu sorgen hatten. Auch das Apostelamt war eine solche Institution. Im Laufe der Zeit bildete sich bei der größer werdenden Kirche eine Ämterstruktur heraus, die sich als notwendig erwies, um die Einheit der Kirche in der Liebe und Gemeinschaft sowie in der einen apostolischen Wahrheit zu bewahren. Konkret ist hier vor allem an die Dreiheit der Ämter des Bischofs, des Presbyters und des Diakons zu denken, die im heutigen ökumenischen Dialog wieder eine große Rolle spielt.[168] Es geht nicht und es ging niemals ohne solche Institutionen, die für die Einheit in der Wahrheit, für Frieden und Gerechtigkeit in der Gemeinde Christi einstehen. Wenn das Nizänische Glaubensbekenntnis, wie wir sahen, der Kirche auch das Prädikat »apostolisch« zuerkennt, dann ist damit auch auf die Dringlichkeit von Institutionen hingewiesen, die der Kirche helfen, in der ursprünglichen, von den Aposteln verkündeten Wahrheit zu bleiben. Konkret wäre zu denken an die Heilige Schrift (deren Geltung ja eine grundlegende Institution der Kirche ist), an das kirchliche Bekenntnis, und an Ämter,

168 Das zeigt sich z. B. in dem vom Ökumenischen Rat der Kirchen (Kommission für Glauben und Kirchenverfassung) verfassten, berühmt gewordenen Text »Taufe, Eucharistie und Amt« (sog. Lima-Text, da in Lima/Peru 1982 verabschiedet), wo im Amtsteil auf diese Dreiheit betont hingewiesen wird. Im neueren katholisch-evangelischen Dialog ist die Frage des in der »apostolischen Sukzession« stehenden Bischofsamtes ein besonders schwieriges Thema. Das Fehlen dieses Amtes in den evangelischen Kirchen ist nach offizieller katholischer Lesart der Grund dafür, dass die evangelischen Kirchen nicht als Kirchen im vollen Sinne anerkannt werden und es auch keine Gemeinschaft im Abendmahl gibt.

die für die Wahrheit immer neu einstehen.[169] Sie braucht auch Personen, die sie repräsentieren, nach innen und nach außen, die als Hirten für die ganze Kirche sprechen können. Im ökumenischen Dialog überlegen wir gegenwärtig sogar, ob nicht auch eine Institution wünschenswert ist, die die Gesamtchristenheit weltweit vertritt.[170]

(2) Das *Problem* der Kirche als Institution tritt freilich dort in den Blick, wo Strukturen sich verselbständigen und verfestigen, wo Bürokratie überhand nimmt und Macht ausgeübt wird, wo das Leben aus Glauben leidet und unglaubwürdig wird. Hier liegt nicht nur ein Feld evangelischer Kritik an der weltweiten Institution der katholischen Kirche mit ihrem Zentralismus, ihrem Totalitätsanspruch und dem Anspruch auf Unfehlbarkeit, sondern auch die Notwendigkeit innerevangelischer Kritik an unserer eigenen Kirche, z. B. an der Vielzahl von Gremien und Gesetzen oder auch an mancherlei Verflechtungen mit den Strukturen der Öffentlichkeit. Zum Problem wird die Institutionalität der Kirche auch beim Stichwort »Volkskirche«, nämlich dann, wenn man hier lediglich eine Institution zur Pflege religiöser Bedürfnisse im Auge hat, bei der Dienstleistungen abgerufen werden können (Taufen, Hochzeiten, Bestattungen, Einweihungen), ohne dass das, was Kirche eigentlich ausmacht – lebendige, verpflichtete Gemeinde der Nachfolge zu sein –, noch zureichend bewusst wird.[171]

169 Diese drei Institutionen waren in der frühen Kirche die drei »Mauern« gegen den Einbruch von Irrlehre, wie sie damals die Gnosis darstellte.

170 Auch in der evangelischen ökumenischen Theologie begegnet die Frage nach einem universalen »Petrusdienst« der Kirche, der allerdings in vielem (theologisch und rechtlich) anders aussehen müsste als das römische Papsttum.

171 Das ist die Gefahr der Definition der Kirche als »Institution der Freiheit«, wie sie in dem bereits erwähnten (o. Anm. 164) programmatischen Band »Volkskirche – Kirche der Zukunft?« leitend ist.

Daher ist es notwendig, dass die kirchliche Institution immer neu von der Sache her, die in der Gemeinde Gestalt gewinnen soll, reformiert und verändert wird.

In diesem Zusammenhang ist nun aber noch auf ein Problem hinzuweisen, das die Geschichte der Kirche durchzieht und das uns gegenwärtig auch ganz praktisch sehr zu schaffen macht. Die Institutionalität der Kirche bringt nämlich eine Differenz zwischen der formellen Mitgliedschaft in der Kirche (die in der Taufe begründet wird) und dem wirklich gelebten Christsein der Kirchenglieder mit sich. Nicht alle Getauften leben als Christen, ja es gibt eine Menge Getaufter, die formalrechtlich aus der Kirche »ausgetreten« sind. Andererseits gibt es durchaus Glaubende, die (noch) nicht Glieder der Kirche, noch nicht getauft sind oder die in anderen christlichen Gemeinschaften sozialisiert sind. Was bedeutet die »Heiligkeit« und auch die »Katholizität« der Kirche im Blick auf diese Differenz? Diese Frage hat schon den Kirchenvater Augustin beschäftigt, sie ist ein wichtiges Thema des Nachdenkens über die Kirche in der Reformation gewesen,[172] und auch die katholische Lehre von der Kirche kennt dieses Problem.[173] Man wird dabei festzuhalten haben, dass Taufe und Herrenmahl in

172 Man spricht häufig von dem Unterschied zwischen »sichtbarer« und »unsichtbarer« Kirche. Das ist freilich nicht völlig exakt. In der Apologie der Augsburger Konfession (Art. VII) wird jedoch in der Tat ein doppelter Kirchenbegriff entwickelt: Kirche als bloße Gemeinschaft in äußeren Riten, Kirche als Gemeinschaft wahrhaft Glaubender (die freilich ebenfalls durch die äußeren Riten wie die Taufe begründet wird und darin auch ihre sichtbare Seite hat). Eine ähnliche Unterscheidung findet sich bei Calvin: Kirche ist primär Gemeinschaft der wahrhaft Erwählten, Kirche ist aber auch die äußere, vom Herrn gestiftete Institution.

173 In der »Konstitution über die Kirche« des II. Vaticanums (Nr. 14) wird unter Berufung auf Augustin formuliert: »Nicht gerettet wird aber, wer, obwohl der Kirche eingegliedert, in der Liebe nicht verharrt und im Schoße der Kirche zwar ›dem Leibe‹, aber nicht ›dem Herzen‹ nach verbleibt.«

jedem Falle eine geistliche Wirkung haben, dass also auch die nichtglaubenden Getauften aus der Barmherzigkeit Gottes (und damit aus dem geistlichen Verband der Kirche) nicht einfach entlassen sind. Man wird bei den Glaubenden, die nicht getauft sind, ein ebenfalls tiefes geistliches Band wahrzunehmen haben, das sie mit der Gemeinschaft der Kirche verbindet. Und man wird dort, wo in verschiedenen Konfessions- und Freikirchen Taufe und Herrenmahl (noch getrennt) praktiziert werden, eine grundlegende und sogar sichtbare Einheit der Kirche, die ja ohnehin in Christus vorgegeben ist und die unsere konfessionellen Teilungen von Grund auf relativiert, wahrzunehmen haben. Damit kommen wir zu unserem letzten Gedankengang in diesem Kapitel.

d) Einheit und Vielfalt der Kirche

Das Glaubensbekenntnis nennt die Kirche im Singular als Glaubensgegenstand. Dies wird unterstrichen durch das Prädikat der Einheit der Kirche, wie es ausdrücklich im Nizänischen Bekenntnis erscheint: »Ich glaube die ›eine‹ Kirche.« Dass es nur eine Kirche gibt, ist selbstverständliche Voraussetzung, allerdings auch Gegenstand von Ermahnung im Neuen Testament: »ein Leib und ein Geist, wie ihr auch berufen seid zu einerlei Hoffnung eurer Berufung; ein Herr, ein Glaube, eine Taufe, ein Gott und Vater aller ...« (Eph 4,4 f.), verbunden mit der Aufforderung, solche Einheit durch das Band des Friedens auch zu bewahren.

Angesichts der Realität der Kirche sind das noch einmal kühne Behauptungen. Denn wir erleben nicht die Einheit, sondern die Vielzahl von Kirchen, zwischen denen eine wirkliche geistliche Gemeinschaft weithin nicht gegeben ist. Wir haben uns daran gewöhnt, dass es in unserer westeuropäischen Landschaft die beiden großen Kirchen gibt – die evangelische und die katholische, mit all den Problemen zwischen beiden. In Osteuropa finden wir die orthodoxen Kirchen. Und es gibt eine

Vielzahl weiterer Kirchen, Freikirchen und christlicher Gemeinschaften.[174] Zwischen evangelischer und katholischer Kirche hat es nicht nur Glaubenskämpfe, sondern auch blutige Auseinandersetzungen – mit handfesten politischen Interessen verbunden – gegeben, die Europa erschüttert haben. Die Glaubwürdigkeit des Christentums wurde und wird dadurch beeinträchtigt. »Ich glaube die (eine) Kirche« – ist das nicht eine ideologische Farce?

Wem es um den Glauben an Christus und seine Zukunft in unserer Welt zu tun ist, der kann angesichts dieses Zustandes der Christenheit nicht ruhig sein. Und es war nicht zufällig eine Missionskonferenz im Jahre 1910, die den Beginn der ökumenischen Bewegung des 20. Jahrhunderts darstellt. Um der Glaubwürdigkeit des christlichen Zeugnisses in einer nichtchristlichen Welt willen galt und gilt es, nach dem zu fragen, was uns eint, und nach Wegen der Überwindung unserer Trennungen und Teilungen zu suchen.

Es war eine wichtige Station auf dem ökumenischen Weg, als 1952 die Formel geprägt wurde: »Unser Einssein in Christus und unsere Uneinigkeit als Kirchen«.[175]

---

174 Wenn wir in ein Telephonbuch schauen, wird uns dokumentiert, was alles neben der lutherischen Landeskirche und der römisch-katholischen Kirche noch an Kirchen existiert: Evangelisch-Reformierte Kirche; Evangelisch-Lutherische Freikirche; Bund Evangelisch-Freikirchlicher Gemeinden (Baptisten); Evangelische Gemeinde Elim; Evangelisch-Methodistische Kirche; Jesus-Gemeinde; Christengemeinschaft; Heilsarmee; Gemeinschaft der Sieben-Tages-Adventisten; Katholisch-Apostolische Gemeinde; Kirche Jesu Christi der Heiligen der letzten Tage (Mormonen); Jehovas Zeugen; Neuapostolische Kirche; Russische Kirche. Im internationalen Maßstab gibt es noch weitere, z. B. die Anglikanische Kirche (in Amerika: Episcopal Church), die Pfingstkirchen, die Kirche der Brüder etc.

175 Das ist der Titel des Berichtes der Sektion I (Glauben und Kirchenverfassung) auf der Zweiten Vollversammlung des Ökumenischen Rates der Kirchen 1954 in Evanston (Text in: Die Einheit der Kirche. Material der ökumenischen Bewegung, hrsg. v. L. Vischer, München 1965, S. 145–159).

Mit dieser Formel wurde die grundlegende gemeinsame Glaubensbasis der im Ökumenischen Rat der Kirchen zusammengeschlossenen Kirchen (es sind jetzt weit über 300) festgestellt, wie sie dann auch in der sog. »Basisformel« des Ökumenischen Rates der Kirchen Ausdruck gefunden hat.[176] Seither wird entschlossen nach Wegen der Gemeinschaft gesucht – im Ökumenischen Rat, im Gespräch mit der Römisch-Katholischen Kirche[177] und in anderen zwischenkirchlichen Verhandlungen. Vor allem wird auch gefragt, wie die dogmatisch-glaubensmäßigen Unterschiede heute zu bewerten sind und wie wir mit früheren gegenseitigen Verurteilungen umzugehen haben. Soll unseren Vätern Streitsucht, Eigensinn und mangelnder Durchblick vorgeworfen werden? Sollen wir darauf beharren, dass nur der damalige Gegner im Unrecht war? Der Weg, der sich heute zeigt, ist die Einsicht, dass die Kirchen eine Wandlung durchgemacht haben. Wir haben zunehmend das Gemeinsame unseres Glaubens, unserer Glaubensurkunden und vieler Glaubensvollzüge entdeckt. Wir haben uns gemeinsam der uns verbindenden Heiligen Schrift und den altkirchlichen Bekenntnissen zugewandt. Die meisten Kirchen erkennen die Gültigkeit der Taufe gegenseitig an und haben begriffen, dass sie in ihr ein grundlegendes Band der Einheit besitzen. Auch die geistliche Kraft der Verkündigung und

176 In der erweiterten Fassung von 1961 lautet sie: »Der Ökumenische Rat der Kirchen ist eine Gemeinschaft von Kirchen, die den Herrn Jesus Christus gemäß der Heiligen Schrift als Gott und Heiland bekennen und darum gemeinsam zu erfüllen trachten, wozu sie berufen sind, zur Ehre Gottes, des Vaters, des Sohnes und des Heiligen Geistes.« (Neu-Delhi 1961, hrsg. v. W. A. Visser't Hooft, Stuttgart/Basel 1962, S. 170)

177 Die Römisch-Katholische Kirche hat sich offiziell seit dem II. Vatikanischen Konzil (1962–1965) zur ökumenischen Bewegung bekannt, natürlich mit eigenen Zielvorstellungen.

des Herrenmahles wird gegenseitig konstatiert,[178] so dass auch hier – selbst wenn noch keine gemeinsame Abendmahlsfeier möglich wäre – doch jene geistliche Wirklichkeit gegeben ist, die uns zu »einem Leib« zusammenschließt (1Kor 10,16 f.). Besonders wichtig ist es, dass die Christen an der Basis zunehmend gespürt haben, dass sie in der Nachfolge des einen Herrn verbunden sind – und weithin nicht mehr verstehen können, warum es noch Schwierigkeiten zwischen den Kirchen gibt. Darin liegen die Gründe für die intensiven theologischen Dialoge seit 30 Jahren und für die Frage, ob nicht heute eine Revision der alten Urteile fällig ist.[179]

Noch eine weitere Einsicht ist wichtig: Es gibt eine notwendige und legitime Vielfalt des Christlichen. Sie wird schon im Neuen Testament sichtbar und setzt sich durch die Geschichte der Kirche fort. Es kann also nicht darum gehen, so etwas wie eine Einheitskirche zu schaffen. Speziell in Europa sollten orthodoxe, katholische und evangelische Christen und Kirchen, die jeweils in einem Teil Europas (auch mentalitätsbedingt) vorherrschend sind, einan- der als legitime unterschiedliche Ausprägungen des einen Glaubens ansehen, die miteinander die Fülle des Christlichen deutlicher werden lassen als jede der Konfessionskirchen für sich. Insbesondere im Bereich der kirchlichen Strukturen muss die Einsicht noch wachsen, dass es gerade hier unterschiedliche Formen geben kann, die sich gegenseitig ergänzen,

178 Das gilt auch für die katholische Sicht des evangelischen Abendmahls, auch wenn es da den Vorbehalt gibt, dass (wegen eines Mangels bei der Ordination nach katholischer Sicht) nicht die »volle Substanz« der Eucharistie gegeben sei (Vaticanum II: Dekret über den Ökumenismus, Nr. 22) – ein nach wie vor sehr schmerzlicher Punkt.

179 Diese Frage steht im Vordergrund der bekannten Studie »Lehrverurteilungen – kirchentrennend?« (Bd. I, Freiburg/Göttingen 1986), die nach dem Papstbesuch in der Bundesrepublik 1980 erarbeitet worden ist.

aber nicht ausschließen müssen, eine »versöhnte Verschiedenheit« also. Ebenso haben wir gelernt, unsere dogmatischen Unterschiede und diejenigen unserer Frömmigkeit weitgehend (wenn auch noch nicht durchweg) als unterschiedliche Gestaltungen des verbindenden Glaubens zu erkennen. Dies ist der Anlass, immer dringlicher nach voller geistlicher Gemeinschaft – zentral in der Eucharistie, am Altar – zu suchen. Freilich ist dies ein Weg, der einen langen Atem erfordert.[180]

Dass gegenwärtig die Frage noch weiter reicht, dass nämlich zunehmend von einer Ökumene der Weltreligionen gesprochen wird, sei hier nur noch angemerkt. An dieser Stelle werden die Probleme umso schwieriger, je näher und konkreter die Erörterungen an die religiöse Substanz gehen. Dass es eine notwendige Kooperation zum Wohl der gemeinsamen Welt zu geben hat, ist uns allen deutlich[181] – und macht jede Form des Gespräches unentbehrlich. Was indessen die Fragen des Glaubens betrifft, ist zwar ein interreligiöser Dialog ebenfalls ganz dringlich, und es gibt Überraschendes – auch Verbindendes und Hilfreiches – bei den anderen zu entdecken, eine tiefe Weisheit in teilweise uralten Kulturen. Freilich ist es zunächst Sache der Christen untereinander, zu Klärungen zu kommen, um uns selbst und der Welt den Skandal der gespaltenen Christenheit nicht länger zuzumuten.

---

180 Ein wichtiges Zeichen solcher gegenseitigen Verständigung ist die am 31. Oktober 1999 offiziell unterzeichnete »Gemeinsame Erklärung zur Rechtfertigungslehre« der im Lutherischen Weltbund zusammengeschlossenen Lutherischen Kirchen und der Römisch-Katholischen Kirche, die am Ende eines über 40-jährigen theologischen Dialogs steht. Diese Erklärung betrifft jenen zentralen Gegenstand, der recht eigentlich der Grund des reformatorischen Protestes im 16. Jahrhundert und der daraufhin erfolgten Kirchentrennung war. Auf den Sinn der Rechtfertigungsbotschaft werden wir im nächsten Kapitel noch zu sprechen kommen.

181 H. Küng: Projekt Weltethos, München 1993.

Glaube ja – Kirche nein? Es könnte in der Tat auf der Hand liegen, das vielfältige Gestrüpp, das die Kirchen darstellen, die Hürden, die in der langen zweitausendjährigen Geschichte aufgebaut worden sind, alles Menschlich-Allzumenschliche, das die Kirchen sich selbst und dem Evangelium entgegenstellen, einfach hinter sich zu lassen und so etwas wie einen reinen Glauben zu versuchen, unbeschwert von Menschlichkeit und Geschichtlichkeit, Institution und Bürokratie. Das wird nicht gelingen. Dieser Glaube – wenn er denn existieren sollte – wird ein rein privater Glaube bleiben, eine vielleicht edle ethische Gesinnung. Es gehört aber zum Wesen des christlichen Glaubens, dass er in dieser Welt auch gemeinschaftlich Gestalt gewinnt. Christsein für sich allein ist letztlich weder sinnvoll noch überhaupt möglich. In dem Maße aber, in dem ich es mit anderen Christen und mit gemeinsamen Wegen, Schritten, Gestaltungen zu tun habe, komme ich in den Strudel der zwischenmenschlichen Probleme, die auch unter Christen nicht ausbleiben, gibt es Unterschiede der Meinungen, Misstrauen, Verdächtigungen, Machtstreben und Egoismus. Das Glaubensbekenntnis sagt uns: In all diesem Strudel ist, wenn auch oft verborgen, Gemeinschaft der Heiligen immer wieder sichtbar, ist wahre Kirche da. Und es kommt von Tag zu Tag darauf an, das, was das Glaubensbekenntnis von der Heiligen Schrift her bekennt, auch kritisch gegenüber der Kirche, wie sie zu erleben ist, geltend zu machen und zum Zuge zu bringen. Die Kirche, unter der Christen leiden und die sie dennoch in aller Schwachheit lieben wie eine Mutter[182], wäre dann eine solche, die vom Glauben und vom Evangelium Christi her sich ständig erneuert: ecclesia semper reformanda. Sie wäre heilig nicht aus sich selbst, auch nicht von einer billigen Gnade her, sondern im Widerschein der trösten-

182 Luther kann die Kirche bezeichnen als eine »Mutter, die einen jeglichen Christen zeugt und trägt durch das Wort Gottes« (Großer Katechismus, Auslegung des 3. Artikels).

den, ermutigenden, vergebenden und dann auch immer erneuernden Barmherzigkeit Gottes.

10. Wozu ist das Christentum gut? – Vergebung der Sünden

Im dritten Artikel des Glaubensbekenntnisses wird unter den Wirkungen des Heiligen Geistes als Zweites nach der Kirche die »Vergebung der Sünden« genannt. Jetzt ist wieder (mindestens vorrangig) der einzelne Glaubende im Blick, dem solche »Vergebung der Sünden« zuteil wird. Bemerkenswert ist dabei, dass das Christsein des Einzelnen mit diesem Stichwort »Vergebung der Sünden« zusammenfassend charakterisiert wird. Damit korrigiert das Bekenntnis die Annahme, Christsein bestünde ausschließlich in der Nächstenliebe, in der Befolgung des Gebotes Gottes »Liebe deinen Nächsten wie dich selbst«. Natürlich ist christlicher Glaube ohne seine Verwirklichung in der Liebe nicht vorstellbar (vgl. 1Joh 4,20). Aber auf die Frage, wozu das Christentum für den Menschen gut ist, bekommen wir jetzt die weitere Antwort: zur »Vergebung der Sünden«.

Wir scheuen uns dabei nicht vor der Frage nach einem »Nutzen« des Christentums, weil das wesentlich zur Rechenschaft des Glaubens gehört, die er anderen schuldig ist. »Worin besteht für uns das Gute des Christentums, das uns zusammen mit den Zeitgenossen unser eigenes privates und unser gemeinsames gesellschaftliches Leben bestehen hilft, auf das wir nicht verzichten zu können meinen und das wir daher auch nicht gegen irgendein anderes uns angebotenes Gut auszutauschen bereit sind?«[183] Sicher haben wir bisher schon wesentliche Elemente einer Antwort auf diese Frage herausgearbeitet. Nun aber – gegen Ende – soll der Kern zusammenfassend benannt werden.

183 H. Zahrnt: Wozu ist das Christentum gut?, München 1978, S. 20.

Dieser Kern wird sich dann in der letzten Aussage des Glaubensbekenntnisses (über die Hoffnung der Christen) als ein Geschehen erweisen, das Gegenwart und Zukunft gleichermaßen umgreift.

a) Die Bekenntnisaussage »Vergebung der Sünden«

Fast wirkt diese knappe Aussage neben den ausladenden christologischen Formulierungen und der immerhin verhältnismäßig ausführlichen Bekenntnisaussage über die Kirche eher unbedeutend und versteckt. In Wirklichkeit liegt ein besonderer Akzent auf diesem Bekenntnis zur »Vergebung der Sünden«. Und dieser Akzent beruht darauf, dass wir es in dieser knappen Aussage zugleich mit einem Hinweis auf die und einem Bekenntnis zur *Taufe* zu tun haben. Dass das so ist, geht u. a. aus der parallelen Formulierung im Nizänischen Glaubensbekenntnis (vgl. I/2) hervor, die lautet: »Ich bekenne die eine Taufe zur Vergebung der Sünden.« Und es bestätigt sich durch die damalige Taufpraxis, die sich noch ganz der neutestamentlichen Praxis verpflichtet wusste. »Eine der großartigsten Überzeugungen der Christen war, dass in der Taufe alle ihre früheren Sünden ein für allemal abgewaschen wurden. Wir gedenken der dramatischen Worte des Petrus (Apg 2,38): ›Tut Buße, und lasse sich ein jeglicher taufen auf den Namen Jesu Chisti zur Vergebung eurer Sünden‹, und des entrüsteten Vorwurfs des Paulus gegen die rückfälligen Korinther (1Kor 6,11): ›Aber ihr seid abgewaschen, ihr seid geheiligt, ihr seid gerecht geworden.‹«[184]

Man vergegenwärtige sich, dass wir es im ganzen Bekenntnis ursprünglich mit einem Taufbekenntnis zu tun haben. Was aber geschah in der Taufe? Worauf hatten sich die Taufbewerber wochenlang vorbereitet? Die Formulierung »Vergebung der Sünden« gibt die Antwort: In der Taufe erfolgte der Übergang von der alten Lebensform, die dem

184 N. D. Kelly: Altchristliche Glaubensbekenntnisse, a. a. O. S. 160 f.

Gesetz der Sünde und des Todes folgte, in die neue Lebensform des Geistes und der Gerechtigkeit vor Gott und den Menschen. Und diesen Übergang, diesen grundlegenden biographischen Schritt bezeichnet die knappe Formulierung »Vergebung der Sünden«. »Vergebung der Sünden« – das meint: Ein Urteil der Begnadigung wird gefällt über das bisherige Leben, Gott rechnet das, was mein Leben bisher geleitet und gekennzeichnet hat, nicht an. Er eröffnet mir von Stund an eine neue Lebensausrichtung im Dienst der Liebe und der Gerechtigkeit und der Anbetung. Und er nimmt mich damit hinein in die Gemeinschaft derer, die schon vorher diese Befreiung an sich erfahren haben, in die Gemeinschaft der getauften Christen, die Gemeinde Gottes. Eine Lebenswende wird also mit dem Ausdruck »Vergebung der Sünden« bezeichnet. Und es ist deutlich, dass genau dies der Sinn des Glaubens an Christus ist, der in der Taufe sozusagen versiegelt wird: eine totale Befreiung zu erfahren und von nun an in der Gemeinschaft der Glaubenden geborgen zu sein. Das ist auch mit der Wassersymbolik der Taufe gemeint, die ja ein Sterben und Wiederauferstehen darstellt.

Das Bekenntnis nimmt hier, wie schon gesagt, das Verständnis von Taufe und Sündenvergebung auf, das wir im Neuen Testament finden. So kann Paulus davon sprechen, dass wir in der Taufe mit dem Tode Christi verbunden werden und dadurch ein für allemal der Sünde absterben, um fortan im Lichte seiner Auferstehung ein Leben im Dienst der Gerechtigkeit zu führen (Röm 6,3 ff.).[185] Auch

185 Die ganze Rechtfertigungsbotschaft des Paulus, wie er sie im Römerbrief entfaltet, kann als eine Erläuterung des Taufgeschehens verstanden werden. In der Taufe werden wir hineingenommen in jenen Lebensvorgang, in dem wir durch Glauben, nicht durch des Gesetzes Werke, vor Gott gerecht sind (Röm 3,28). Und es sind die »früher geschehenen Sündenschulden« (Röm 3,25), die durch die Rechtfertigung, in die uns die Taufe hineinnimmt, erlassen werden. In der Taufe sind wir, als mit Christus gestorben und begraben (Röm 6,3.8), ein für allemal von der Sünde befreit (Röm 6,7), um nun mit Christus zusammen (Röm 6,8) der Gerechtigkeit zu leben (Röm 6,5.18).

für ihn ist das ein Leben in der Liebe, wo der Nächste, der mir jeweils konkret vor die Füße gelegt wird, meine Zuwendung findet.[186] Der 1. Petrusbrief – ein Schreiben an Neugetaufte – meint das gleiche, wenn er die eben Getauften als die »neugeborenen Kinder« anspricht, die nun zum königlichen Priestertum erwählt sind, die vorher wie die irrenden Schafe waren, nun aber bekehrt sind zu dem Hirten und Bischof ihrer Seelen (1Petr 2,2.9.25). Man muss sich klar machen, dass die Taufe auch einen sozialen Bruch bedeutete, einen Bruch mit ethischen und religiösen Sitten und Gewohnheiten, und dass sie im Laufe der Zeit – und in Missionsgebieten bis heute[187] – nicht selten die Loslösung aus bisherigen Lebensverbänden mit sich brachte. Christwerden bedeutete eine fundamentale Lebensentscheidung.

Diese Dimension der »Vergebung der Sünden« in der Taufe ist uns heute weithin aus dem Blick gekommen. Denn die Praxis der Taufe kleiner Kinder inmitten einer von der christlichen Kultur geprägten Gesellschaft hat die Taufe eher zu einer bloßen Segenshandlung werden lassen, wenn in ihr auch zugleich die Mitgliedschaft in der Kirche begründet wird. Von dem tiefen Sinn der Formel »Vergebung der Sünden« im Sinne einer Lebenswende ist dabei nicht mehr viel zu erkennen. Darin liegt eine berechtigte kritische Rückfrage an unsere Praxis der Kleinkindertaufe.[188]

b) Die reformatorische Entscheidung

Wir müssen uns bei der Formel des Bekenntnisses »Vergebung der Sünden« noch einem zweiten historischen Zusammenhang zuwenden. Dieses Thema stand nämlich im

---

186 Vgl. Lk 10,29.36 (Gleichnis vom barmherzigen Samariter), als Auslegung z. B. von Röm 13,8–10.

187 C. H. Ratschow: Die eine christliche Taufe (1972), Gütersloh 4. Aufl. 1989, S. 223 f.

188 Es hat eine umfangreiche Diskussion über die Kindertaufe gegeben, vor allem im Anschluss an Karl Barths scharfe Kritik an ihr (bes. in KD IV/4, Zürich 1967).

Zentrum der Auseinandersetzungen des 16. Jahrhunderts, die zur abendländischen Kirchenspaltung führten. Luthers Kampf gegen die römische Kirche galt im Kern dieser Frage und der damit verbundenen geistlichen Wirklichkeit. Sie sah er aufs stärkste gefährdet in der Frömmigkeitspraxis des spätmittelalterlichen Katholizismus (angefangen beim Ablasshandel), die ihn zum öffentlichen Protest veranlasste. Gleichzeitig sah sich Luther in tiefe persönliche Gewissensqualen gestürzt.

Die Situation, in der das Thema »Vergebung der Sünden« nun erneut aktuell wurde, war allerdings gegenüber der Zeit der alten Kirche in einer Hinsicht völlig gewandelt. Inzwischen war die Kleinkindertaufe längst allgemeine Praxis geworden. So stellte sich die Frage der Sündenvergebung nicht mehr als Frage einer Lebenswende in der Taufe, sondern sie war zu einem das ganze Leben währenden Problem des als Kind Getauften geworden. Luther machte es zu schaffen, dass er als Christ jenes neue Leben in der Gerechtigkeit, das er eigentlich führen sollte, nicht zureichend zuwege brachte. Ihn bedrückte seine Unvollkommenheit, seine bleibende Sünde, und er brauchte Trost. »Wie kriege ich einen gnädigen Gott?«, ist die populäre Fassung der ihn bewegenden Frage.[189] Die Antwort der damaligen kirchlich-katholischen Lehre und Praxis stürzte ihn in noch tiefere Ängste. Bemühe dich um tiefe Zerknirschung und zeige durch Bußwerke deine aufrichtige Bereitschaft zur Besserung, dann wird dir Gott gnädig sein. Genau diese Antwort war es, die Luther Angst machte. Und dann entdeckte er bei der Lektüre des Paulus, dass das Stichwort »Vergebung der Sünden« ein ganz anderes Wort über seinem Leben aufrichtete, als er bisher aus der spätmittelalterlichen Bußpraxis entnommen hatte: das Wort der Gnade und Barmherzigkeit, das uns täglich zugesprochen wird und das nur im glaubenden Vertrauen angenommen zu werden braucht. Es ist

189 Es ist heute bekannt, dass Luther selbst diese Frage so nie formuliert hat.

das Wort der Gnade über dem, der auch als Christ Sünder bleibt. »Vergebung der Sünden« wurde so für Luther ein Wort des *täglichen* Trostes und der Ermutigung, das zugleich die Möglichkeit eines *täglichen* Neuanfangs eröffnet, was freilich bereits mit der Taufe beginnt.

Lehrmäßig zusammengefasst wurde diese Einsicht in der reformatorischen Lehre von der Rechtfertigung ohne des Gesetzes Werke allein aus Glauben, die für die Reformation als der »Artikel, mit dem Kirche steht und fällt« (»articulus stantis et cadentis ecclesiae«) galt. Dabei blieb in den Auseinandersetzungen der Reformationszeit die Bedeutung der Sündenvergebung und also der Botschaft von der Rechtfertigung des Sünders zutiefst umstritten, trotz mancher Versuche, zu einem gemeinsamen Verständnis zu finden. Den definitiven Schnitt in dieser Sache machte das Konzil von Trient (1545–1563), das in seinen Dekreten über Sünde und Rechtfertigung eine Vielzahl von Verurteilungen aussprach und damit die Kirchentrennung rechtlich fixierte. Wenn wir heute rückblickend diese Auseinandersetzung betrachten, dann tritt uns vor Augen, dass zwei ganz unterschiedliche Modelle dessen, was Rechtfertigung eigentlich bedeutet, einander gegenüberstehen. Denn im Gegensatz zur lutherischen Erfahrung, dass wir als Christen täglich auf den Trost der Rechtfertigung und Vergebung angewiesen sind, ging die altgläubige katholische Seite weiter davon aus, dass Vergebung und Rechtfertigung ein für allemal und grundlegend in der Taufe geschehen. Hier hat die Lebenswende des Menschen stattgefunden, und nun kommt es auf gute Werke an, die den Wert von Verdiensten für die ewige Seligkeit haben. Ein möglicher »Schiffbruch« zwischendrin kann durch das Institut des Bußsakraments immer wieder aufgefangen werden. Dieses katholische Modell,[190] das sich erstaunlicherweise wieder an der neutestamentlichen Praxis der Erwachsenentaufe zu orientieren versuchte und

190 Es ist im Rechtfertigungsdekret des Konzils von Trient (von 1547) ausformuliert.

auch eine persönliche Vorbereitung auf die in der Taufe erfolgende Rechtfertigung voraussetzt, war freilich angesichts der herrschenden Kindertaufpraxis anachronistisch. Es bleibt indessen die Befürchtung der katholischen Seite ernsthaft zu bedenken, dass bei den Lutheranern die ethische Erneuerung und Bewährung zu kurz kommen könnte, dass also die Gefahr einer »billigen Gnade« (Bonhoeffer)[191] gegeben sei. Umgekehrt ist es die bleibende Frage der evangelischen Rechtfertigungslehre an die katholische Konzeption, ob sie der Situation des angefochtenen Christen und der täglich von ihm zu ergreifenden Vergebung zureichend gerecht wird. Bei so unterschiedlichen Lehrmodellen ist es nicht verwunderlich, dass es im Streit auch zu Missverständnissen gekommen ist. Das liegt schon daran, dass unter den gleichen Begriffen teilweise Unterschiedliches verstanden wurde, etwa beim Begriff »Gnade« oder beim Begriff »Glaube« oder beim Begriff »Gewissheit«. Diese Einsicht, darüber hinaus die gemeinsame neue Suche nach der biblischen Wahrheit sowie die Respektierung des jeweiligen Anliegens der anderen Seite bestimmten das katholisch-evangelische Gespräch über die Rechtfertigung im 20. Jahrhundert, das seit über 40 Jahren intensiv geführt wird und das zu Resultaten geführt hat, die eine große Gemeinsamkeit des Heilsglaubens bezeugen.[192]

---

191 Vgl. oben S. 130. und Anm. 115. Es ist bemerkenswert, dass im 20. Jahrhundert der evangelische Theologe Bonhoeffer jenes Anliegen sich zu eigen machte, das im 16. Jahrhundert die katholische Seite bewegte.

192 Der Streit um die bereits erwähnte »Gemeinsame Erklärung zur Rechtfertigungslehre« (vgl. o. Anm. 180), der auf weite Strecken auch ein innerevangelischer Streit war, hat aber auch klargemacht, wo noch weitere Klärungsarbeit zwischen den Konfessionen nötig ist. Das ist insbesondere bei der Frage der Fall, inwiefern vom Christen immer auch als von einem Sünder gesprochen werden muss (das lutherische »zugleich gerecht und Sünder«). Es dürfte dennoch deutlich sein, dass die Rechtfertigungslehre die Kirchen heute nicht mehr trennt. Die schwierigen, zwischen den Kirchen noch nicht ausgeräumten Punkte betreffen vielmehr die kirchliche Amtsstruktur, worauf an früherer Stelle schon hingewiesen wurde.

Unser heutiges ökumenisches Verständnis von der Rechtfertigung des Sünders drückt sich in dem Satz der »Gemeinsamen Erklärung zur Rechtfertigungslehre« aus: »Allein aus Gnade im Glauben an die Heilstat Christi, nicht auf Grund unseres Verdienstes, werden wir von Gott angenommen und empfangen den Heiligen Geist, der unsere Herzen erneuert und uns befähigt und aufruft zu guten Werken.«[193] Wir bekennen gemeinsam, dass über unserem Leben als Christen das Wort von der Barmherzigkeit Gottes, von der täglichen Vergebung steht, das entlastet, tröstet und Hoffnung auf Frieden in der Ewigkeit gewährt. Aber wir wissen zugleich, dass die uns von Gott gewährte »Vergebung der Sünden« uns in den Dienst der Gerechtigkeit stellt und zu verantwortlichem Tun ruft.

c) Schuld und Vergebung heute

Wir konnten in unserem Zusammenhang an den Grundeinsichten der Reformation nicht vorübergehen und mussten den Stand des ökumenischen Dialogs erwähnen. Dennoch bleibt dabei die Frage zurück: Betrifft die geschil- derte Auseinandersetzung eigentlich Probleme, die für Glauben und Leben heute noch entscheidend sind? Hat die ökumenische Aufarbeitung mehr als einen lediglich historisch-klärenden Sinn – gewiss nötig, um endlich zu mehr Gemeinsamkeit zu finden, aber im Grunde einer Fragestellung verhaftet, die doch nur die des 16. Jahrhunderts ist? Sind Luthers Gewissensängste nicht wirklich nur im Lichte der spätmittelalterlichen Frömmigkeit zu verstehen? Kommt also mit dem Stichwort »Vergebung der Sünden« auch für uns zureichend zur Sprache, wozu das Christentum – heute – gut ist? Zugespitzt gefragt: Hat das Prinzip der Vergebung nicht immer wieder dazu geführt, ethisches

193 Aus § 15 der »Gemeinsamen Erklärung«.

Bemühen zu lähmen, sich sozusagen auf die Barmherzigkeit Gottes wie auf ein Ruhekissen zurückzuziehen?

»Vergebung der Sünden« – vielleicht haben wir noch nicht ausgeschöpft, was hier als der Sinn des christlichen Glaubens eigentlich zur Sprache kommen will. Natürlich benennt der Glaube damit ein unangenehmes Thema, ein Thema, auf das wir schon einmal gestoßen sind, als wir über Schöpfung und Sündenfall nachdachten. Dieses unangenehme, peinliche und auch oft missverstandene Thema »Sünde« ist keineswegs nur ein Thema vergangenen Denkens. Vielmehr ist mit diesem Stichwort ein auch heute und ständig belastender Sachverhalt angesprochen. Nicht auf unser Schicksal, nicht auf unser Leid, wofür allenfalls die anderen etwas können (oder auch niemand etwas kann), werden wir hier angesprochen. Wir werden vielmehr darauf angesprochen, dass wir für die Unordnung in unserem Leben, in der Welt und auch in der Kirche – im Prinzip und auch ganz konkret – selbst verantwortlich sind. Wir kommen nicht gut weg bei diesem Thema. Das macht es so unangenehm. Wenn nun also das, wozu der christliche Glaube letztlich gut sein soll, mit der Formulierung »Vergebung der Sünden« zusammenfassend ausgedrückt wird, so wird uns zunächst zugemutet zuzugeben, dass wir Sünder sind. Und der christliche Glaube ist der Auffassung, dass hier das eigentliche Lebensproblem der Menschen, der Menschheit, der Welt und auch der Kirche liegt. Deshalb hält er das, was »Vergebung« heißt, für entscheidend aktuell. Gehört das Stichwort »Vergebung der Sünden« wirklich nur in den Beichtstuhl des späten Mittelalters? Oder könnte es das Angebot bezeichnen, dass unser Leben, das auch heute immer wieder ein Leben mit Schuld und Versagen ist, dennoch ein getrostes und gelingendes Leben sein kann? Das betrifft z. B. die Aufarbeitung unserer Vergangenheit, mit der wir uns als Einzelne und auch als Gemeinschaft immer wieder schwer tun.[194] Das betrifft aber zugleich unser gegenwärtiges Handeln. Gibt es nicht Zwänge, die uns notwendig schuldig werden lassen: in der Politik, in der Wirtschaft, im Verhältnis zu unseren Mitmenschen? Und sehen wir uns nicht allzu häufig als Versagende: in Ehe, Familie, Freundschaft, und natürlich in der Kirche? Da sind so manche Irrtümer und falschen Entscheidungen, da sind aber eben auch die unwillkürlichen Regungen unseres Herzen mit ihren unheimlichen Facetten. Wir alle tragen zu dem Schuldkonto der Menschheit vielfältig bei.

»Vergebung der Sünden«, »Vergebung der Schuld« – das ist das Lebensangebot des christlichen Glaubens. Es ist das Angebot, trotz der Sünde, nämlich unter dem Wort des Freispruchs, weiterleben zu können, und es ist das Angebot, gerade in nüchterner und ehrlicher Erkenntnis unseres Versagens Schritte der Erneuerung zu gehen. Das Letzte ist zugleich immer wieder das Erste, das notwendig ist. Vergebung der Sünde meint gerade nicht: Wir lassen es uns wohl sein, weil es »Gottes Metier« ist zu vergeben (H. Heine). Sondern es meint: Wir nehmen Abstand, wir wenden uns um, wir wehren uns gegen unselige Zwänge, selbst wenn wir immer wieder unterliegen. Und dies ist uns möglich durch jene unergründliche Annahme, die wir erfahren, jenen Freispruch, den wir nur hören und glauben können, der uns jedoch tröstet, ermutigt und zur Umkehr befähigt. Wo solcher Wandel des Herzens und unserer Wege sich

194 Das zeigt sich dort, wo bis zur Stunde das, was an Schuld in der Zeit des Kommunismus aufgelaufen ist, nur zögerlich ans Tageslicht kommt – und die Betroffenen weithin versuchen, Schuld von sich abzuwälzen (auch aus Angst vor den Folgen). Nach wie vor steht die Schuld der NS-Zeit im Raum. Sie belastet nach wie vor z. B. die deutsch-tschechischen Beziehungen. Die jüngere Generation kann aggressiv werden, wenn z. B. von den Älteren gesagt wird: Wir haben das alles damals nicht gewusst!

ereignet, können wir getrost von einem Wunder sprechen.

Noch einmal blicken wir auf die Anfänge zurück. Jesu Predigt begann mit dem Bußruf (Mk 1,15): Er ist gekommen, die Sünder zur Buße zu rufen und ihnen die Vergebung Gottes zu bringen. Diese Botschaft hat ihm das Kreuz eingebracht, aber damit ist besiegelt und vollendet worden, was er als Lebensangebot in die Welt brachte. Seitdem liegt ein Schein letzter Barmherzigkeit auch über solchen, die nach bürgerlichem Gesetz und um der Öffentlichkeit willen Sühne leisten müssen.

Und wir hören noch einmal Martin Luther, der in der ersten seiner 95 Thesen von 1517 gesagt hat: »Wenn unser Herr Jesus Christus spricht ›Tut Buße‹, so will er, dass das ganze Leben des Christen eine Buße sein soll.« Dies ist Voraussetzung und zugleich Wirkung der »Annahme«, die Gott uns zuteil werden lässt.[195] Und für ihn liegt darin zugleich der Ursprung des neuen Lebens in der Freiheit der Liebe und Verantwortung, weshalb er den ebenso berühmten Doppelsatz formulieren konnte: »Ein Christenmensch ist ein freier Herr über alle Dinge und niemand untertan« (nämlich im Glauben, der mich von Sünde und auch von menschlicher Furcht befreit). »Ein Christenmensch ist ein dienstbarer Knecht aller Dinge und jedermann untertan« (nämlich im Dienst der Liebe).[196] Beides – Freiheit und Dienst – kann zur Orientierung auch aller gemeinschaftlichen und gesellschaftlichen sowie kirchlichen Praxis werden und zum Ansatz neuen Miteinanders und sogar veränderter Strukturen. Es kann helfen zu einem Klima der Versöhnung zwischen Menschen (vgl. Mt 5,23), kann allen natürlichen Egoismus, alle Selbstdarstellung und alles bloße Machtstreben von Menschen eindämmen und

195 Die Bedeutung des Angenommenwerdens macht uns heute auch die Psychologie klar.

196 In: Von der Freiheit eines Christenmenschen (1520).

so dazu führen, dass es immer wieder Inseln des Neuen in unserer wirren Welt gibt. »Vergebung der Sünden« – so umfassend verstanden – ist ein Wandel, der Altes überwindet, Neues beginnen lässt und damit ein Stück Hoffnung in unsere Welt begründet. Dazu ist das Christentum gut.

d) Heil nur in der Kirche?

Mit dem Stichwort »Vergebung der Sünden« benennt das Bekenntnis einen Vorgang und eine Gabe, die in der Geschichte und der Sprache des christlichen Glaubens als »Heil« bezeichnet worden ist. Die Taufe zur Vergebung der Sünden bedeutet im Neuen Testament die Rettung aus einer heillosen, unter dem Gericht Gottes stehenden Welt (vgl. Apg 2,38). Wo Jesus einkehrte, konnte davon die Rede sein, dass hier »Heil« geschieht (Lk 19,9), ja Jesus selbst wird im Neuen Testament als »Heiland« bezeichnet (Lk 2,11.30). Speziell in den lukanischen Schriften, denen die genannten Hinweise entnommen sind, wird das Heil grundlegend als Sündenvergebung ausgelegt. Die Reformation setzt beides ebenfalls in eins, wenn z. B. Luther sagen kann: »Wo Vergebung der Sünden ist, da ist Leben und Seligkeit.«[197] Dabei ist es allerdings entscheidend, die oben beschriebene Weite dessen im Gedächtnis zu behalten, was »Vergebung der Sünden« meint, nämlich die Eröffnung einer neuen, erfüllten Lebensmöglichkeit, die auch das gemeinschaftliche, soziale und politische Leben verwandeln kann. An Jesus selbst sehen wir, dass »Heil« auch leibliche Heilung umfassen kann (Mk 2,1 ff.; Mt 11,5 f.; Lk 4,18 f.).[198] Und der christliche Glaube wusste von Anfang an, dass solches »Heil« sich vollendet im ewigen Leben bei Gott.

---

197 Kleiner Katechismus, 5. Hauptstück.

198 Die sozialen und politischen Dimensionen von »Heil« sind besonders auf der Weltmissionskonferenz von Bangkok 1973 unter dem Thema »Heil heute« herausgearbeitet worden, was dann allerdings zu problematischen Einseitigkeiten geführt hat.

An dieser Stelle muss nun noch eine schwierige Frage aufgeworfen werden, die Christen und Nichtchristen gleichermaßen durch die Geschichte hindurch immer wieder zu schaffen gemacht hat. Sie lautet: Gibt es Heil im Sinne des christlichen Glaubens, gibt es Vergebung der Sünden, neues Leben aus Liebe und Versöhnung, gibt es Gemeinschaft im Geist eigentlich nur in der Kirche? Der alte Satz des Kirchenvaters Cyprian (3. Jahrhundert) »Außerhalb der Kirche kein Heil« hat hier eine nicht unproblematische Rolle gespielt. Man kann diesen Satz – und man hat es tatsächlich getan – allerdings unterschiedlich auslegen und praktizieren. Es gibt ein enges Verständnis dieses Prinzips, das dazu geführt hat, Menschen geradezu zur Taufe, zum Beitritt zur Kirche und damit zu ihrem Heil zu nötigen, mitunter auch gegen ihren Willen. Wir haben darauf schon in der Einleitung dieses Buches verwiesen. Aber daneben hat es immer Stimmen gegeben, die der Kirche zwar eine Rolle als Vermittlerin von Heil zuerkannten, die aber gleichzeitig auch für solche, die von der Botschaft der Kirche nicht erreicht wurden, und vor allem für Menschen vor Aufkommen des Christentums (etwa im Alten Bund) eine Heilsmöglichkeit nicht ausschlossen. Interessanterweise hat bereits im 18. Jahrhundert die katholische Kirche eine rigorose und ausschließliche Bindung von Heil und Gnade an die Kirche offiziell abgelehnt, und auf dem II. Vatikanischen Konzil ist dies in großem Stile wiederholt worden. Im evangelischen Raum war es nicht nur die Aufklärung, die an dieser Stelle eine große Weitherzigkeit an den Tag legte, sondern es sind bekannte Theologen des 20. Jahrhunderts wie Karl Barth und Paul Tillich, die versucht haben, das Bekenntnis zu Christus als dem alleinigen Weg zum Heil mit Heilsmöglichkeiten außerhalb der Kirche zusammenzudenken. Sie taten dies, indem sie von einer (verborgenen) Wirksamkeit Christi oder seines Geistes außerhalb der Kirche sprachen.

Das Zweite Vatikanische Konzil hat besonders prägnant formuliert, was heute konfessionsübergreifend zu sagen versucht wird: »Wer ... das Evangelium Christi und seine Kirche ohne Schuld nicht kennt, Gott aber aus ehrlichem Herzen sucht, seinen im Anruf des Gewissens erkannten Willen unter dem Einfluss der Gnade in der Tat zu erfüllen trachtet, kann das ewige Heil erlangen. Die göttliche Vorsehung verweigert auch denen das zum Heil Notwendige nicht, die ohne Schuld noch nicht zur ausdrücklichen Anerkennung Gottes gekommen sind, jedoch, nicht ohne die Hilfe der göttlichen Gnade, das rechte Leben zu erreichen suchen.«[199] Die Gnade, von der dabei die Rede ist, ist die (verborgen wirkende) Christusgnade mit ihrem Zentrum, der Vergebung der Sünden.

Solche Überlegungen mögen manchen Christen schwer fallen, andere werden durch sie sehr erleichtert sein. Immerhin können sie auf den im Neuen Testament bezeugten eindeutigen Willen Gottes verweisen, alle Menschen zu retten, ihnen wenigstens die Rettung anzubieten (1Tim 2,4; Joh 1,7; Röm 11,32). Bereits in der alten Kirche (und auch noch bei den Reformatoren) gab es den Begriff der »Kirche seit Abel«, d. h. einer Heilsgemeinschaft von solchen, die von Anfang der Welt an, längst ehe es Christen und eine Kirche gab, um den Weg der Gerechtigkeit bemüht waren. Und umgekehrt hat uns der Blick in die ambivalente Geschichte der realen Kirche ja gezeigt, dass es mitunter schwer gewesen ist, in dieser Kirche wirklich die heilsame Stimme Christi zu vernehmen. Natürlich schließt das die umso dringendere Aufforderung an die Kirche und alle ihre Glieder ein, ihrer Berufung treuer zu bleiben, glaubwürdigere

199 Vaticanum II: Dogmatische Konstitution über die Kirche, Nr. 16.– Diese Sätze verdanken sich nicht zuletzt der Theologie des katholischen Theologen Karl Rahner und seiner Theorie vom »anonymen Christentum«.

Zeugen des einen Herrn zu sein, Licht der Welt und Salz der Erde (Mt 5,13 f.). Denn das ist sicher: Die Botschaft, die der Kirche anvertraut ist, die Botschaft von der Vergebung der Sünden, vom neuen Leben im Lichte der Versöhnung, ist tatsächlich die Botschaft, die die Welt braucht. Und da mag es dann auch solche geben, die dieser Botschaft entsprechend leben, ohne sie ausdrücklich gehört zu haben, Verbündete sozusagen überall in der Welt. Wozu ist dann das Christentum gut? Es ist dazu gut, dass diese Botschaft – die Botschaft von der »Vergebung der Sünde« – ausdrücklich zu Gehör gebracht wird, damit sie die Herzen von Menschen erreicht und von daher ihre Heilungs- und Lebenskraft entfaltet.

11. Die Hoffnung der Christen

Das Bekenntnis wendet sich am Ende noch einmal – zum zweiten Mal – der Zukunft zu. Nachdem am Schluss des zweiten Glaubensartikels von der Zukunft Christi die Rede war, wird nun als drittes Werk des Heiligen Geistes die Zukunft der Christen bzw. der Welt thematisiert. »Ich glaube die Auferstehung der Toten (wörtlich: »des Fleisches«) und das ewige Leben.« Im Nizänischen Bekenntnis heißt es fast noch zupackender: »Ich warte auf die Auferstehung der Toten und das Leben der zukünftigen Welt.« Diese Schlussaussage des Bekenntnisses ist eine Hoffnungsaussage. Dadurch könnte das Vorurteil genährt werden, der christliche Glaube sei letztlich »Vertröstung auf ein Jenseits«, wie uns das eine billige Polemik weismachen wollte. Nun, es sollte bisher deutlich geworden sein, dass ein solches Vorurteil eben – ein Vorurteil ist, das dem, was der Glaube zu sagen hat und was er als gegenwärtige Lebensform ist bzw. sein will, nicht gerecht wird. Aber natürlich ist es dem christlichen Glauben wesentlich, immer auch hoffender Glaube zu sein. Im Neuen Testament wird mitunter der Glaube überhaupt als Hoffnung charakterisiert. »Seid allezeit bereit, Rechenschaft zu geben von der Hoffnung, die in euch ist.« (1Petr 3,15) – Rechenschaft über den Glauben als Rechenschaft über die Hoffnung! »Wir rühmen uns der Hoffnung der zukünftigen Herrlichkeit«, die uns im Glauben erschlossen wird, sagt Paulus (Röm 5,2).

Die Christenheit unseres Jahrhunderts hat die Bedeutung christlicher Hoffnung wiederentdeckt. Eines der bedeutsamsten und wirkungsvollsten theologischen Bücher der letzten Jahrzehnte trägt den Titel »Theologie der Hoffnung«.[200] Zwei Vollversammlungen des Weltrates der Kirchen standen unter dem Thema Hoffnung.[201] Der Leipziger Kirchentag 1954 hatte das Motto »Seid fröhlich in Hoffnung«, der Kirchentag in Nürnberg 1979 das Motto »Zur Hoffnung berufen«. Ende der 80er Jahre folgte die Ökumenische Versammlung aller Kirchen in der DDR dem Motto »Eine Hoffnung lernt gehen« – Hoffnung als Aufbruch in die Zukunft von Frieden, Gerechtigkeit, Bewahrung der Schöpfung. Ist das alles unter der Verdächtigung abzutun, hier werde auf ein Jenseits »vertröstet«?

Hinzu kommt, dass jeder Mensch ja faktisch von Hoffnungen lebt. Hoffnungslosigkeit zumindest ist eine tödliche Krankheit. Ein Jahresbeginn oder der Beginn eines Lebensabschnittes ohne Hoffnung wäre eine traurige Sache. Luther hat Hoffnungslosigkeit neben Vermessenheit zu den schlimmsten Lebensverfehlungen gerechnet. Interessant ist, dass ausgerechnet der Marxismus, der den christlichen Glauben immer wieder als Vertröstung auf ein Jenseits denunziert hat, selbst – positiv gesprochen – eine Ideologie der Hoffnung ist: Hoffnung auf eine Gesellschaft ohne Ausbeutung, voll von Gerechtigkeit, wo jeder die Freiheit hat,

200 J. Moltmann: Theologie der Hoffnung (1964), Gütersloh 13. Aufl. 1997.

201 Diejenige in Evanston 1954 mit dem Thema »Christus, die Hoffnung der Welt« und diejenige in Uppsala 1968 mit dem Thema »Siehe, ich mache alles neu«.

sich voll zu entfalten. Auch die schlimmen Maßnahmen zur Unterdrückung der Freiheit und der Menschenrechte wurden begründet mit der Zukunft. Der Marxist Ernst Bloch schrieb im 20. Jahrhundert mit seinem dreibändigen Werk »Das Prinzip Hoffnung« das gewichtigste philosophische Werk über die Hoffnung.[202] Dabei zeigte es sich zugleich, wie sehr das Erbe des jüdischen Messianismus im Marxismus lebendig ist. Aber auch abgesehen vom Marxismus ist der Gedanke der Hoffnung, das Problem der Zukunft ein Gegenstand ernsten Nachfragens. Es gibt einen ganzen Wissenschaftszweig mit dem Namen »Futurologie«[203], in dem versucht wird, Szenarien der Zukunft zu entwickeln, um unser heutiges Handeln danach auszurichten und lebensbedrohende Gefahren abzuwenden. Dabei hat überraschenderweise der Begriff »Utopie« wieder eine positive und für viele faszinierende Bedeutung gewonnen. Wir sind also in guter Gesellschaft, wenn wir am Ende unseres Durchgangs durch das Glaubensbekenntnis nach der Zukunft und nach der Hoffnung der Christen fragen. Und es sei gleich hinzugefügt, dass es sich hier um eine Perspektive handelt, die den Glauben insgesamt kennzeichnet, eine Art perspektivische Zusammenfassung des Ganzen.

Ehe wir die beiden Stichworte des Glaubensbekenntnisses bedenken, sei ein knapper Blick auf biblische Linien der Eschatologie (dies der Fachausdruck für die Lehre von den »letzten Dingen«, den »eschata«) vorausgeschickt.

a) Gegenwart und Zukunft des Reiches Gottes

Es ist kein Zufall, dass im Neuen Testament der Glaube insgesamt als Hoffnung bezeichnet werden kann. Denn im Zentrum der neutestamentlichen Verkündigung – in der

202 Werkausgabe Bd. 5 (5 Teile in 3 Bdn.), Frankfurt 4. Aufl. 1993.

203 Ossip K. Flechtheim: Futurologie. Der Kampf um die Zukunft, Frankfurt 1972. Vgl. auch G. Picht: Prognose, Utopie, Planung, Stuttgart 1967; ders.: Mut zur Utopie, München 1969.

Botschaft Jesu vom Reich Gottes, in der Rechtfertigungslehre des Paulus, in der Rede vom Leben bei Johannes – begegnet eine bemerkenswerte Spannung von Gegenwart und Zukunft. »Es kommt die Stunde und ist schon jetzt, dass die Toten werden die Stimme des Sohnes Gottes hören.« (Joh 5,25) »Wir sind wohl gerettet, doch auf Hoffnung.« (Röm 8,24) »Wer sich jetzt meiner Worte schämt, dessen wird sich des Menschen Sohn schämen, wenn er kommen wird in der Herrlichkeit.« (Mk 8,38) Der christliche Glaube war von Anfang an und er ist grundsätzlich geprägt von dem Wissen, dass das, was wir jetzt als Heil erfahren und als Gabe des Geistes geschenkt bekommen, nur ein Angeld ist (»arrabon«: Röm 8,23), das uns in eine vollendete Zukunft weist. Was wir jetzt nur glauben können, werden wir einst schauen (1Kor 13,12). Diese Spannung kennzeichnet, wie wir schon gesehen haben, auch das Bekenntnis zu Jesus als dem Christus, dem Messias. Der in Niedrigkeit geborene, in Armut lebende, am Kreuz hingerichtete und von Gott erweckte Christus hat eine Zukunft, in der er sich öffentlich als Messias erweisen wird. Solche Hoffnung verbindet die Christen zutiefst mit dem jüdischen Glauben und seiner Hoffnung auf den künftigen Messias.

Die frühe Christenheit lebte sogar in der Erwartung des *baldigen* Endes. Von Jesus selbst sind Aussagen überliefert, die mit dem Stichwort »Naherwartung« charakterisiert werden können. »Dies Geschlecht wird nicht vergehen, bis dass dies alles geschehe« (Mk 13,30) – nämlich der Einbruch des Endes. Und auch Paulus rechnete mit dem baldigen Kommen Christi und mahnte die Christen, sich in ihrem Verhalten darauf einzustellen: »Die Zeit ist kurz.« (1Kor 7,29) Hat er und hat Jesus sich getäuscht? Oder müssen wir diese Aussagen anders deuten, als sie zunächst klingen? Über diese Frage hat es eine lange theologische Diskussion gegeben.[204]

---

204 Eine Übersicht gibt z. B. G. Lohfink, in: G. Greshake/G. Lohfink: Naherwartung, Auferstehung, Unsterblichkeit, Freiburg 4. Aufl. 1982, Kap. II.

In jedem Falle hat Jesus den genauen Zeitpunkt der Endereignisse bewusst offen gelassen – allein der Vater weiß, wann es geschehen wird (Mk 13,32). Die Christenheit musste lernen, mit einer längeren Zeit zwischen dem ersten Kommen Jesu und der erwarteten Zukunft des vollendeten Reiches Gottes zu leben. Dies war einer der entscheidenden Gründe für frühe Wandlungen im Christusglauben, für die Entwicklung und Wandlung der Gestalt der Kirche, für erste Konzeptionen einer länger währenden Missions- und Kirchengeschichte, wie wir sie schon in der Apostelgeschichte vor uns haben. Im Laufe der Geschichte des christlichen Denkens ist die Frage des Verhältnisses der Geschichte, die wir erleben und in der der christliche Glaube Gestalt gewinnt, zum Ende dieser Geschichte und der Erfüllung der Verheißungen ein immer wieder aufflackerndes Thema gewesen. Es gab Perioden, in denen diese Frage zurücktrat, und andere, in denen gewissermaßen eine eschatologische Hochspannung herrschte. Luther konnte ausrufen: »Komm, lieber jüngster Tag!«

Die neutestamentlichen Naherwartungsaussagen weisen in jedem Falle darauf hin, dass wir auch dann, wenn die Zeit weiterläuft, in der Endzeit leben. Denn die Frage muss ja gestellt werden: Ist denn das Ende wirklich so fern, wie es angesichts der langen Jahrhunderte seit dem Kommen Christi den Anschein hat?[205] Steht nicht jeder von uns sehr bald vor dem Ende der Zeit, nämlich wenn es ans Sterben geht? »Heute wirst du mit mir im Paradiese sein«, sagte Jesus zu dem Schächer am Kreuz (Lk 23, 43). Das deutet darauf hin, dass es einen unmittelbaren Zusammenhang zwischen unserem Tod und dem Ende der Zeiten gibt, weil die Zeit für den Sterbenden mit seinem Tod tatsächlich zu Ende ist. Das Bild vom »Schlafen« der Verstorbenen (1Thess 4,13) ist für

205 Es war insbesondere Albert Schweitzer, der zwar die Naherwartung, die Jesus hatte, sehr pointiert herausarbeitete, dann aber ebenso pointiert die Meinung vertrat, dass dies für uns nun doch überholt sei.

die Weiterlebenden eine Hilfe, kann aber das Ende der Zeit, die für den Sterbenden selbst im Tod eintritt, nicht adäquat wiedergeben. Dieser Sachverhalt ist indessen Anlass, um zur Wachsamkeit angesichts des nahen Endes aufzurufen, wie es im Neuen Testament wiederholt geschieht. Denn tatsächlich gilt: »Die Zeit ist kurz« – die jeweils uns selbst (und dann doch auch insgesamt der Welt) zugemessene Zeit.

Was aber erwartet der Glaube, wenn die Zeit gekommen ist, für sich selbst, die Christen, die Welt? Das Glaubensbekenntnis macht dazu, rückgreifend auf das biblische Zeugnis, zwei knappe Aussagen.

b) Auferstehung der Toten

Worauf hoffen die Christen? Die erste Antwort des Glaubensbekenntnisses spricht die persönliche Zukunft der Glaubenden an. Fachterminologisch sprechen wir dabei von »individueller Eschatologie«. Es ist die feste Überzeugung der Christen, dass mit dem Tode nicht alles aus ist. Der Tod – das ist auf der einen Seite das natürliche Ende, auf das wir von Geburt an ausgerichtet sind und das der Welt die Gestalt eines ständigen Geborenwerdens, Vergehens und Sterbens gibt. »Nackt bin ich von Mutterleibe gekommen, nackt werde ich wieder dahinfahren. Der Herr hat's gegeben, der Herr hat's genommen, der Name des Herrn sei gelobt.« (Hi 1,21) Die Bibel weiß aber zugleich davon, dass der Tod ein Unheil ist, das über den Menschen hereinbricht, ja dass das Schlimme des Todes darin besteht, dass sich in ihm so etwas wie ein Gericht über die Sünde vollzieht. »Das macht dein Zorn, dass wir so vergehen, und dein Grimm, dass wir so plötzlich dahin müssen. Denn unsere Missetaten stellst du vor dich, unsere unerkannte Sünde ins Licht vor deinem Angesicht. Darum fahren unsere Tage dahin durch deinen Zorn, wir bringen unsere Jahre zu wie ein Geschwätz.« (Ps 90,7–9) »Der Tod ist der Sünde Sold.« (Röm 6,23) Es ist kaum möglich, diese beiden Linien des biblischen Todesverständnisses auf einen Nenner zu bringen. Und das entspricht ja auch unserer Erfahrung. Auf der einen Seite wissen wir um die Natürlichkeit des Todes und des Sterbens und darum, dass ohne dieses ständige »Stirb und Werde« kein Leben und keine Entwicklung auf unserer Erde möglich wäre. Auf der anderen Seite erfahren wir Tod und Sterben als unendlichen Schmerz, als Übel, erfahren wir den Tod als Feind, und die Kunst der Medizin ist angetreten, um dem Tod immer mehr von seinem Terrain abzuringen. Dieses In- und Miteinander von Natürlichkeit des Todes und jenem Schmerz, mit dem wir den Tod als etwas Widersinniges empfinden, auch dann wenn es kein vorzeitiger Tod ist, kann nicht zugunsten nur eines der beiden Pole aufgelöst werden. Genau dem entspricht das biblische Zeugnis.

Schwierig ist allerdings die Aussage der Bibel über den Tod als der Sünde Sold. Sicherlich ist der Vorgang des Sterbens des Menschen in seinem Erleben immer auch geprägt von seinem real gelebten Leben, und ein solches reales Leben ist eben ein Gemisch aus Gutem und weniger Gutem. Aber könnte es nicht auch sein, dass die Sterblichkeit des Menschen ihrerseits eine Ursache ist für seine Art zu leben, insbesondere dafür, dass seine Lebensgier, seine letzte Angst vor dem Lebensverlust ihn immer wieder auch zum Feind des Mitmenschen werden lässt? Ist der Tod also nicht einer der Faktoren, der auch immer wieder zur Sünde führt? Dann wäre die Bilanz, wie sie der Tod unter dem Leben eines jeden Menschen zieht, zugleich mitverursacht durch die Erwartung des Sterbens, die jedem Menschen von Geburt an innewohnt: eine tiefgründige Verschränkung unserer Art zu leben mit unserem Tod.

Nun spricht das Glaubensbekenntnis aber nur insofern vom Tod des Menschen, als es das Bekenntnis zur *Auferstehung* der Toten formuliert. Auch im Zusammenhang mit dem Tod ist noch einmal von dem schöpferischen Werk Gottes des Heiligen Geistes die Rede. Und damit ist, was hier gesagt wird, als etwas Unerwartetes, als ein Heilsgeschehen qualifiziert. Beides, der Tod als natürliches Ende und der Tod als Ausdruck des Gerichts, wird in das Licht der Auferstehung Christi gerückt. »Weil du vom Tod erstanden bist, werd' ich im Grab nicht bleiben.«

Das sind im Übrigen Aussagen, die gegenwärtig insofern auf ein breites Interesse stoßen, als jene Berichte bekannt geworden sind, in denen Menschen, die klinisch bereits tot waren, aber wieder zum Leben zurückgeholt wurden, unerhörte Erfahrungen von Wärme und Licht bezeugt haben. Deutet sich hier schon das an, was das Bekenntnis meint, wenn es von der Auferstehung der Toten spricht? Vermutlich müssen wir mit der Antwort sehr vorsichtig sein, aber Fragen stehen allemal im Raum.

Die Bekenntnisaussage ist weiterhin insofern bemerkenswert, als der lateinische Text von »Auferstehung des Fleisches« (resurrectio carnis) spricht. Damit wird eine in der Antike verbreitete Auffassung zurückgewiesen, die lediglich ein Weiterleben der Seele des Menschen annimmt. So hat der Philosoph Plato von der Unsterblichkeit der Seele gesprochen und sie auch zu beweisen versucht, damit aber zugleich die Wirklichkeit der leiblichen Existenz des Menschen abgewertet. Auch in frühchristlicher Zeit gab es solche Tendenzen, etwa in der Philosophie der Gnosis. Dem christlichen Glauben geht es demgegenüber um die Ganzheitlichkeit des Menschen, darum, dass gerade auch seine leibliche Existenz als gute Schöpfungsgabe Gottes gesehen und ernst genommen wird. Mit der Formulierung des Apostolikums wird diese Ganzheitlichkeit als eine solche, die auch in der Zukunft des Menschen nach dem Tode nicht aufgehoben ist, unterstrichen. Menschsein ist vor Gott leibhaftiges Menschsein, Geist und Seele sind an den Leib als ihre Organe gebunden. Indem das Bekenntnis das betont, entspricht es auch gegenwärtigen wissenschaftlichen Einsichten über die psychosomatische Einheit des Menschen. Er stirbt nach Leib und Seele, und er wird als ganzer Mensch bei Gott sein, mit all seinen Eigenschaften und seiner Geschichte. Dabei kam freilich schon Paulus ins Stammeln, als es darum ging, den künftigen leiblichen Zustand genauer zu beschreiben. Das zeigen uns seine Ausführungen in dem für unsere Bekenntnisaussage grundlegenden 15. Kapitel des 1. Korintherbriefes: »Es wird gesät verweslich und wird auferstehen unverweslich ... Es wird gesät ein natürlicher Leib und wird auferstehen ein geistlicher Leib.« (1Kor 15,42.44) Dies macht uns deutlich, dass überhaupt Aussagen über eine Zukunft jenseits des Todes nur Hinweise auf ein Geheimnis sind, von dem wir ernstlich keine Vorstellung haben können. Es sind nur Grenzmarkierungen, die uns möglich sind, damit wir nicht nichts sagen. Nur eines bleibt dem Glauben gewiss: dass wir als Menschen – unter den Bedingungen der göttlichen unergründlichen Barmherzigkeit – eine Zukunft bei Gott haben werden. Wobei uns auch die Antwort auf die Frage letztlich verwehrt ist, ob Gott – trotz der entsprechenden Warnungen des Neuen Testaments – wirklich Menschen von diesem Leben vor ihm ausschließen wird (vgl. erneut Röm 11,32).

c) Ewiges Leben

Neben der »Auferstehung der Toten« nennt das Bekenntnis das »ewige Leben« als Gegenstand christlicher Hoffnung. Dieser Hinweis ist in einer Vorform des Apostolischen Bekenntnisses noch nicht enthalten, er wurde vermutlich hinzugefügt, um klarzustellen, dass die Auferstehung einen endgültigen Zustand herbeiführt und kein abermaliger Tod bevorsteht.[206] Allerdings ist das

206 Kelly: A. a. O., S. 380 f.

nicht der ganze und eigentliche Sinn dieses Hinweises. Denn mit ihm ist nicht einfach ein Leben von unendlicher Länge gemeint. »Ewigkeit« ist hier vor allem als *Qualität* des Lebens zu verstehen, eine Qualität, die auch schon jetzt, diesseits des Todes, erfahren werden kann. »Wer an den Sohn glaubt, der hat das ewige Leben« (Joh 3,36) – bereits jetzt. Gemeint ist ein Leben vor dem Angesicht Gottes, in Gemeinschaft mit ihm, in Frieden mit ihm, im vollen Einverständnis mit Gottes Willen und im Gehorsam vor Gott. Es ist die Hoffnung der Christen, dass solches Leben, das jetzt und hier immer wieder Anfechtungen ausgesetzt und dadurch in Frage gestellt ist, das wir insofern nur gebrochen erleben können, uns ungebrochen und als unser endgültiges Geschick zuteil wird. Das Neue Testament spricht davon, dass wir dann nicht mehr nur »durch einen Spiegel in einem dunklen Wort«, sondern von »Angesicht zu Angesicht« sehen werden (1Kor 13,12) und dass wir Gott sehen werden, »wie er ist« (1Joh 3,2).

Es ist aber noch mehr zu sagen. Die parallele Formulierung im Nizänischen Glaubensbekenntnis kann uns vor einer Verengung unseres Blicks bewahren. Dort heißt es nämlich: »Ich warte auf das Leben der zukünftigen Welt.« Natürlich ist auch hier das Leben in ungebrochener Gemeinschaft mit Gott gemeint. Aber die Rede von der »zukünftigen Welt« weist über das Geschick der einzelnen Menschen hinaus. Die theologische Fachsprache spricht hierbei von »universaler Eschatologie«. Es gehört zur Hoffnung der Christen, dass es in der Zukunft Gottes zu einer Verwandlung und Erneuerung der Welt kommt. »Siehe, ich mache alles neu.« (Apk 21,5) »Ich sah einen neuen Himmel und eine neue Erde; denn der erste Himmel und die erste Erde vergingen, und das Meer ist nicht mehr.« (ebd. 21,1) Diese visionäre Erwartung einer neuen Welt verbindet sich in der biblischen Überlieferung mit sog. »apokalyptischen« Vorstellungen von kosmischen Katastrophen, in denen die jetzige

Welt zugrunde geht.[207] Solche Bilder sind einer Generation, die die Zerstörung einer Atombombe erlebt hat, nicht mehr so fern wie etwa unseren Vorfahren im 19. Jahrhundert, die sie weithin für längst vergangene Mythologie hielten.

Dennoch wäre es wohl verfehlt, solchen Vorstellungen eine Art Weltenfahrplan zu entnehmen. Vielmehr sind es zwei Grundgedanken, die uns an dieser Stelle nahe gebracht werden können. Der erste Gedanke: Nicht nur die Menschen, sondern auch die Welt als Ganzes hat eine begrenzte Zeit zur Verfügung, ist dem Vergehen preisgegeben und sehnt sich nach Erlösung (vgl. Röm 8,19 ff.). Eine Evolution zum endgültig guten Ende ist in unserer bestehenden Welt nicht zu erwarten. Es ist bemerkenswert, dass der Fortschrittsglaube auch außerhalb des spezifisch christlichen Denkens zunehmend in Frage gestellt wurde. Sozialphilosophen sprachen von der »Dialektik der Aufklärung«[208], also davon, dass der Siegeszug der neuzeitlichen Vernunft neben großem Fortschritt zugleich verheerende Auswirkungen gezeitigt hat. Dies wird durch ein verbreitetes Lebensgefühl vieler Menschen heute bestätigt. Daneben ist auch auf die Einsichten der Naturwissenschaft über die Geschichtlichkeit der Welt und Natur zu verweisen, denen zufolge es wissenschaftlich nicht mehr möglich ist, von einer unendlichen Dauer der Welt zu sprechen.[209]

Dazu tritt ein zweiter Gedanke, den unsere Bekenntnisformulierung in Erinnerung ruft: Die erhoffte künftige Existenz von uns Menschen wird keine weltlose Existenz sein. Sie wird nicht nur eine ganzheitliche Ein-

207 Vgl. 2Petr 3,10–13; ebenso die sog. »synoptische Apokalypse« Mk 13, bes. V. 24 f.

208 M. Horkheimer/Th. W. Adorno: Dialektik der Aufklärung (1944), Frankfurt 1969.

209 Vgl. schon C. F. v. Weizsäcker: Die Geschichte der Natur (1948), Göttingen 3. Aufl. 1956.

zelstruktur haben – entsprechend unserer leib-seelischen Beschaffenheit jetzt und hier –, sondern sie wird auch durch mitmenschliche und kosmische Einbindung bestimmt sein. Auch in der Ewigkeit werden wir keine weltlosen Menschen sein. Wiederum übersteigt dies unser Vorstellungsvermögen total. Jedoch berücksichtigt es die Tatsache, dass wir Menschen fundamental in unsere Welt, unsere Umwelt eingebunden sind und als Menschen ohne diese Einbindung gar nicht definierbar sind. Und das gilt sowohl für die Gegenwart wie für unsere Zukunft bei Gott.

d) Leben in der Hoffnung heute

Was wir anhand der Aussagen des Glaubensbekenntnisses über die Auferstehung der Toten und das ewige Leben bedacht haben, führte uns zu Grenzaussagen. Was die Bibel sagt und was wir ihr nachzusprechen versuchen, sind Chiffren, Symbole, Hinweise. Aber sie sind nicht zu umgehen, wenn die Hoffnungsdimension des Glaubens zur Sprache gebracht werden soll. Gerade an den Gräbern sind Christen nicht einfach stumm, sie verfallen nicht einem ewigen Schweigen. Gott ist gerade hier als der Gott der Lebenden zu bekennen (vgl. Mt 22,32). Jedoch erschöpft sich die Bedeutung dieser Hoffnungsaussagen nicht in dem, was sie konkret angesichts des Todes an Erinnerung und Tröstung zu wirken vermögen. Vielmehr haben diese Hoffnungsaussagen die Christen immer wieder auch deshalb fasziniert, weil sie dem Leben in dieser Welt eine ermutigende Perspektive zu geben vermögen und es in ein nochmals überraschendes Licht rücken. Drei kurze Hinweise sollen die Bedeutung der christlichen Ewigkeitshoffnung für das Leben, das wir hier und heute zu verantworten haben, vor Augen stellen:

(1) Das Wissen darum, dass unser Leben im Lichte Christi auf eine zukünftige Erfüllung ausgerichtet ist, gibt der Zeit zwischen dem Damals und dem Morgen eine zu-

sätzliche Perspektive. Diese Zwischenzeit, in der wir jetzt leben, wäre als eine Zeit zu begreifen, in der uns Gottes Geleit in die Zukunft zugesagt ist. Unsere Hoffnung, die im Glauben an Christus gründet, ist nicht nur eine Hoffnung auf eine ewige Zukunft, sondern die Hoffnung auf die gütige Hand Gottes von Tag zu Tag. »Von guten Mächten wunderbar geborgen, erwarten wir getrost, was kommen mag. Gott ist mit uns am Abend und am Morgen und ganz gewiss an jedem neuen Tag.« (D. Bonhoeffer) Christliche Hoffnung ist das Wissen darum, dass Gott mit uns in die Zukunft geht – und dass er uns auch am Ende unseres Lebens, wenn es ans Sterben geht, nahe sein wird. In dieses Wissen eingeschlossen ist die Hoffnung für die Menschen, mit denen wir unterwegs sind, die Hoffnung auf die unergründliche Barmherzigkeit Gottes, der will, dass alle Menschen gerettet werden.[210]

(2) Die Hoffnung auf die neue Welt Gottes, auf die Welt von Frieden und Gerechtigkeit stimuliert die Glaubenden, sich schon jetzt und hier für einen Vorschein der Zukunft einzusetzen. Durch Jesus von Nazareth ist ja die Zukunft des Reiches Gottes schon Gegenwart geworden – wenn auch vielfach nur punktuelle Gegenwart. Christen sind getragen von der Hoffnung, dass die Welt noch nicht verloren ist, dass im Lichte dessen, was in Christus angebrochen ist, Inseln und Bewegungen des Neuen entstehen. Die erhoffte neue Welt bekommt die Funktion einer Utopie, die uns zum Handeln motiviert: Utopie als das noch nicht Gesehene, aber Erahnte und im Anbruch bereits Auffindbare.[211] Christen werden auch heute nicht resignieren, sondern wissen um die guten Gedanken, Absichten und Möglichkeiten Gottes für diese – insgesamt zu Ende gehende – Welt. Und dies

210 Hier ist an das zu erinnern, was früher zu Christus als dem Richter gesagt wurde.

211 Es wurde schon darauf hingewiesen, dass der Begriff »Utopie« in der neueren Philosophie wieder einen positiven Klang erhalten hat.

gilt gerade angesichts ihrer großen Bedrohung. Das häufig zitierte Wort, das man Luther zugeschrieben hat, stellt nach wie vor eine gültige Beschreibung dieser scheinbar paradoxen Hoffnungszuversicht dar: »Und wenn morgen die Welt unterginge, würde ich heute noch ein Apfelbäumchen pflanzen.«[212] In diesem Sinne wäre Hoffnung alles andere als eine zur Passivität verdammende Vertröstung.

(3) Aber dann muss auch dieses noch gesagt werden: Christliche Hoffnung weiß um die Vorläufigkeit dessen, was in dieser Welt Gestalt gewinnen kann. Sie weiß um die Brüchigkeit aller Versuche, sie lässt sich nicht irre machen dadurch, dass vieles immer wieder von vorn beginnen muss und im Konkreten immer wieder nur Kompromisse möglich sind. Christliche Hoffnung weiß darum, dass wir noch nicht im Letzten, sondern im Vorletzten leben.[213] Und sie wird dadurch auch die nötige Nüchternheit aufbringen, nicht den Himmel auf Erden zu erwarten. Das bringt dann Verständnis, Toleranz und Barmherzigkeit für die Verantwortlichen in Politik, Kirche, Wirtschaft mit sich, die auch bei bestem Willen das nicht zuwege bringen, was eigentlich geschehen müsste – und die dabei immer auch wieder schuldig werden. Das lässt uns gerade auch angesichts der bedrückenden Schuldgeschichte der Kirche, von der in der Einleitung dieses Buches die Rede war, nicht zynisch werden. Wir werden konkret kritisieren, aber wir werden nicht utopistische Ideologien vertreten, die nur zu größeren Absurditäten führen. Christliche Hoffnung macht hoffnungsvoll und nüchtern zugleich.[214]

---

212 Dieses Wort ist vermutlich kein echtes Lutherwort, hat aber eine große Wirkungsgeschichte bis heute. Vgl. M. Schloemann: Luthers Apfelbäumchen? Ein Kapitel deutscher Mentalitätsgeschichte seit dem Zweiten Weltkrieg, Göttingen 1994.

213 Die Unterscheidung von »Letztem« und »Vorletztem« hat besonders D. Bonhoeffer in seiner Ethik ausgearbeitet.

214 Ein Ausdruck dieses Sachverhalts ist auch die – zu Unrecht viel gescholtene – sog. Zwei-Reiche-Lehre Luthers.

Der Schweizer Dichter Kurt Marti hat diese Vorläufigkeit unseres Lebens in der jetzigen Welt und zugleich das Hineinragen des Neuen in schönen Versen zum Ausdruck gebracht:

»Der Himmel, der ist, ist nicht der Himmel, der kommt, wenn einst Himmel und Erde vergehen.

Der Himmel, der kommt, das ist der kommende Herr, wenn die Herren der Erde gegangen.

Der Himmel, der kommt, das ist die Welt ohne Leid, wo Gewalttat und Elend besiegt sind.

Der Himmel, der kommt, das ist die fröhliche Stadt und der Gott mit dem Antlitz des Menschen.

Der Himmel, der kommt, grüßt schon die Erde, die ist, wenn die Liebe das Leben verändert.«[215]

Gerade anhand der Hoffnungsaussagen des Glaubensbekenntnisses wird noch einmal deutlich, dass christlicher Glaube nicht so sehr ein Wissen als vielmehr eine Lebenshaltung ist, die allerdings ein Wissen einschließt oder mit sich bringt. Das gilt auch für die anderen Aussagen gerade des dritten Glaubensartikels, die nur dann zureichend verstanden sind, wenn man sie nicht nur auf ihre Theoriestimmigkeit hin abhört. Insbesondere die Hoffnung der Christen ist eine Lebenshaltung aus Vertrauen und Zuversicht und nicht einfach eine Zukunftstheorie. Die darin eingeschlossenen Elemente von Theorie und Weltanschauung weisen dabei nochmals darauf hin, dass christlicher Glaube freilich immer auch Deutung von Geschichte, Welt und Leben sein will. Der hiermit verbundene Theorieanspruch unterscheidet sich aber von dem der Fakten-Wissenschaften. Er ist so etwas wie eine Theorie unseres Lebens unter dem Leitstern Jesu von Nazareth. Was Christen glauben, ist nur durch

215 Als Lied enthalten im Evangelischen Gesangbuch Nr. 153.

ein Lebenswagnis, durch einen Lebensentwurf einzuholen und einzulösen, durch das Eingehen auf das Angebot einer Wanderung, auf den Ruf, auch mit auf diesen Weg zu kommen. Dieser Weg führt durch Tiefen und Höhen, bietet zugleich überraschende Ausblicke und Einblicke, er könnte für andere hoffnungsvoll werden und, wenn es gut geht, für die Welt ein Segen. Es ist, kurz gesagt, der Weg der empfangenen und weiterzugebenden Liebe. Es ist letztlich etwas ganz Einfaches, was Christen glauben, aber es entfaltet sich von dem Weg her, den Gott in Jesus mit dieser Welt gehen wollte – und es will uns Orientierung und Trost und Ermutigung sein.

12. Das Geheimnis des dreieinigen Gottes

Nach dem Durchgang durch den Text der drei Artikel des Apostolischen Glaubensbekenntnisses haben wir noch einen letzten Schritt zu gehen und den Hintergrund aller Einzelaussagen zu bedenken, der zugleich eine Zusammenfassung des Ganzen bildet. Hinter dem Text dieses Bekenntnisses verbirgt sich nämlich das Bekenntnis zum Geheimnis der Dreieinigkeit Gottes, das im vierten Jahrhundert auf den ersten beiden ökumenischen Konzilien seine dogmatische Formulierung gefunden hat. Das Nizänische Glaubensbekenntnis lässt davon noch mehr erkennen als das Apostolische, weil in dieses Bekenntnis Konzilsformeln als solche Eingang gefunden haben. Aber auch das Apostolische Glaubensbekenntnis wäre ohne den Hinweis auf den Glauben an den dreieinigen Gott unzureichend ausgelegt.

Es gehört zugegebenermaßen zu den besonders schwierigen Aufgaben einer Erläuterung des chrislichen Glaubens, an dieser Stelle Verstehen zu eröffnen und keinen falschen, verhängnisvollen Abstraktionen und Spekulationen zu verfallen. Tatsächlich hat der christliche Glaube schon in sehr früher Zeit zu einer solchen »Summe« gedrängt. Bereits im Neuen Testament finden sich sog. »triadische« Formeln. Gemeint sind damit Aussagen, die noch keine Trinitätslehre im späteren Sinne enthalten, die jedoch zeigen, dass es von Anfang an nahe lag, jene Dreiheit von Vater, Sohn und Geist zu bekennen, die auch der Gliederung des Glaubensbekenntnisses zugrunde liegt. So mündet der Taufbefehl des auferstandenen Christus in die Nennung dieser Dreiheit: »Gehet hin und machet zu Jüngern alle Völker: taufet sie auf den Namen des Vaters und des Sohnes und des Heiligen Geistes.« (Mt 28,19) Bei Paulus finden wir als Briefschluss den Gruß, der auch regelmäßig in unseren Gottesdiensten Verwendung findet: »Die Gnade unseres Herrn Jesu Christi und die Liebe Gottes und die Gemeinschaft des Heiligen Geistes sei mit euch allen.« (2Kor 13,13) Und in den Abschiedsreden im Johannesevangelium kann es heißen: »Wenn aber der Tröster kommen wird, welchen ich euch senden werde vom Vater, der Geist der Wahrheit, der vom Vater ausgeht, der wird zeugen von mir.« (Joh 15,26) Die zusammenfassende Rede von Vater, Sohn und Geist begegnet also bereits in wichtigen und unterschiedlichen Überlieferungszusammenhängen des Neuen Testaments.

Dies ist – nochmals sei es gesagt – keine Lehre von Gottes Dreieinigkeit. Aber es ist doch der Versuch, als eine Art Lobpreis zusammenfassend zu sagen, was Christen von Gott zu sagen wissen. Tatsächlich ist das dreifaltige Reden von Gott zunächst ein anbetendes, lobpreisendes Reden (so wie auch das Reden von Jesus als Gottes Sohn zunächst ein lobpreisendes Bekenntnis war). In unseren Gottesdiensten zeigt sich das noch im sog. »Gloria patri« am Ende des Eingangsliedes: »Ehr' sei dem Vater und dem Sohn und dem Heiligen Geist«, entnommen dem Gebet der alttestamentlichen Psalmen durch die Christen, die mit diesem Schluss klarstellen wollten, dass der Gott, den sie zusammen mit den Frommen des Alten Bundes anbeten, kein anderer ist als der, der sich als Schöpfer doch zugleich in Jesus von Nazareth und im Heiligen Geist offenbart hat.[216] Dass unsere Frömmigkeit auch sonst bis heute voll ist von dem Wissen um solche Dreifaltigkeit Gottes, zeigt sich immer wieder in Liedern und Gebeten.[217]

Wenn wir dem Sinn solchen Redens nachspüren, dann geht es zunächst darum, dass sichergestellt wird: Wir erfahren und bekennen Gottes Wirken in drei Weisen: als Wirken des Schöpfers, des Versöhners (in Christus) und des Erlösers (im Heiligen Geist). Christen bekennen – und dies sollte in der Auslegung des Glaubensbekenntnisses auch deutlich werden –, dass es Gott selbst ist, der nicht nur als Schöpfer, sondern auch in Christus und im Heiligen Geist am Werk ist. Damit sollte natürlich in keiner Weise in Frage gestellt werden, dass es der *eine* Gott ist, dem wir in diesen drei spezifischen Weisen begegnen. Gerade im Gegenteil: Solcher Lobpreis Gottes, der uns in dreifacher Weise begegnet, ist eine Unterstreichung der Einheit Gottes, des wirklichen Monotheismus. Denn damit wird ausgeschlossen – was in der damaligen religiösen Umwelt durchaus vertreten wurde –, dass es etwa *zwei* Götter gibt, einen sog. »Demiurgen«, der die Welt geschaffen hat, und einen Lichtgott, der von dieser dunklen Welt erlöst. Und es ist auch eine Absage an Lehren, die ein oder mehrere Zwischenwesen zwischen dem einen unnahbaren Gott und unserer Menschenwelt annehmen, um zwischen Gott und der Welt zu vermitteln. Nein, Christen bekennen, dass der eine Gott der Schöpfer des Himmels und der Erde ist, die er gut geschaffen hat, und dass eben dieser Gott sich aufgemacht hat, um die Welt zu retten: in

216 Das »Gloria patri« hat ursprünglich auch einen polemischen Akzent – gegen diejenigen, die dieses Bekenntnis gerade nicht mitsprechen wollten.

217 Man denke z. B. an das Lied »Nun danket alle Gott« (EG 321, bes. V. 3).

Jesus von Nazareth, der mehr war als ein Prophet, mehr als ein Mensch, der eben nicht nur auf den fernen Gott hingewiesen und Gehorsam erheischt hat, und in dem lebensspendenden Geist, mit dem Gott das Weltall und die Herzen von Menschen erfüllt. Der christliche Glaube an den dreifach wirkenden Gott ist ein konkreter Monotheismus. Entsprechende Gedanken beginnen sich im jüdischen Glauben der vorneutestamentlichen Zeit anzudeuten, etwa in der Figur der Weisheit [218]. Für den Islam ist dies ein undenkbarer Gedanke.

Wir haben freilich mit dem bisher Gesagten noch nicht völlig eingeholt, was die Christen seit dem 4. Jahrhundert meinen, wenn sie vom dreieinigen Gott sprechen und damit die neutestamentlichen dreigliedrigen Aussagen weiter interpretiert haben. Die spätere kirchliche Trinitätslehre, wie sie im vierten Jahrhundert ausformuliert wurde, hält nämlich nicht nur fest, dass der eine Gott in unterschiedlicher Weise als Schöpfer, Versöhner und Erlöser in der Welt *gewirkt* hat. Vielmehr sagt sie zugleich und darüber hinaus: Gott, der so gewirkt hat, ist zuvor auch in sich selbst bereits als dreifaltig zu denken: als Vater, Sohn und Heiliger Geist von Ewigkeit zu Ewigkeit. Dies meint auch das »Gloria patri« in unseren Gottesdiensten, und dies markiert das Fest der Dreieinigkeit – das Trinitatisfest am Sonntag nach Pfingsten – im Kirchenjahr. Es ist zur dogmatischen Fixierung der kirchlichen Trinitätslehre auf Grund zahlreicher Auseinandersetzungen unter Theologen besonders im dritten und beginnenden vierten Jahrhundert gekom-

218 Vgl. das Buch Weisheit, das in den evangelischen Bibelausgaben bei den sog. »Apokryphen« zu finden ist. Man ist heute in der theologischen Wissenschaft auch der Meinung, dass die Gestalt der Weisheit Einfluss auf die neutestamentliche Rede vom »logos« genommen hat: vom »Wort«, das im Anfang bei Gott und selbst Gott war (Joh 1,1 f.) und das im Johannesevangelium mit Jesus von Nazareth identifiziert wird (Joh 1,14).

men. Diese Auseinandersetzungen verbanden sich vielfach mit bestimmten politischen Interessen, weshalb auch aus politischen Gründen eine Klärung notwendig schien. Man darf sich heute nicht darüber wundern, dass es eine solche Verquickung gab, es gab sie ja z. B. auch im Reformationsjahrhundert und danach. Es gehört dies hinein in die Menschlichkeit der Geschichte der Kirche, die nun allerdings auch wieder nicht ausschließt, dass es in, mit und unter aller politischen und menschlichen Wirrnis doch auch zu Wahrheitserkenntnis in Bezug auf den Glauben gekommen ist. Dies Letztere ist nun – mit der Trinitätslehre – in der Tat die Meinung aller großen Kirchen seit dem vierten Jahrhundert, die darin einig sind, dass in der Lehre von der Dreieinigkeit Gottes eine uns Christen verbindende Grundaussage unseres Glaubens gegeben ist.

Gewiss sind wir hier in einem Bereich, in dem die Gefahr der Spekulation außerordentlich groß ist. Wichtig ist aber, sich klarzumachen, worum es der Kirche bei der endgültigen Formulierung der Lehre von der Dreieinigkeit Gottes letztlich gegangen ist. Es ging ihr darum, das *Wirken* Gottes in seiner dreifachen Gestalt nicht von seinem *Wesen* zu trennen – als ob der eine Gott sich dann doch letztlich unnahbar hinter seinem Wirken verbirgt. Es sollte und soll festgehalten werden, dass der eine Gott, den wir bekennen, derjenige wirklich ist, als der er in seinem Wirken sich uns und der Welt zuwendet. Dieses Anliegen führte von den biblischen Ansätzen her mit einer gewissen Notwendigkeit zu dem, was wir die »immanente« Trinität nennen. Wenn Jesus, der Sohn Gottes, mit seinem Vater ringt (Mt 26,36 ff.), dann ist das nicht nur eine Frage menschlichen Einigwerdens mit dem Willen Gottes, sondern es ist das ein Ringen in Gott selbst. Und wenn vom Heiligen Geist gesagt wird, dass er in den Gläubigen seufzt und sie vor Gott vertritt (Röm 8,26), dann ist hier ein Geschehen in Gott selbst im Blick. Mit anderen Worten: Gott *ist* der, als der er in der Welt handelt, er ist kein anderer.

Gott ist selbst geschichtlich. Er ist »im Werden«.[219] Er hat eine Geschichte, in der er leidet und unterliegt und dann auch wieder siegt und wo es eine Vergangenheit, eine Gegenwart und eine Zukunft gibt.[220] Gott, wie Christen ihn bekennen, ist – obwohl von Ewigkeit zu Ewigkeit der eine und selbe – »noch nicht fertig«.[221] Dies ist das, was den christlichen Gott z. B. vom Gottesbild der Griechen unterscheidet – etwa von Gott als dem »unbewegten Beweger« nach Aristoteles. Es ist auch das, was – wie schon gesagt – der Islam nicht zu denken wagt. Gott erweist sich vielmehr als der, der bereits in sich selbst Leben ist und ein Gegenüber ewiger Liebe bildet (der Vater und der Sohn im Heiligen Geist). Ausgerechnet ein so »philosophischer« Theologe wie Paul Tillich war von diesem Gedanken des lebendigen Gegenübers in Gott zutiefst fasziniert. Und er bekannte, dass die Erlösung im Grunde darin besteht, dass Gott uns alle, die ganze Welt in dieses sein lebendiges ewiges Wesen hineinzieht – im Geist, der uns an die Seite des Sohnes stellt.

Bei der genaueren begrifflichen Ausarbeitung sollte man dann freilich auch eine bestimmte »Ordnung« in Gott nicht in Abrede stellen: dass es letztlich Gott der Vater und Schöpfer ist, zu dem auch Christus und der Geist zurückkehren (vgl. 1Kor 15,28). Das hat die östlich-orthodoxe Theologie immer deutlicher und besser bewahrt als die an dieser Stelle oft allzu philosophisch denkende abendländische Trinitätslehre.[222]

219 Vgl. E. Jüngel: Gottes Sein ist im Werden (1965), Tübingen 4. Aufl. 1986.

220 Vgl. das eindrückliche Buch des japanischen Theologen K. Kitamori: Theologie des Schmerzes Gottes, Göttingen 1972.

221 H. J. Schultz: Auch Gott ist nicht fertig, Stuttgart/Berlin 1969.

222 Hier liegt auch ein Nerv der bis heute nicht ausgestandenen Auseinandersetzung zwischen Ost- und Westkirche über die in das Nizänische Glaubensbekenntnis vom Westen eingefügte Aussage, daß der Geist vom Vater »und vom Sohne« (filioque) ausgeht – eine Einfügung, die seit dem Jahre 1054 wesentlich schuld ist am Auseinanderbrechen von östlicher und westlicher Christenheit.

Ist das alles für die Frömmigkeit der Christen wirklich ohne Belang? Es ist doch zumindest nicht zu verkennen, dass es ein Maß an Hineinversenken in das Geheimnis Gottes gibt, das auch für unsere Seelen von großer heilsamer Kraft ist. Und das Wissen darum, dass Gott wirklich mit und bei uns ist und den Weg bis ans Ende der Geschichte mitgeht – leidend und siegend –, ist das nicht eine tröstende Gewissheit? Von dieser Gewissheit lebt der christliche Glaube, der in dem Bekenntnis zum dreieinigen, aber gerade darin lebendigen und nahen Gott seine zusammenfassende Formulierung gefunden hat. Die Christen der gesamten Ökumene bekennen sich auch heute dazu.[223]

223 In der oben bereits zitierten sog. »Basis« des Ökumenischen Rates der Kirchen (Fassung von 1961).

Schluss: Glauben heute und morgen

In der Auslegung des Glaubensbekenntnisses, die der jetzige Kardinal und Präfekt der Vatikanischen Glaubenskongregation, der damalige Theologieprofessor Joseph Ratzinger im Jahre 1968 vorgelegt hat, begegnet zur Charakterisierung dessen, was »Glauben« im christlichen Sinne heißt, die griffige Formulierung »Stehen und Verstehen«[224]. Diese Formel kann am Ende des Nachdenkens über den christlichen Glauben, wie es in diesem Buch versucht wurde, noch einmal daran erinnern, dass es im christlichen Glauben nicht einfach um ein Gedankengebäude geht, sondern primär und eigentlich um einen Lebensentwurf, ein Lebenswagnis, um das Lebenswagnis, das darin besteht, sich auf den Weg einzulassen, von dem es im Neuen Testament heißt: »Herr, wohin sollen wir gehen? Du hast Worte des ewigen Lebens.« (Joh 6,68) Nur wer dieses Lebenswagnis nicht scheut, wird im Tiefsten verstehen, worum es in den inhaltlichen Einzelaussagen des Glaubens, wie sie im Bekenntnis zusammengestellt sind, geht. Und umgekehrt: Der christliche Glaube, wie er sich im Glaubensbekenntnis zusammenfassend ausdrückt, ist die Einladung, es mit diesem Lebensentwurf zu versuchen. Dass dabei das »Stehen«, von dem Ratzinger spricht, nicht heldenhaftes Christentum, unanfechtbare Standhaftigkeit meinen kann, sollte indessen deutlich hinzugefügt werden. Nein, es geht nur darum, dass Glaube eben ein Lebensvorgang und erst in zweiter Linie ein Denkvorgang ist. Dabei wird aber jener Lebensvorgang der Ver-

224 J. Ratzinger: Einführung in das Christentum (1968), München 2000, Kap. I.5.

such eines immer neuen Anfangs zu sein haben, der mit der zweifelnden Frage einhergeht, ob es sich denn tatsächlich so verhalten könnte, dass Gott hier ein Angebot macht. Dem vermeintlich naheliegenden »Nein« gegenüber könnte ja wenigstens anfragend argumentiert werden: »Vielleicht ist es aber doch wahr.«[225]

»Stehen« und »verstehen« – das ist auch der Sinn des letzten Wortes des Glaubensbekenntnisses »Amen«. »Das ist gewisslich wahr«, sagen die, die das Glaubensbekenntnis sprechen, mit diesem »Amen«. Viele von denen, die es mitsprechen, haben in diesem Moment kaum eine Ahnung von seiner Tragweite. Andere haben wohl viele Vorbehalte und legen diese, indem sie es doch mitsprechen, hinein in die versammelte Gemeinde, den »sozialen Ort« des Glaubens. Aber gerade dieses »Amen« ist ja auch etwas anderes als ein bloß rationales Zustimmen. Es will sich in ihm das Eintreten, das Hineingenommen-Sein in den Lebensort der Gemeinde, in ihren Lebensweg durch die Zeit ausdrücken. Trotz aller meiner intellektuellen Vorbehalte: Ich verweigere nicht das Ja zu diesem Lebensversuch, der hinter den Worten, die gesprochen werden, steht. Und damit wird der einzig sachgemäße Zugang dazu geöffnet, vielleicht Schritt für Schritt auch zu dem »Verstehen« zu kommen, das sich notwendigerweise mit dem »Stehen« – dem Dabeisein auf dem Weg – paart. Vielleicht ist in diesem umfassenden Sinne das »Amen« wirklich eine Möglichkeit für die, die es erneut mit dem Angebot des Glaubens versuchen wollen.

Darum wird es aber heute und morgen beim Glauben der Christen gehen: um dieses nicht lautstark und heldenhaft, aber eben doch wahrhaftig gesprochene »Amen«. Der christliche Glaube ruft nach dem Herzen, er will

---

225 Vgl. die von J. Ratzinger, ebd. Kap. I, 1, wiedergegebene Geschichte, die Martin Buber von einem skeptischen Aufklärer erzählt hat.

Leben eröffnen, und nur so und daraufhin bringt er auch verstehende Einsicht mit sich. Allerdings kann solche Einsicht, wo sie sorgsam und präzis weitergegeben wird, umgekehrt einen Bewusstseinswandel anstoßen helfen, der im Blick auf die Welt und unser Leben neue Horizonte sichtbar macht, zum Wagnis neuer alternativer Deutungen des Vorfindlichen anregt – und damit auch seinerseits zu dem Versuch ermuntert, sich doch einmal mit dieser Orientierung im Leben auf den Weg zu machen. Die doppelte Glaubwürdigkeit dieses »Amen« ist entscheidend für die Zukunft des christlichen Glaubens. Gott findet auf jeden Fall in der Welt immer wieder Menschen, die er dazu beruft, Salz der Erde und Licht der Welt zu sein (Mt 5,13 f.). Dass sich solche Träger des Christuslichtes auch in Zukunft unter uns Menschen finden lassen, das ist die Bitte und die Hoffnung, die nach einer vielhundertjährigen Glaubensgeschichte Gott vor die Füße gelegt werden darf.